DE

L'ÉTAT SOCIAL
DE L'HOMME;

OU

VUES PHILOSOPHIQUES

SUR L'HISTOIRE DU GENRE HUMAIN,

PRÉCÉDÉES D'UNE DISSERTATION INTRODUCTIVE SUR LES MOTIFS
ET L'OBJET DE CET OUVRAGE,

PAR M. FABRE D'OLIVET.

TOME SECOND.

A PARIS,

CHEZ J. L. J. BRIÈRE, LIBRAIRE,

RUE DES NOYERS, n° 37.

1822.

DE L'ÉTAT SOCIAL DE L'HOMME.

SECONDE PARTIE.

LIVRE QUATRIÈME.

Le troisième Livre a signalé les causes qui amenèrent le déclin du dernier Empire universel. J'ai fait voir comment ce déclin, d'abord insensible, s'était accéléré peu à peu, et avait fini par une chute de plus en plus rapide. Je dirai dans ce Livre le résultat des dernières luttes qui s'établirent alors entre l'Asie et l'Europe, et montrerai que ce fut sous les débris de l'Empire romain que vint expirer l'Empire universel de Ram.

Comme le Soleil, parvenu au solstice d'hiver, laisse le pôle boréal plongé quelque temps dans les ténèbres, ainsi l'obscurité morale roulant avec les flots des barbares qui inondèrent l'Europe à cette

R 35625

Paris
1822

Fabre d'Olivet, Antoine

De l'état social de l'homme, ou vues philosophiques sur l'histoire du genre humain...

Tome 2

R

35625

DE
L'ÉTAT SOCIAL
DE L'HOMME.

TOME II.

DE L'IMPRIMERIE DE CRAPELET.

époque, envahit pendant quelques siècles l'esprit humain, et fit reculer la civilisation. Mais enfin le mouvement ascendant recommença, et les lumières disparues ou affaiblies se montrèrent de nouveau, et acquirent un éclat de plus en plus croissant.

CHAPITRE PREMIER.

Onzième révolution dans l'État social. Les Cultes dégénèrent; les idées intellectuelles se matérialisent. Admission de deux doctrines, l'une secrète, l'autre publique.

La situation du Monde à l'époque où parurent les grands hommes dont j'ai parlé en finissant ce dernier Livre, était remarquable au dernier point. La fatalité du Destin dominant sur l'Asie et y créant le despotisme des rois, était en présence de la Volonté de l'homme qui consacrait en Europe la souveraineté des peuples. La Providence méconnue, quoique invoquée par les deux partis, n'était dans aucun que pour la forme seulement. Les cultes divers dégénéraient partout en frivoles cérémonies, ou en superstitions lugubres, quand elles n'étaient pas ridicules. A l'exception de quelques sanctuaires secrets où la Vérité réfugiée ne trouvait d'asile que sous les voiles les plus épais, l'Égypte même n'offrait plus dans sa mythologie sacrée qu'un inextricable chaos où la raison égarée se perdait. Le dragon des Atlantes, confondu avec le crocodile, recevait les adorations d'un peuple imbécile. Le bélier de Ram usurpait les autels du Soleil, et le taureau des Celtes était adoré en place de la Lune. Comme chaque astre du ciel était désigné par un animal, une foule d'animaux divinisés envahissait les temples. Cette fatale épidémie, passant d'Égypte en Arabie, avait porté son venin jusqu'aux Indes, et même jusqu'en Perse. Mais comme la Lune, au lieu d'être considérée ici possédant la faculté mâle, y était regardée, au contraire, comme représentant la faculté femelle de l'Univers, ce n'était plus un taureau qui lui servait de symbole, mais une vache; et la vache devenait pour les Hindoux dégénérés l'objet d'une stupide vénération. Le chien attribué à Mercure, appelé le *Prophète* ou le *Ministre divin*, rappelait l'idée de tous les envoyés providentiels, et, selon la contrée, recevait le nom de *Boudh*, de *Nabo*, de *Job*, d'*Anubis*, etc. En sorte que le peuple s'accoutumant à voir son prophète représenté sous la figure d'un chien, ou seulement avec la tête de cet animal, transportait sur le chien le respect qu'il avait pour le prophète. Il en était de même de la colombe blanche ou rouge qui désignait Vénus; de la tortue qui appartenait à la terre; du loup, de l'ours, du sanglier qui était le symbole de Mars; de la grue, de l'épervier, de l'aigle qui caractérisait Jupiter; etc.

D'abord l'Égypte, et ensuite toute la terre fut couverte de pratiques religieuses aussi fantasques que puériles. Des animaux symboliques, divinisés par la superstition, on passa aux plantes; et l'on vit, comme dit plaisamment Juvénal, les Dieux Lares de quelques nations croître parmi les légumes de leurs jardins. Alors se vérifia cette prédiction d'un ancien Prêtre égyptien, qui, voyant cette déviation du culte, avait dit à sa patrie, que la postérité, en considérant son idolâtrie, mettrait au rang des mensonges et des fables tout ce qu'on pourrait dire de son antique sagesse, de ses lumières et de ses vertus.

Mon intention n'est point de m'appesantir sur des détails que l'on trouve partout. Il était nécessaire seulement, pour l'objet que je traite, de montrer que cette situation de la terre, telle qu'elle existait, environ six siècles avant notre ère, n'était point du tout habituelle, comme quelques écrivains ont voulu le faire croire; mais qu'elle était le résultat presque inévitable des divisions qui avaient eu lieu dans l'Empire universel, et de la dégénérescence qui les avait suivies dans toutes les institutions morales et politiques.

Les grands hommes qui parurent alors, quoique assistés par la Providence, et possesseurs des plus puissants génies, ne purent pas changer l'état des choses; parce que cet état avait son principe dans la volonté même de l'homme, qui, comme je l'ai assez répété, est irréfragable. Tout ce qu'ils purent faire, ce fut de conserver au milieu du torrent désorganisateur, des centres immobiles, où la Vérité se conservât. On doit observer, si l'on ne l'a déjà fait, que depuis Orphée, Moïse et Foë, aucune religion nouvelle ne s'établit plus sur la terre. Les derniers Boudhas, Sin-mou, Lao-tzée et Kong-tzée, le dernier Zoroastre, Esdras, Lycurgue, Numa et Pythagore, se soumirent tous au culte établi, se conformèrent même à ses rites extérieurs, et se contentèrent de fonder des sectes théosophiques ou philosophiques plus ou moins étendues. Ce fut alors que s'établirent par leurs soins, et presque partout, deux doctrines parfaitement distinctes, l'une vulgaire, conforme aux idées de la multitude, l'autre secrète, destinée seulement à donner au petit nombre la connaissance de la Vérité, et l'explication des pensées des sages. Plusieurs initiations nouvelles s'ouvrirent; les anciennes prirent un caractère nouveau. On mêla aux traditions cosmogoniques des anciens mystères, des connaissances positives sur les principes des choses, sur les sciences, sur les arts mêmes, sur la morale, et jusque sur la politique. Pour la première fois, il y eut des sociétés secrètes, dont les membres, unis par les mêmes principes, se juraient une fidélité inviolable, et se reconnaissaient, même parmi les autres initiés, à de certains signes. La société Pythagoricienne fut la plus étendue et la plus féconde en grands hommes. On connut aussi les Orphiques, les Mythriaques, les Esséniens, les Nazaréens, les Isiaques, les Samanéens, les Tao-tzées, et une infinité d'autres qu'il est inutile de nommer. Le but de toutes ces sociétés était d'arrêter la corruption de quelque côté qu'elle se présentât, d'offrir des asiles ou des secours à la vertu, et de donner, autant qu'il était possible, un frein aux écarts du despotisme royal, aristocratique ou populaire.

Et ce qui est très remarquable, c'est que ces sociétés se multiplièrent principalement en Europe, ou sur le littoral de l'Asie et de l'Afrique, où se manifestaient plus fortement la domination de la multitude. Car quoiqu'il soit très vrai que tout despotisme est pernicieux quelle que soit sa forme, et j'entends ici par despotisme toute puissance qui se fonde sur la volonté arbitraire et non limitée de ceux qui l'exercent sans l'intervention de la Divinité qui en règle l'emploi, il n'en est pourtant pas moins vrai que la violence ou le danger du despotisme augmentent à mesure qu'il descend des premières classes de la société dans les dernières, et qu'il se répand dans un plus grand nombre de bras. C'est même toujours sur la multitude armée que se fonde en dernière analyse un despotisme quelconque, impérial ou républicain, soit que cette multitude reçoive la loi d'un seul, ou de plusieurs, ou qu'elle se la fasse elle-même. Seulement les révolutions sont là plus rapides et moins profondes; ici, plus tenaces et plus haineuses.

Au reste, quoiqu'à l'époque où je me transporte, le mal commençât à être grand, il n'était pourtant point parvenu à ce point extrême de briser toutes les formes, et de paraître au dehors dans sa hideuse nudité. Les monarques d'Asie, quoiqu'ils eussent réellement secoué l'autorité théocratique des souverains Pontifes, n'en conservaient pas moins un respect extérieur pour la Divinité. Ils entretenaient toujours des prêtres, pour faire les sacrifices et les cérémonies d'usage, et maintenaient ainsi les peuples dans une sorte d'assoupissement religieux favorable à leurs desseins; mais cet assoupissement, manquant de principe de Vérité, dégénérait nécessairement en stupidité ou en folle superstition. Et, ce qui est très remarquable, c'est qu'en même temps que le despotisme asiatique conservait quelques formes extérieures de la théocratie qu'il avait étouffée, l'anarchie européenne se croyait obligée de conserver certaines formes de la royauté qu'elle avait abolie. Il y avait dans Athènes, comme dans Rome, et dans tous les autres états républicains, un Roi des sacrifices, afin que le peuple pût communiquer légitimement avec le fantôme sacerdotal qui existait encore. Il semblait que, d'un côté, le Destin craignant la force de la Volonté, essayât de l'endormir; et que, de l'autre, cette force entièrement déployée, redoutant l'abandon absolu de la Providence, essayât de la tromper.

CHAPITRE II.

La lutte s'ouvre entre l'Europe et l'Asie. Prise de Troie par les Grecs. Abaissement de l'Empire Assyrien. Élévation de la Perse sous Cyrus. Expédition de Xerxès. Triomphe de la Grèce. Conquêtes d'Alexandre.

D'après la situation des choses que je viens de dépeindre, on peut juger de l'action des trois grandes puissances de l'Univers. Celle du Destin dominait en Asie; celle de la Volonté de l'homme, en Europe; et celle de la Providence, repoussée des deux côtés, se trouvait réduite à dissimuler sa marche, pour ne point enfreindre les lois de Nécessité et de Liberté qu'elle s'est imposées à elle-même.

Mais puisqu'il n'existait que deux puissances agissantes et opposées, il était évident qu'elles devaient se combattre. La Nécessité et la Liberté ne peuvent point rester indifférentes l'une vis-à-vis de l'autre. Dès que la seule puissance qui peut entretenir l'harmonie entre elles est méconnue, il faut bien que la discorde naisse. L'Asie et l'Europe durent donc combattre pour savoir à laquelle des deux resterait l'Empire. Le Destin d'une part, et de l'autre la Volonté de l'homme, déployèrent leurs forces les plus redoutables.

Déjà l'Europe avait engagé la lutte par des irruptions plus ou moins considérables; la prise de Troie, presque à la vue du monarque assyrien, qui n'avait pas osé s'y opposer, avait été un grand événement. L'établissement de plusieurs colonies grecques sur le littoral asiatique en avait été le résultat; la Sicile, la Corse, la Sardaigne, avaient été soumises et peuplées de colonies libres. Les Cimmériens, descendant des hauteurs septentrionales, avaient envahi plusieurs fois l'Asie-Mineure, et s'y étaient établis : ils y avaient fait connaître la force de leur cavalerie, plus légère et mieux aguerrie que celle des Assyriens. Les Grecs avaient imité leur exemple, et, pour la première fois, on avait vu des courses de chevaux introduites aux Jeux olympiques (1). Tout pressait l'Asie de songer à sa défense : mais ni les rois de Babylone, ni ceux d'Ecbatane même, n'étaient en état de résister à la Grèce, si la Grèce, réunie en un seul peuple, venait à les attaquer. Cette réunion, quoique encore éloignée, se préparait en silence. Le royaume de Macédoine venait d'être fondé.

---

(1) Les Jeux olympiques établis par Iphitus en l'honneur de Jupiter Olympien, vers l'an 884 avant Jésus-Christ, avaient pour but de maintenir dans la Grèce l'unité religieuse que la Politique tendait à rompre. Ces jeux ne commencèrent à servir d'époque chrologique que vers l'an 776. L'ère des Olympiades date de la victoire de Corœbe, qui fut le premier inscrit sur les registres publics. L'introduction des courses de chevaux est de l'an 645.

Cependant le roi de Médie, Cyaxare (1), après avoir chassé les Celtes de l'Asie-Supérieure, qu'ils avaient envahie, et s'être rendu maître de toute l'Assyrie, de la Palestine et d'une partie de l'Arabie, laisse un royaume florissant, qui tombe peu de temps après entre les mains de Cyrus. Grâce à ce jeune héros, la Perse, soumise aux Babyloniens depuis plus de quinze siècles, se place au premier rang des puissances asiatiques, et prétend à l'Empire universel. La conquête de la Lydie livre à Cyrus des trésors immenses; il entre triomphant dans Babylone; il pénètre dans l'Inde. A sa mort, son fils Cambyse poursuit le cours de ses victoires, et fait la conquête de l'Égypte. Les Juifs, après avoir obtenu de Cyrus la permission de retourner à Jérusalem, et d'y réédifier leur temple, se rendent tributaires de l'Empire persan : ainsi toute l'Asie, et ce qu'il y avait de plus considérable en Afrique, semblaient se réunir en un seul faisceau.

L'Europe commence les hostilités. Les Athéniens passent en Asie, assiègent la ville de Sardes, et la livrent aux flammes. Les Perses, conduits en Europe presque à la vue d'Athènes, y sont défaits par Miltiade. L'Égypte profite de cet événement pour se-

---

(1) Ce nom, qui devrait être écrit *Kai-assar*, signifie le suprême Monarque. C'était un titre que prenait alors le Roi mède comme Roi des rois. Le nom de Cyrus, *Kai-Kosrou*, a à peu près le même sens.

couer le joug; mais Xerxès (1), après avoir fait rentrer ce royaume sous son obéissance, commence contre la Grèce sa mémorable expédition. On sait assez quel en fut le succès. La Volonté de l'homme triompha de tout ce que le Destin put lancer contre elle de plus formidable. Plus d'un million de soldats, d'abord arrêtés aux Thermopyles par trois cents Spartiates, déterminés à vaincre ou à mourir, vint s'anéantir dans les champs de Platée et de Mycale; et la flotte la plus considérable qui eût encore pesé sur les flots de la Méditerranée, couvrit de ses débris les bords de Salamine. L'Asie fut vaincue.

Si la Grèce eût su profiter de ses avantages, elle enlevait alors à la Perse le sceptre du monde, et fondait en Europe l'Empire universel. Il ne fallait pour cela qu'écouter la voix des Amphictyons, et croire à la Providence, qui, par l'organe de la Pythie de Delphes, signalait Socrate comme le plus sage des mortels. En se réunissant en un seul corps de nation, en étouffant toutes les haines, toutes les rivalités qui séparaient les divers membres de la confédération amphictyonique, en recevant de la bouche de Socrate les instructions que le Génie de cet homme divin lui aurait données, la Grèce s'élevait à des destinées dont il était impossible de déterminer l'éclat et la durée. Mais non, cette Volonté hautaine, enorgueillie de sa victoire, n'en sut tirer qu'un avan-

---

(1) *Shah-Shah*, le Vaillant-Roi ou le Roi-Lion.

tage passager et frivole; elle sacrifia à quelques moments d'une jouissance fastueuse, des milliers d'années de gloire et de bonheur; car je dois dire ici une chose qui n'a pas été sentie; c'est que la Grèce mourut jeune, et, pour ainsi dire, s'éteignit dans sa fleur : la vanité la perdit. Éprise d'une folle liberté, elle céda aux orages des passions, et ne donna pas les fruits qu'Orphée et Pythagore avaient fait éclore, et que Socrate et Platon étaient destinés à mûrir.

Au lieu de se raffermir en se concentrant, elle se divisa, et, tournant contre elle-même ses aveugles emportements, brisa de ses propres mains les admirables instruments que la Providence lui avait donnés pour sa conservation. A peine vainqueurs, les Athéniens et les Spartiates se brouillèrent : ils arrosèrent de leur sang les plaines du Péloponnèse (1).

---

(1) Remarquez que le nom de *Pelops*, d'où dérive ce mot, signifie Terre noire. C'était le nom de la Grèce tandis qu'elle était occupée par les Pélasques ou Peuples noirs. Les Héraclides qui vainquirent les Pélopides, désignent les Boréens appelés *Hérules*. Au reste, les différents noms que les Grecs ont portés, en divers temps, expriment les sectes dont ils ont fait partie. Par le nom d'*Hellènes* on doit entendre les Lunaires, opposés aux *Hélices* ou *Iliones*, les Solaires; par celui d'*Argiens*, les Blancs, opposés aux Phéniciens, les Rouges; par ceux de *Doriens* ou *Achéens*, les Mâles ou les Forts, opposés aux Ioniens, etc. Quant au nom de *Grecs*, qu'ils se donnaient difficilement à eux-mêmes, il venait du celte *Graia*, une grue, et prouvait qu'ils avaient fait partie de la faction des Saliens contre les Ripuaires.

En peu d'années, Aristide, le plus juste des Grecs, Thémistocle et Cimon, les sauveurs de la patrie, furent bannis. La ville de Platée fut brûlée, et tous ses habitants subirent l'esclavage. Celle d'Athènes, prise par les Spartiates, fut livrée aux proscriptions de trente tyrans; et enfin Socrate, d'abord abandonné aux sarcasmes amers d'un Aristophane, aux impies calomnies d'un Anytus, condamné par un tribunal insensé, expia par le supplice de la ciguë le crime d'avoir été le plus grand des Athéniens et le plus vertueux des hommes.

Dès ce moment, il n'y eut plus rien à espérer pour la Grèce; ses mouvements ne furent plus que des convulsions, tantôt causées par une joie insensée, tantôt par une crainte puérile. Les Spartiates, après avoir triomphé des Athéniens, furent humiliés par les Perses, avec lesquels Antalcidas conclut une paix honteuse. Défaits par les Thébains à Leuctres et à Mantinée, ils ne se relevèrent plus de cette catastrophe. Les femmes de Sparte virent alors la fumée du camp ennemi, et perdirent jusqu'au souvenir de leurs farouches vertus. Les Thébains, réputés les plus grossiers des Grecs, saisirent la domination, comme pour la mettre à la portée du roi de Macédoine, et la lui laisser prendre plus facilement. La Grèce eut encore de grands hommes, mais elle ne fut plus une grande nation, et ne put plus prétendre à l'être. Elle eut de grands hommes, mais pour les méconnaître, pour les persécuter, pour les vendre comme de vils animaux sur la place publique, pour les dévouer à la mort.

A cette époque, le Conseil des Amphictyons avait perdu toute son autorité, et le sanctuaire de Delphes toute son influence. Ce lieu sacré, pillé par les Phocéens et profané par les Crisséens, donne prétexte à une guerre dans laquelle Philippe de Macédoine trouve moyen d'entrer, en sa qualité de membre du Conseil amphictyonique. C'est en vain que la Grèce, effrayée de voir arriver dans son sein un si dangereux confédéré, essaie de l'en éloigner. Les déclamations dont Démosthène fait retentir la tribune n'excitent qu'une inutile effervescence. On s'agite dans Athènes, on affecte dans Sparte un insolent laconisme; Thèbes se livre à quelques sourdes intrigues; mais nulle part il n'existe de véritable force. Philippe poursuit ses desseins; il triomphe d'Olynthe, subjugue les Phocéens, termine la guerre sacrée, rend au temple de Delphes son éclat; et s'emparant du Conseil des Amphictyons, que ces imbéciles confédérés avaient toujours négligé, se fait nommer généralissime de toutes les troupes de la Grèce. La Volonté comprimée jette un cri de désespoir; abandonnée de la Providence, prête à être écrasée par le Destin, elle cherche les moyens de se sauver, et ne trouvant que le crime, elle l'embrasse : Philippe est assassiné; mais ce lâche attentat, loin d'écarter le péril qui la menace, le précipite au contraire. Tel est l'ordre éternel, que tout crime entraîne avec lui son propre châtiment.

Alexandre, qui succède à son père, quoique très jeune encore, déploie des moyens encore plus grands. A l'âge de vingt ans, il entre dans la Grèce, renverse Thèbes, soumet les Athéniens, et bientôt, à la tête d'une armée que son seul courage rend formidable, débarque en Asie et commence la conquête de la Perse.

Il est bien inutile, je pense, que je m'arrête sur les détails de l'expédition d'Alexandre. Tout le monde sait comment ce jeune héros, vainqueur sur le Granique, battit Darius à la bataille d'Issus; trancha le nœud gordien en passant par Gordium, afin d'accomplir l'oracle qui promettait l'Empire de l'Asie à celui qui le dénouerait; s'empara de Tyr, après un siège de sept mois; fit la conquête de l'Égypte, où il fonda Alexandrie; prit Gaza, soumit toute la Syrie, et fit enfin son entrée triomphante dans Babylone, après avoir entièrement défait l'armée de Darius à Arbelles.

A compter de ce moment, la Grèce n'exista plus, et l'avenir de l'Europe fut encore une fois compromis; car Alexandre cédant au Destin qui s'était emparé de lui, consentit à établir son Empire en Asie, et à prendre l'habit et les mœurs des Peuples qu'il avait vaincus. Il est dommage que ce héros, susceptible de sentir tout ce qui était grand, n'ait pas vu que ce n'était pas seulement pour effectuer un changement de dynastie sur le trône de Perse qu'il était sorti de la Macédoine. Comment ne se souvint-il pas que son père n'avait dû la force qu'il lui avait léguée qu'au parti qu'il avait pris dans la guerre sacrée, en rendant au temple de Delphes son influence, et à l'Assemblée des Amphictyons sa dignité ? Pourquoi ne songea-t-il pas à relever le sacerdoce sur la Montagne-Sainte ? pourquoi ne vit-il pas qu'il fallait établir la capitale de son Empire dans Athènes, ou au moins dans Byzance ? L'orgueil l'aveugla. Il rapporta à lui seul ce qu'il devait à la Providence, et crut n'avoir été poussé à la conquête du Monde que par son étoile. Content d'être appelé le fils de Jupiter, il ne s'inquiéta point de mériter cet honneur insigne, et se livra au Destin qui le perdit. Son expédition dans l'Inde ne fut plus qu'une vaine démonstration ; et sa mort, arrivée à l'âge de trente-deux ans, soit qu'elle fût provoquée par le poison, soit qu'elle fût la suite d'une orgie, n'en fut pas moins le résultat de ses fautes.

CHAPITRE III.

La Grèce perd son existence politique. Réflexions sur la durée relative des divers gouvernements.

On sait qu'après le partage qui fut fait de l'Empire d'Alexandre entre ses généraux, un certain Polysperchon proclama, au nom des nouveaux souverains, la liberté de toutes les villes de la Grèce; mais c'était une dérision. La Grèce n'avait plus d'existence politique, et toute la liberté laissée à ces villes se réduisait à celle d'empoisonner leurs grands hommes quand elles en avaient encore, ou à faire taire les philosophes, comme Athènes l'essaya sur Phocion et Théophraste. Mais Athènes, la plus libre, ou plutôt la plus turbulente des villes grecques, ne laissa pas, en quelques années, de tomber au pouvoir d'Antipater, de Démétrius de Phalère, de Démétrius-Poliorcète, d'Antigone-Gonatas, etc. Quant à Sparte, après avoir massacré ses Éphores, elle eut des tyrans dont le nom même ne mérite pas d'être cité.

Ainsi, en faisant remonter l'existence politique de la Grèce à l'établissement du tribunal des Amphictyons, environ mille cinq cents ans avant Jésus-Christ, on ne peut donner à cette existence qu'une durée de douze siècles tout au plus, dont cinq à six siècles sous le régime républicain; ce qui n'est pas, comme on voit, comparable à rien de tout ce que nous avons vu, soit dans la théocratie, soit même dans la royauté. Cette existence très agitée et très bornée a pourtant été louée avec excès, peut-être à cause de son agitation même, et de sa brièveté; car ce que les hommes prisent, surtout dans l'histoire, c'est la rapidité et le mouvement. Mais est-ce bien là que réside le bonheur des Peuples? J'en doute. Quand je vois trois ou quatre mille ans occuper à peine quelques pages, n'ai-je pas le droit de penser que le calme le plus parfait a régné pendant cet intervalle, et que la rareté des événements annonce l'absence des guerres et des malheurs, des crimes et des autres fléaux? Il n'y a rien de si tôt dépeint que la félicité; c'est l'aspect d'un lac paisible qui réfléchit un ciel sans nuages. Mais la tempête qui annonce le danger, mais les calamités qui soulèvent les Peuples, tout cela varie la scène de mille manières, et fournit matière à une infinité de tableaux. On aime à lire ces descriptions pompeuses où les contrastes éveillent l'attention, où les oppositions de lumière et d'obscurité, de vertu et de vice, émeuvent le cœur, où l'intérêt est excité par le choc des passions; sans doute: mais est-ce seulement pour amuser la postérité que les Peuples ont une histoire? Quel est l'homme qui sacrifierait le bonheur de sa vie entière à la sotte vanité de fournir la matière d'un roman?

Au reste, c'est une observation que j'ai faite, et que j'engage le lecteur à méditer. Toutes les chronologies antiques qui nous sont parvenues des Hindoux, des Égyptiens, des Chinois, des Iraniens ou des Chaldéens, et dans lesquelles on trouve également calculée la durée des dynasties et celle des règnes, portent généralement la durée relative des règnes de trente à quarante ans, l'un dans l'autre. Il n'est pas très rare de voir des monarques rester sur le trône pendant soixante, quatre-vingts, et même cent ans. Arrien et Pline s'accordent à dire que depuis Ram, qu'ils nomment *Dionysos*, jusqu'à Alexandre, cent cinquante-trois règnes ont fourni, aux Indes, un espace de six mille quatre cent deux ans ; et d'un autre côté, Hérodote rapporte que les prêtres égyptiens lui montrèrent, dans une grande salle, les statues de trois cent quarante-cinq Pontifes, dont la durée générale des sacerdoces s'élevait à onze mille trois cent quarante ans. J'ai observé moi-même, en parcourant l'histoire des dynasties antiques, que, durant tout le temps que la théocratie de Ram conserva sa force, il n'y eut pas la moindre révolution sur le trône. Les rois, se succédant les uns aux autres, selon l'ordre de la nature, remplissaient leur longue carrière, et faisaient le bonheur des Peuples, sans avoir à redouter jamais, ni les passions de la multitude, ni les ambitions des grands. Protégés par la Providence, dont ils reconnaissaient le mandataire, ils maintenaient dans un juste équilibre et la fatalité du Destin, et le libre arbitre de l'homme. Les poignards ni le poison ne pouvaient approcher d'eux. Ce ne fut même que long-temps après le schisme des Phéniciens, des Parses et des Chinois, et lorsque l'extinction des dynasties solaire et lunaire eut lieu, que les révolutions commencèrent. Les monarques insensés qui leur succédèrent, mus par un orgueil funeste, ne virent pas qu'en secouant l'autorité des souverains Pontifes, ils éloignaient ainsi la main de la Providence qui les protégeait, et ouvraient à leurs rivaux et à leurs sujets la route du crime et de la rebellion.

Ce fut environ vingt siècles avant notre ère, que cette fatale pensée tomba dans la tête des rois. Beloëhus, à Babylone; Pradyota, chez les Hindoux, commencèrent le mouvement qui se fit sentir des bords du fleuve Hoang-ho jusqu'au Nil. Le mal même alla si loin en Égypte, qu'Hérodote assure que pendant plus d'un siècle, durant les règnes désastreux de Chéops et de Chéphren, les temples des Dieux restèrent fermés. A partir de cette époque, la royauté fut soumise à des orages qu'elle avait ignorés jusqu'alors. La couronne, souvent ensanglantée, passa sur des têtes coupables, et des mains parricides portèrent le sceptre. Alors on vit les règnes se raccourcir de plus en plus, et les rois se multiplier dans une progression effrayante. (1)

---

(1) Si l'on considère, par exemple, la dynastie de Cyrus,

Mais pour revenir à mon premier propos, je disais que l'existence politique des Grecs, sous le régime républicain, pouvait être évaluée à cinq ou six siècles. L'expérience démontre que c'est là que se borne à peu près la durée des plus fortes républiques. Celle de Sparte, de Carthage, et de Rome même, n'ont pas vécu davantage.

La chute de la Grèce porta à l'Ionie, c'est-à-dire à tout ce qui tenait au schisme phénicien, un coup presque mortel. De tant de contrées que ce schisme avait couvertes, il ne lui restait plus que celles sur lesquelles Carthage et Rome pouvaient étendre leur domination; car déjà Sidon et Tyr n'existaient plus. Les habitants de Sidon, assiégés par les Perses, quelques années après l'embrasement du temple d'Éphèse, s'étaient donné réciproquement la mort, après avoir livré leur ville aux flammes, et Tyr avait été la proie des successeurs d'Alexandre. C'était donc dans Carthage et dans Rome que les restes de cette antique puissance se concentraient, et que la Volonté de l'homme allait encore exercer sa force.

---

on verra que dans l'espace de deux cent vingt-huit ans, c'est-à-dire depuis l'époque où Cyrus prit la couronne de Perse, l'an 559 avant Jésus-Christ, jusqu'à la mort de Darius, détrôné par Alexandre l'an 331, quatorze rois, presque tous assassinés ou assassins, se sont succédés au trône; ce qui donne environ seize ans pour chaque règne.

CHAPITRE IV.

Commencements de Rome. Ses Guerres. Sa Lutte avec Carthage. Ses Triomphes.

Avant que les Romains se fussent constitués en République, ils dépendaient des Étrusques, appelés aussi *Tusces*, *Tosques* et *Toscans*, lesquels les gouvernaient d'abord au moyen de vice-rois qu'ils leur envoyaient. Ces vice-rois, appelés *Tarquins* (1), avaient fini par se rendre à peu près indépendants des Larthes étrusques, lorsque le Peuple, fatigué de leur orgueil et de leur avarice, secoua leur au-

---

(1) Le mot *Tarquin* se compose des deux mots phéniciens *Tör-Kin*, celui qui régularise la possession ou la conquête. Quant aux noms propres que plusieurs de ces Tarquins paraissent avoir portés, ce sont plutôt des épithètes qui désignent leurs ouvrages. Ainsi le nom de *Romulus* indique le fondateur de Rome, et *Quirinus*, le Génie de la ville; *Numa*, le législateur, le théocrate, etc. Il paraît certain que ce dernier fut un puissant législateur parmi les Étrusques, dont le nom fut ensuite donné par honneur à ceux qui l'imitèrent. On sait, au reste, que le premier historien de Rome, Fabius Pictor, n'écrivit que du temps de la seconde guerre Punique, environ cinq cent quarante ans après l'époque où l'on place la fondation de cette ville, et qu'il ne put consulter que des traditions fort incertaines.

torité, et s'étant déclaré libre sous la conduite de Brutus et de Valérius, mit à leur place un sénat présidé par deux consuls amovibles.

L'Étrurie, qui, dans les temps antérieurs, n'avait pas différé de la Thrace, n'était, comme je l'ai dit, qu'une colonie phénicienne, implantée sur celle des Hindoux, mélange d'Atlantes et de Celtes. Rome, destinée à tant de célébrité, n'était premièrement qu'une espèce de fort bâti sur les rives du Tibre, pour en protéger la navigation. Son nom, étrusque ou phénicien, qui devint par la suite son nom secret et sacré, était alors *Valentia*, c'est-à-dire le rendez-vous de la force. Ce ne fut qu'après s'être délivrée des Tarquins qu'elle prit le nom de *Rome*, d'un ancien mot grec qui signifiait mettre en liberté (1). Cette ville, qui resta fort long-temps dans une grande obscurité, ne fut connue des Grecs qu'à l'époque de sa prise par les Gaulois. L'historien Théopompe disait un mot de cet événement, au rapport de Pline, mais sans y attacher une grande importance. Il paraît cependant que, vers cette époque, les Romains avaient envoyé déjà des magistrats dans Athènes, pour avoir communication des lois de Solon.

---

(1) *Valentia* se forme des mots *Whal-auth*. Quant au nom de *Rome*, il peut en effet venir du grec *Ρωμαι*. Mais je sais que les Brahmes citent plusieurs passages des Pouranas, qui le réclament comme s'attach... plus particulièrement à celui de *Rama*. Ils disent que Ro... ut une de ses colonies.

Carthage était alors plus connue par ses expéditions militaires. Cette République commerçante avait des établissements considérables en Espagne, sur les côtes occidentales et méridionales des Gaules, et jusqu'en Sicile. Elle se rendait déjà redoutable. Rome, d'abord trop farouche pour aimer les arts, asile d'une foule de vagabonds sans connaissances et sans envie d'en acquérir, était tombée dans un tel état d'ignorance, que tandis que la Grèce possédait le Cycle de Méton, on y posait encore un clou tous les ans à la porte du temple de Jupiter, pour conserver la chronologie. Le premier cadran solaire que l'on vit dans cette ville y fut placé sur le temple de Romulus Quirinus, plus de deux siècles après l'établissement des Consuls. Les Romains n'étaient dans l'origine que des sortes de flibustiers que l'appât du butin réunit, des brigands courageux, dont l'unique vertu, décorée du nom pompeux d'amour de la Patrie, ne consista pendant plusieurs siècles qu'à rapporter à la masse commune ce qu'ils avaient pillé aux nations du voisinage. Quand ces guerriers allaient en course, ils portaient pour enseigne des poignées de foin, appelées *manipuli*. La grue qu'ils reçurent des prêtres saliens, et qu'ils transformèrent en aigle, ne parut que long-temps après sur leurs drapeaux. Il est même possible que cet emblème ne fut pris par eux que durant la première guerre Punique, et pour rivaliser les Carthaginois, qui portaient une tête de cheval. Comme cette tête de cheval était consacrée à Moloch, le même que Saturne, l'aigle romaine fut consacrée à Jupiter.

Quoi qu'il en soit, ce fut dans les murs de Rome que la volonté de l'homme, comprimée en Grèce, et prête à être accablée par le Destin, vint se réfugier. Ce fut là qu'elle concentra toutes ses forces. Carthage, qui ne pouvait pas lui offrir un asile aussi sûr, fut sacrifiée.

Si l'on aime le mouvement dans l'histoire, si l'on se plaît aux événements tumultueux, rapides et violents; si des vertus farouches d'un certain genre, un héroïsme dur et sans aménité, peuvent intéresser au milieu de scènes de carnage et de dévastation, on doit lire avec ravissement les annales de Rome. Jamais ville, jamais peuple, n'en donna de pareils exemples. En quelques siècles, l'Univers vit cette bourgade étrurienne, encore meurtrie des chaînes qu'elle avait portées, sortant à peine des mains de Porsenna qui l'avait humiliée, et de celles de Brennus qui l'avait rançonnée et réduite au Capitole, essayer ses forces, s'étendre au dehors, s'élever, et, du sein de la poussière, atteindre au faîte des grandeurs. Dans la guerre des Samnites, elle sort de son obscurité; elle provoque Pyrrhus par le siége de Tarente, et, d'abord effrayée à la vue de ses éléphants, recule devant lui; mais, bientôt rassurée, elle l'attaque, le bat, et le force à se retirer en Épire. Obligée de disputer l'empire de la mer aux Carthaginois, elle a besoin d'une marine; elle en crée une en un moment, et son premier combat est un triomphe. Dans l'intervalle de la première guerre Punique à la seconde, elle s'empare de la Sardaigne et de la Corse, soumet les pirates de l'Illyrie, porte ses armes au-delà même de l'Italie, et passe le Pô pour la première fois.

Cependant des signes sinistres viennent intimider ces guerriers, qui, superstitieux autant qu'ignorants, croient apaiser les Dieux par des sacrifices humains. Deux Grecs et deux Gaulois, homme et femme, sont saisis par ordre des Consuls, et enterrés vivants dans la place publique de Rome. Cet abominable sacrifice n'empêche pas qu'à l'ouverture de la seconde guerre Punique, Annibal, après avoir détruit Sagunte, en Espagne, ne passe les Alpes, et ne couvre les champs de Trasimène et de Cannes de cadavres romains. L'épouvante était dans Rome, et, malgré la vaine jactance de quelques sénateurs, il a toujours paru certain que si le général carthaginois l'eût assiégée, il l'aurait prise. Pourquoi donc ne profita-t-il pas de ses avantages? C'est que la même volonté qui faisait mouvoir les deux Républiques, n'en pouvant conserver qu'une, conservait celle où elle avait le plus d'influence, celle qui tenait à l'Europe, où était son centre d'activité; et, comme je l'ai déjà dit, sacrifiait l'autre. C'est ce qui parut évident dans cette circonstance, où non seulement la volonté particulière d'Annibal fléchit sans qu'on pût savoir pourquoi; mais où les citoyens de

Carthage, se divisant entre eux sur les plus frivoles prétextes, livrèrent leur ville à la destruction qui l'attendait. La bataille de Zama, gagnée par Scipion, décida de son sort. Ce fut en vain qu'Annibal crut retarder la marche de Rome, en invoquant contre elle la puissance du Destin. La guerre qu'il alluma entre Antiochus et les Romains ne servit qu'à accroître leur puissance, en les enrichissant des dépouilles de ce monarque, en les mettant en état de faire la conquête de la Macédoine, et en les rendant les arbitres de l'Égypte.

Carthage détruite, rien ne résista plus à ce colosse républicain, qui, étendant ses bras énormes, tantôt en Asie, tantôt en Afrique, tantôt en Europe, fit reconnaître ses lois depuis le Tage jusqu'au Tanaïs, et depuis le mont Atlas jusqu'au Caucase.

CHAPITRE V.

Réflexions sur les causes qui amenèrent la chute de la République romaine. Conquête des Gaules par César. Guerres civiles. Proscriptions. Victoire d'Octave.

La Volonté de l'homme triomphait avec la puissance romaine. Le Destin, forcé de reculer de toutes parts, ne se maintenait plus que dans le midi de l'Asie, où le torrent menaçait déjà de l'atteindre. Il ne fallait pour cela que renverser l'Empire des Parthes, qui servait de barrière (1), ce qui serait indubitablement arrivé si cette volonté victorieuse eût pu éviter de se diviser; mais cela était impossible, à moins que la Providence n'intervînt; car, comme je l'ai assez répété, et comme il me semble que l'histoire dont je déroule aux yeux du lecteur les principaux événements le prouve assez, il ne peut exister rien de durable hors de la Providence qui le consolide. Soit que le Destin ou la Volonté de l'homme agissent de

---

(1) Cet Empire avait été fondé par Arsace vers l'an 250 avant Jésus-Christ, sur un démembrement de celui de Séleucus. Il comprenait particulièrement l'ancienne Perse. La dynastie de cet Arsace est connue des Persans sous le nom d'*Ashkanide*.

concert ou isolément, ils ne produiront jamais que des choses passagères, des formes, plus ou moins brillantes, qui se briseront les unes les autres, et s'évanouiront dans l'espace. Or, la Providence n'était pas plus reconnue dans Rome qu'elle ne l'avait été dans Athènes. Le culte public, privé de base, ne consistait plus qu'en vaines cérémonies, en superstitions atroces ou ridicules, en formules allégoriques qui n'étaient plus comprises. Le corps du peuple se reposait bien encore sur ce fatras indigeste de mythologie phénicienne, étrusque, grecque, et se livrait bien à quelques croyances vagues; mais la tête de la nation ne recevait aucune de ces idées comme vraies; elle les considérait seulement comme utiles, et s'en servait politiquement. Les Augures, les Aruspices, se faisaient pitié l'un à l'autre, et, selon la remarque de Cicéron, ne pouvaient plus se regarder sans rire. Déjà durant la première guerre Punique, deux cent cinquante ans avant notre ère, Claudius Pulcher, prêt à livrer aux Carthaginois un combat naval, voyant que les poulets sacrés ne voulaient pas manger, les avait fait jeter à la mer, en disant plaisamment qu'il fallait les faire boire. Le souverain Pontife, entretenu, seulement pour la forme, comme le roi des sacrifices, ne jouissait que de quelques honneurs stériles, sans véritable autorité. Cet emploi se briguait à Rome comme celui d'Édile; et l'on ne faisait point de différence, dans le choix, entre l'instruction morale de l'homme qui ordonnait les cérémonies religieuses, et celle de l'homme qui présidait aux jeux du cirque. En général, tant en Europe qu'en Asie, sous la domination du Destin comme sous celle de la Volonté, on ne regardait la Religion que comme une institution politique, une sorte de frein ou de bride, sagement imaginée pour arrêter la multitude ou l'agiter, et la diriger au gré des gouvernements.

La conquête de l'Afrique et de l'Asie avait amené dans Rome le luxe, et l'amour des richesses, qui en est la suite. Celle de la Grèce y avait porté le goût des arts et des lettres, et cet instinct de philosophie argutieuse, naturel aux Grecs. Une foule de systèmes, qui tous s'élevaient sur les débris les uns des autres, avait envahi les écoles. Presque tous combattaient le polythéisme dominant ; mais, sans mettre positivement rien en place, se perdaient dans des raisonnements captieux, qui, tantôt appuyant le pour et le contre de toutes choses, conduisaient au scepticisme. Plusieurs même de ces systèmes, corrompus par des sophistes ignorants, flattaient les goûts des voluptueux et des pervers, en les affranchissant des remords de la faiblesse ou du crime, et leur présentant les Dieux comme ne s'occupant nullement de ce qui peut se passer sur la terre. Au système d'Épicure, ainsi défiguré, s'opposait bien celui de Zénon le stoïque, établissant sur l'ordre de l'Univers la nécessité d'une Cause première, intelligente, et fondant le bonheur de l'homme sur l'accomplissement de ses devoirs ; mais ce système, porté trop loin, comme celui d'Épicure, s'était desséché en s'exaltant trop, de la même manière que l'autre s'était corrompu en se relâchant au-delà de ses bornes. En sorte que la société romaine se composait, ou d'hommes trop faciles à suivre toutes les impulsions, ou d'hommes trop roides pour céder à aucune. Cette division, dont je montre le principe, causa la ruine de la République, et eût empêché la consolidation de l'Empire qui la suivit, quand bien même la force des choses ne s'y fût pas absolument opposée; car, d'un côté, trop de mollesse se prêtait à trop de formes, et de l'autre, trop de rigidité les brisait toutes. Il n'y avait dans tout cela ni vie ni vérité.

Jules César fit la conquête des Gaules; mais quoiqu'il éprouvât d'assez grandes difficultés dans cette expédition, elles furent légères en comparaison de celles qu'il aurait rencontrées si les Gaulois eussent formé une seule nation. Mais ils étaient divisés en une infinité de peuples, souvent jaloux l'un de l'autre, et que nul lien commun ne réunissait plus. Il y avait long-temps qu'il n'existait plus de Celtes proprement dits; le nom antique s'était bien conservé, mais la nation avait disparu. Il n'existait pas davantage de Gaulois, de Tudesques, ni de Polasques; ces noms persistaient seulement comme monuments historiques. On aurait en vain cherché les nations qu'ils avaient primitivement désignées. On trouvait dans les Gaules, les Rhètes, les Bibractes, les Rhuténes, les Senones, les Allobroges, les Alvernes, les Carnutes, les Bitures, les Hennetes, et une foule d'autres petits peuples qu'il serait aussi ennuyeux qu'inutile de nommer. La Germanie, qui avait pris la place du Teutsland, et la Sarmatie, qui tenait lieu du Poland et du Rosland, était également partagée entre une infinité de peuplades semblables. Les irruptions qui s'étaient succédées cent fois du nord au midi, et de l'occident à l'orient, les colonies africaines et asiatiques, qui s'étaient supplantées tour à tour pendant un si long espace de temps, avaient changé de mille manières la physionomie de l'Europe. Les variations qui avaient eu lieu dans les peuples avaient aussi eu lieu dans les idiomes, dans les mœurs, dans les lois, dans les cultes; en sorte que la confusion était devenue telle qu'il était impossible de remonter par la pensée même à aucune espèce d'unité. On aurait cru, en comparant un Grec à un Breton, et un Romain à un Sarmate, qu'il était impossible que de pareils hommes tinssent à la même origine.

Les Gaulois donc, que César vainquit, n'étaient plus précisément des Gaulois et encore moins des Celtes; c'était un mélange de cent petits peuples, qui souvent ne s'entendaient pas entre eux. Ils se défendirent avec la valeur la plus opiniâtre, et ne cédèrent qu'à la supériorité que donnaient aux Romains leur discipline, l'autorité et les talents de leur général. Pendant ces longs et sanglants débats, une grande partie des habitants des Gaules périt sur le champ de bataille, un nombre encore plus grand subit l'esclavage, et le reste, incapable de faire une plus longue résistance, se soumit aux vainqueurs.

Mais, avant cet événement, des symptômes de dissolution s'étaient manifestés à Rome. Cette République, si préconisée par des hommes plus passionnés que savants, à peine âgée de quatre siècles, penchait déjà vers sa chute; et, n'ayant plus le sang d'aucun peuple à répandre, s'apprêtait à se noyer dans les torrents du sien.

Déjà Marius et Sylla, aussi divisés de caractère que d'ambition, avaient allumé une guerre civile, dont les fruits amers avaient été la proscription d'un nombre infini de citoyens. Catilina, ambitieux plus obscur, essayant d'arriver, par la conspiration, à l'autorité, qu'on ne pouvait obtenir alors que par des succès militaires, avait été facilement renversé par Cicéron, qui n'eut pas le même bonheur auprès de César, et qu'Antoine eut la lâcheté de proscrire comme Antipater avait proscrit Démosthène, trois siècles auparavant; lorsque Pompée, dont la gloire avait précédé celle de César, ne pouvant souffrir un rival qui l'effaçait; soit qu'il crût encore à la possibilité de la République, ou qu'il feignît d'y croire, entraîna dans son parti la majorité du sénat, et tout ce que Rome comptait encore de citoyens rigides observateurs des lois antiques. Caton, Brutus et

Cassius se déclarèrent pour lui. Mais César, plus habile à connaître l'esprit des Romains, et plus prompt à profiter des circonstances, tandis que le sénat lui donnait ordre, à son retour des Gaules, de licencier son armée, la concentre, au contraire, et franchissant avec elle le Rubicon, limite de son gouvernement, entre en Italie. Une nouvelle guerre civile se déclare, dont les événements étonnent par leur rapidité.

Dès le premier choc, Pompée, assiégé dans Brundisium, s'évade sans oser soutenir le siége. César, voulant empêcher la réunion de ses forces, court en Espagne, et met en déroute ses lieutenants. Il revient sur ses pas, il assiége et prend Marseille, et de là, volant en Macédoine, présente la bataille à Pompée dans les plaines de Pharsale, et l'y défait entièrement. Pompée se sauve en Égypte, où il est assassiné par les ordres du roi Ptolomée. César, qui était sur ses traces, entre en Égypte, se rend maître d'Alexandrie, et, portant la guerre en Afrique, y gagne la bataille de Tapsus. Caton se donne la mort. Avec lui expire ce que la Volonté de l'homme avait de plus noble et de plus grand. Ce qui en persiste dans Brutus et dans tous ceux de son parti, s'irrite contre les événements, s'exaspère, et, pour échapper au malheur, médite le crime.

César pouvait éviter le coup qui l'attendait; il n'avait qu'à écouter la voix de la Providence, qui l'en prévenait de toutes les manières, et à lui faire hommage de sa fortune ; mais, parvenu presque au même point qu'Alexandre, il commit la même faute que ce conquérant ; il attribua tout ce qu'il avait fait de grand à son étoile ; et, plus audacieux encore, porta la main sur la tiare, et se fit déclarer souverain Pontife. Il fut assassiné.

Avant l'explosion de la guerre civile, une sorte de pacte s'était conclu entre Pompée, César et Crassus ; et ce pacte insolite, qui avait porté le nom de *triumvirat*, avait eu la plus funeste issue. Après la mort de César, un nouveau triumvirat, non moins hétérogène que le premier, se forma entre Octave, fils adoptif de César, Antoine, son lieutenant, et Lépide, personnage insignifiant. Les proscriptions recommencèrent ; Rome fut encore inondée de sang. Brutus et Cassius, battus par Antoine, se donnèrent la mort. Le fils de Pompée fut massacré. Presque tous les meurtriers de César périrent par le glaive. Enfin, Octave et Antoine s'étant brouillés, le combat naval d'Actium décida leur querelle, et livra la République romaine à la discrétion du vainqueur : ce vainqueur, comme étonné de sa victoire, comme accablé de la couronne qui tombait sur sa tête, n'osa ni refuser l'Empire, ni le saisir d'une main franche et délibérée. L'image ensanglantée de César tombant percé de coups au milieu du sénat fut sans cesse devant ses yeux. Octave était né sans courage politique ; il n'avait de la valeur qu'en un jour de bataille : le titre d'*Auguste*, qui lui fut donné, ne changea pas son caractère (1); il se crut heureux sans se croire vénérable; et, quoiqu'il fût revêtu de la dignité de souverain Pontife et de celle d'Empereur, il n'eut jamais ni l'influence providentielle de l'un, ni l'autorité légitime de l'autre : il fut obéi, parce qu'il avait la puissance que donne la force, mais non pas parce qu'il avait la puissance que donne l'ascendant : aussi sa conduite vis-à-vis du sénat fut-elle un long mensonge; et son règne amphibologique, où les noms opposés de République et d'Empereur se mêlèrent sans cesse, influa tellement sur les règnes de ses successeurs, qu'ils en reçurent tous une couleur fausse qui les dégrada. Tibère n'eût pas été conduit à régner par la terreur, et Caligula ni Néron n'eussent pas commis tant d'inutiles cruautés, sans la position fausse et ridicule où les avait placés la politique insidieuse et pusillanime d'Octave.

---

(1) Le mot latin *Augustus* vient du mot *Augur*, qui signifiait proprement l'action de lever les yeux au ciel pour implorer ses secours ou recevoir ses inspirations.

CHAPITRE VI.

Mission de Jésus : son objet. Mission d'Odin et d'Apollonius de Tyane ; à quel but.

Rome, asservie au Destin, ne revenait pas du coup qui l'avait atterrée. N'osant pas s'avouer qu'elle ne fût plus libre, elle cherchait à s'en imposer par de vaines formules ; mais ce misérable recours de la vanité tournait à son désavantage. Ses citoyens, bassement serviles ou insolemment indépendants, fatiguaient également leurs maîtres par leurs adulations ou leurs résistances. Tour à tour humiliés ou brisés, ils ne savaient pas rester dans le juste milieu d'une légitime soumission. Disciples d'Épicure ou de Zénon, imbus des principes d'une philosophie trop relâchée ou trop tendue, ils passaient alternativement d'une mollesse systématique à une austérité fastueuse ; lorsqu'il parut tout à coup au milieu d'eux une société d'hommes nouveaux, ignorans et grossiers pour la plupart, mais remplis d'un enthousiasme extraordinaire. Ces hommes, poussés en avant par une vocation presque irrésistible, étrangers à tous les systêmes connus, attaquaient les erreurs du polythéisme, démasquaient les fourberies des prêtres, les ruses des philosophes ; et, simples dans leur morale, irréprochables dans leurs mœurs, mouraient plutôt que de méconnaître les vérités qu'ils étaient chargés d'annoncer.

Ces hommes, qu'on confondit d'abord avec une secte juive, et qu'on appela *Nazaréens*, se donnaient à eux-mêmes le nom de *Chrétiens*, à cause de leur maître, surnommé *Christ* (1). Leurs dogmes étaient peu connus; on les croyait, en général, tristes et funèbres : leurs prêtres, qui adoptaient la couleur noire, parlaient tous de la fin du Monde comme très prochaine, annonçaient la venue du Grand Juge, exhortaient à la pénitence, et promettaient l'expiation des péchés dans les eaux du baptême, et la résurrection des morts. Comme ils s'assemblaient en secret dans les lieux les plus retirés, dans les cavernes et dans les catacombes, pour y célébrer un mystère qui passait pour redoutable, et qu'ils appelaient néanmoins d'un nom très doux, *Eucharistie* (2), les Juifs, leurs ennemis décidés, en prirent occasion de les calomnier, et publièrent que, dans leurs fêtes nocturnes, ils égorgeaient un enfant pour le manger ensuite.

Ce qui frappait principalement les hommes purement politiques dans ces hommes nouveaux qui s'in-

---

(1) Du grec Χριϛὸς, *Christus*. Ce mot vient du verbe χρίω, qui veut dire *oindre*, consacrer par l'onction. Il est l'exacte traduction de l'hébreu *Meshiah*.

(2) Du grec Εὐχαριϛία, ce qui existe de plus gracieux, de plus cher.

titulaient chrétiens, c'était leur intolérance: accoutumés à ne considérer les religions que comme des institutions humaines, ils étaient tombés dans une indifférence profonde sur le fond, ainsi que sur la forme, et ne concevaient pas qu'on pût attacher assez de prix à tel ou tel dogme, à tel ou tel rite, pour les préférer à tous les autres, aux dépens même de sa vie. Les magistrats romains auraient aussi-bien admis dans Rome le culte du Christ, qu'ils y avaient admis celui de Sérapis ou de Mithras, si ses sectateurs avaient pu souffrir le mélange; mais c'est précisément ce qu'ils ne pouvaient pas faire sans cesser d'être eux-mêmes. Les chrétiens, persuadés qu'eux seuls connaissaient le vrai Dieu, qu'eux seuls lui rendaient un culte parfait, institué par lui-même, regardaient toutes les autres religions, non seulement avec mépris, mais encore avec horreur; en fuyaient les cérémonies comme des abominations exécrables, et, transportés par un zèle saint qu'on taxait de folie et de rébellion, en troublaient les mystères, et souvent en maltraitaient les ministres. Ces magistrats, persuadés que toute religion qui accuse les autres de rendre à Dieu un culte impie et sacrilége, tend à troubler la paix des états, regardèrent à leur tour cette religion comme dangereuse, et provoquèrent contre les chrétiens des lois sévères qu'on exécuta rigoureusement. Ils s'imaginaient que quelques coups frappés à propos suffiraient pour abattre ces insensés; mais ils virent avec un grand étonnement qu'il en était précisément le contraire, et que les chrétiens, loin de reculer devant la mort, se précipitaient en foule au-devant d'elle, bravaient le supplice, et, jaloux d'obtenir la palme du martyre, opposaient à la rage de leurs bourreaux une sérénité qui les glaçait d'épouvante.

Il y avait long-temps qu'on n'avait vu sur la terre des hommes soumis à une action providentielle s'élever au-dessus de la fatalité du Destin, et dompter la Volonté; on en vit alors, et l'on put juger de leurs forces. La Providence, qui avait voulu leur apparition, la jugeait indispensable. Depuis longtemps la Terre, en proie à toutes sortes de fléaux, penchait, ainsi que je l'ai montré, vers une dégénération sensible; tout y naissait corrompu, et se flétrissait avant terme. L'Empire romain, fondé dans des circonstances fâcheuses, mélange informe de républicanisme et de despotisme, ne pouvait jouir que d'un éclat éphémère : cet éclat, ou plutôt cette lueur qui parut sous le règne des Antonins, depuis Vespasien jusqu'à Marc-Aurèle, ne servit qu'à rendre plus pénible l'obscurité qui lui succéda. A peine formé, cet empire s'écroula; et, tandis que celui auquel il avait la prétention de succéder se soutenait encore après plus de six mille ans d'existence, deux ou trois siècles suffirent pour le démembrer, et quatre pour le renverser de fond en comble (1).

---

(1) Si l'on veut appliquer ici la règle que j'ai déjà appli-

Les ténèbres qui, depuis le moment de sa naissance, étaient devenues de plus en plus épaisses, couvrirent alors tout l'Occident, et, pendant long-temps, le tinrent plongé dans une nuit profonde.

Il fallait un culte nouveau dont les dogmes, inaccessibles à la raison, et les formes inflexibles, soumissent également la Volonté de l'homme, et dominassent le Destin. C'était un immense effort de la Providence. L'homme qu'elle appela pour remplir cette terrible mission devait sans doute être plus qu'un homme, car un homme, tel qu'il eût été, eût ployé sous l'énorme fardeau qu'elle lui donnait à soutenir. Cet homme divin se nommait *Jésus*, c'est-à-dire *Sauveur* (1). Il naquit parmi ces mêmes Hébreux auxquels la garde du Sépher de Moïse avait été confiée quinze siècles auparavant, et parmi ces hommes d'un caractère inflexible, dans la secte des Nazaréens, la plus rigide de toutes. (2)

---

quée à l'Empire de Cyrus, on verra que dans l'espace d'environ trois cent soixante ans, depuis Auguste jusqu'à Constantin, plus de quarante-cinq empereurs occupèrent le trône ; ce qui ne donne guère que neuf ans par règne. L'Empire romain fut alors démembré : ce qu'on appela l'*Empire d'Occident*, depuis Constant jusqu'à Augustule, n'offrit plus qu'un chaos.

(1) Le nom de *Jésus* est formé de la même racine que ceux de Josué et de Moïse.

(2) Les Nazaréens, ainsi que l'exprime leur nom, formaient une congrégation séparée des autres Juifs; ils se

La force mentale de Jésus, son exaltation intellectuelle, sa vertu animique, n'avaient eu rien de comparable jusque-là. Il n'était point savant selon les hommes, puisqu'on a douté qu'il sût même écrire; mais la science du Monde ne lui était nullement nécessaire pour son œuvre. Elle lui aurait nui au contraire; il ne lui fallait que de la foi; et nul ni avant ni après lui n'a porté aussi loin cet abandon de la volonté qui s'élance résolument devant elle. Il commença sa mission à trente ans, et la finit à trente-trois. Trois ans lui suffirent pour changer la face du Monde. Mais sa vie, quelque longue qu'elle eût été, de quelques miracles qu'il l'eût remplie, n'aurait point suffi. Il fallait qu'il voulût mourir, et qu'il eût la force de ressusciter. Admirable effort de la nature humaine aidée par la Providence! Jésus le voulut, et trouva en lui les moyens de se livrer à mort pour en braver les horreurs, et en dompter l'indomptable puissance. Ce roi des épouvantements ne l'épouvanta pas. Je m'arrête. Des enthousiastes ignorants ou fanatiques n'ont que trop servi par leurs vaines exagérations à détruire l'acte le plus beau dont l'Univers ait été témoin. (1)

---

distinguaient en séparant leurs cheveux au sommet de la tête, et quelquefois en se faisant une tonsure qui a été imitée par les prêtres chrétiens.

(1) C'est surtout ce que Klopstock a fait dans son poëme, ainsi que je l'ai fait observer dans mon *Discours sur l'Essence et la forme de la Poésie*, page 172.

Mais avant même que *Jésus* eût été appelé à soumettre l'assentiment de l'homme et à dominer sa raison, la Providence avait suscité deux hommes d'un rang inférieur au sien, mais également forts dans leur genre, pour s'emparer de la faculté animique et de l'instinctive. Le premier, appelé *Frighe*, fils de Fridulphe, surnommé *Wodan* par les Scandinaves, nous est connu sous le nom d'*Odin*; l'autre, *Apollonius*, est désigné par le nom d'*Apollonius de Tyane*, à cause d'une petite ville de Cappadoce dans laquelle il était né. Ces deux hommes eurent des succès différents, mais ils servirent l'un et l'autre, en divisant la Volonté, à la préparer à subir le joug que Jésus devait lui donner.

Frighe était Celte ou Scythe d'origine, ainsi que son nom l'indique assez (1). Un ancien historien de Norvège assure qu'il commandait aux Ases, peuple d'origine celtique, dont la patrie était située entre le Pont-Euxin et la mer Caspienne (2). Il paraît que,

---

(1) Le mot *Frighe* tient à une racine celtique qui développe l'idée de se mettre en liberté. Il est remarquable que le nom des Francs découle de la même source. Le nom du père d'Odin, *Fridulphe*, signifie le soutien de la paix.

(2) Pline, qui parle des Aséens, les place aux environs du Mont-Taurus. Strabon cite une ville nommée *Asbourg*, qui paraît avoir été la capitale des *Ases*. Cette ville est appelée *Asgard* dans l'Edda. Au reste, comme je l'ai déjà dit, le mot *As* signifiait un Prince, et même un Dieu dans la langue primitive des Celtes. On le trouve avec la même significa-

dans sa jeunesse, il s'était attaché à la fortune de Mithridate, et qu'il commanda dans ses armées, jusqu'au moment où ce monarque, forcé de céder à l'ascendant des Romains, se donna la mort. Toutes les contrées qui dépendaient du royaume de Pont ayant été envahies, Frighe, ne voulant point subir le joug du vainqueur, se retira vers le nord de l'Europe, accompagné de tous ceux qui partageaient ses sentiments.

Les Scandinaves, qui portaient alors le nom de *Cimbres,* ennemis implacables des Romains, le reçurent comme un allié. Ils lui ouvrirent facilement leurs rangs, et lui facilitèrent l'accomplissement des desseins que la Providence avait sur lui. Les circonstances, d'ailleurs, le favorisaient singulièrement. Ces peuples, qui sortaient de faire une incursion en Italie, y avaient éprouvé un échec considérable. Un petit nombre, échappé à la destruction, nourrissait au fond du cœur un violent desir de vengeance. A la vue de ces farouches guerriers, auxquels un lien déjà très fort l'unissait, le prince des Ases sentit bien quel parti il en pouvait tirer.

---

tion de Prince ou de Principe chez les Scandinaves, les Étrusques et les Vasques. Les Romains se servaient du mot *As* pour exprimer une unité de mesure ou de poids. Nous l'appliquons encore aujourd'hui au premier nombre des dés ou des cartes. C'est de ce mot très antique que dérive le nom donné à l'Asie. Dans tous les dialectes atlantiques il exprime la base des choses.

Frighe était sectateur de Zoroastre, il connaissait d'ailleurs toutes les traditions des Chaldéens et des Grecs, ainsi que plusieurs des institutions qu'il a laissées dans la Scandinavie le prouvent invinciblement. Il était initié aux mystères de Mithras. Son Génie était héroïque, et l'élévation de son ame le rendait susceptible d'inspiration. La vertu principale des Cimbres, au milieu desquels il se trouvait, était la valeur guerrière. La nation Celtique, je le répète, n'existait plus depuis long-temps. Un mouvement continuel de peuples, roulant du nord au midi, en avait presque effacé la trace. Les Romains occupaient la plus belle partie de l'Europe. Leur culte avait pénétré presque partout. Les Druides ne conservaient que l'ombre de leur ancienne grandeur. La voix de la Voluspa était éteinte depuis long-temps. Aucune des circonstances heureuses qui pouvaient le favoriser n'échappèrent au disciple de Zoroastre; il vit d'un coup d'œil cette immense région qui s'étend depuis le Volga, sur les confins de l'Asie, jusqu'aux bords de l'Armorique et de la Bretagne, aux extrémités de l'Europe promise à ses Dieux et à ses armes. Et, en effet, ces belles et vastes contrées que nous connaissons aujourd'hui sous les noms de *Russie*, *Pologne*, *Allemagne*, *Prusse*, *Suède*, *Danemarck*, *France*, *Angleterre*, lui appartinrent ou devinrent la conquête de ses descendants; de manière que l'on peut dire qu'il n'existe pas un trône, et pas une famille royale au milieu de ces nations qui ne tirent de lui leur origine.

Frighe, pour ne pas effaroucher les peuples qu'il voulait convaincre, s'arrêta avec ses compagnons en un lieu favorable à ses desseins, et obtint la permission d'y bâtir une ville qu'il appela Asgard, du nom de son ancienne patrie. C'est là que déployant avec art un luxe nouveau, une pompe religieuse et guerrière, il attira à lui les peuples environnants, frappés de l'appareil et de l'éclat de ses cérémonies. Monarque et souverain Pontife, il se montrait à la fois à la tête de ses soldats et au pied des autels; dictait ses lois en Roi, et annonçait ses dogmes en Apôtre divin. Il agissait alors exactement comme Mahomed agit environ sept siècles après lui.

Les changements qu'il fit à l'ancienne religion des Celtes ne furent pas considérables. Le plus grand fut de substituer à Teutad, le grand Ancêtre des Celtes, un Dieu suprême appelé *Wód* ou *Góth*, duquel toute la nation gothique reçut ensuite son nom (1). C'était

---

(1) J'ai souvent parlé de ce nom. Il faut remarquer qu'il s'est appliqué aux Indes à la planète de Mercure et au Mercredi, exactement comme dans le nord de l'Europe; mais ici il a persisté davantage comme désignant l'Être-Suprême; au lieu que, dans l'Indostan, il s'est donné plus particulièrement aux Envoyés divins et aux Prophètes. Ce même nom, écrit et prononcé *God* ou *Goth*, est resté celui de Dieu dans la plupart des dialectes septentrionaux, mal-

le même que Zoroastre appelait *le Temps sans bornes, la Grande Éternité, le Boudh* des Hindoux que Ram avait trouvé connu dans toute l'Asie. C'est du nom de ce Dieu suprême *Wód*, appelé aussi *le Père universel, le Dieu vivant, le Créateur du Monde*, que Frighe reçut le nom de *Wodan*, dont nous avons fait Odin : c'est-à-dire le Divin.

Le législateur des Scandinaves unit donc avec beaucoup de force et de sagacité la doctrine de Zoroastre à celle des anciens Celtes. Il introduisit dans sa mythologie un Génie du Mal appelé *Loke* (1), dont le nom était l'exacte traduction de celui d'Ahriman; donna au genre humain l'antique Bore pour ancêtre, et continua à fonder sur la valeur guerrière toutes les vertus. Il enseigna positivement, et ce fut le principal dogme de son culte, que les seuls héros jouiraient dans le *Valhalla*, le palais de la valeur, de toute la plénitude des félicités célestes. (2)

---

gré le changement de culte et l'établissement du christianisme. Il s'est confondu avec le mot *Gut*, qui signifie bon; mais ces deux mots ne dérivent pas de la même racine. Le nom de Dieu, *God* ou *Goth*, vient de l'atlantique *Whód*, l'Éternité; et le mot *gut* ou *good*, bon, vient du celtique *gut*, le gosier; d'où *gust*, le goût.

(1) C'est-à-dire le renfermé, le comprimé, le ténébreux. Observez que les Scandinaves, en attribuant à *Loke* le Samedi, avaient assimilé le Génie du mal à Saturne.

(2) Voici de quelle manière s'exprimait Odin sur le sort

qui attendait les héros au sortir de cette vie, en se conformant aux idées et aux mœurs de son peuple :

« Le Valhalla, disait-il, ce séjour céleste de la valeur, est assez vaste pour contenir tous les héros que la gloire y amène. Quarante portes s'ouvrent pour donner entrée dans ce lieu magnifique. Huit héros peuvent sortir par chacune, suivis d'une foule de spectateurs, pour aller combattre. Car tous les jours, dès que l'animal qui fait briller une crête dorée a fait retentir de ses chants le séjour des Dieux, les héros éveillés courent à leurs armes, et se rangent à l'entour du Père des Batailles. Ils entrent en lice, et dans des transports inexprimables de courage et de joie, se mettent en pièces les uns les autres. C'est leur noble amusement. Mais aussitôt que l'heure du repas approche, ils cessent le combat, oublient leurs blessures, et retournent boire dans le palais de Wodan. Le nombre de ces guerriers ne peut jamais être assez grand pour que la chair du sanglier Serimner ne suffise pas pour les nourrir. Tous les matins on le cuit, et le soir il redevient entier. Quant à leur boisson elle coule d'une source également immortelle. Les vases destinés à la contenir ne restent jamais vides. Les Valkyres en remplissent sans cesse des coupes qu'elles présentent en souriant à ces héros. »

On voit que dans le Valhalla d'Odin, les *Valkyres*, c'est-à-dire celles qui cherchent les vaillants, remplacent les Houris du Paradis de Mahomed. Les unes et les autres sont imitées des *Houranis* de Zoroastre. Observez, comme une chose très singulière, et qui vient à l'appui de tout ce que j'ai dit, que la racine de ce mot *Houri*, employé par les Persans et par les Arabes, est purement celtique. On dit encore aujourd'hui *Hora* en gallique, *Whore* en anglais, *Hure* dans tous les dialectes tudesques, etc. Il est vrai que le sens en est devenu très abject, et qu'il exprime moins qu'une courtisane ; mais c'est un effet du changement des mœurs. Autrefois l'amour libre n'était pas condamné par le culte, au contraire. On voit que le mot samscrit *Devadasi*, qui traduit le mot celtique *Hora*, ne signifie qu'une fille consacrée aux Dieux. Le grec Ἔρως, *l'Amour*, découle de la même source, ou plutôt il est la racine même du celte *Hora*, et de l'arabe *Houri*. Cette racine développe l'idée d'un Principe créateur, selon le système ionique ou phénicien.

CHAPITRE VII.

Conquêtes d'Odin : sa doctrine et celle d'Apollonius. Fondation du christianisme.

Cependant Odin, parti des rives du Tanaïs, s'était avancé jusqu'au sein de la Vandalie, aujourd'hui la Poméranie, soumettant à ses lois tous les Peuples qui se trouvaient sur son passage, soit par l'éclat de ses lumières, soit par la force de ses armes. Sa renommée et sa puissance s'étaient accrues à chaque pas par le nombre de ses prosélytes et par celui de ses sujets. Déjà la Russie s'était soumise à ses lois, et avait reçu Suarlami, l'aîné de ses fils, pour la gouverner. La Westphalie et la Saxe orientale avaient été données par lui à Baldeg et à Sigdeg, deux autres de ses fils. Il avait ajouté la Franconie à ses conquêtes, et l'avait laissée en héritage à son quatrième fils, Sighe. De là, prenant la route de la Scandinavie par la Chersonèse cimbrique, il passa dans la Fionie, dont il s'empara. Cette contrée lui plut, et il y bâtit la ville d'Odinsée, qui conserve encore dans son nom le souvenir de son fondateur. Le nom de cette ville prouve qu'à cette époque le nom de *Wodan*, le Divin, était déjà donné au prince des Ases par l'enthousiasme de ses sectateurs. Le Danemarck, qui se soumit entièrement à ses armes, reçut Sciold, le cinquième de ses fils, en qualité de roi. Cette contrée, s'il faut en croire les Annales islandaises, n'avait point encore eu de roi, et commença dès lors à compter parmi les puissances septentrionales (1). Les successeurs de Sciold prirent le nom de *Scioldungiens*, et régnèrent un assez long espace de temps.

Enfin Odin allait marcher vers la Suède pour en faire la conquête, lorsque Gylfe, roi de cette contrée, frappé d'étonnement au récit qu'il entendait faire de toutes parts, résolut d'approfondir par lui-même ces bruits, et de savoir s'il devait attribuer les succès du prophète conquérant à ses prestiges ou à quelque inspiration divine. Ayant formé ce dessein, il déguise son rang, et vient sous le nom du vieillard *Gangler*, dans l'endroit où le prince des Ases tenait sa cour. L'auteur de l'*Edda*, qui raconte ce voyage, dit que Gylfe, après avoir interrogé les trois ministres d'Odin, sur les principes des choses, sur la nature des Dieux, et sur les destinées de l'Univers, fut tellement frappé des choses admirables qu'il entendit, que, ne pouvant douter qu'Odin ne fût un envoyé de la Providence, il descendit du trône pour le lui céder. Cet événement mit le comble à la gloire du Théocrate. Ynghe, son sixième fils,

---

(1) Les chronologistes septentrionaux placent cet événement soixante ans avant Jésus-Christ; or, la défaite de Mithridate par Pompée date de l'an 67, ce qui coïncide assez.

ayant pris la couronne de Suède, la transmit à ses descendants, qui prirent le nom d'*Yngleingiens*. Bientôt la Norvége imita l'exemple de la Suède, et se soumit au dernier des fils d'Odin, appelé Sœmunghe.

Cependant le législateur Scandinave ne négligeait rien pour faire fleurir ses nouveaux États, et pour y fonder son culte sur des bases solides. Il établit à *Sigtuna*, la ville de la Victoire, aujourd'hui Stockholm, un conseil suprême, composé de douze Pontifes, qu'il chargea de veiller à la sûreté publique, de rendre la justice au Peuple, et de conserver fidèlement le dépôt des connaissances religieuses.

Les débris historiques parvenus jusqu'à nous, représentent Odin comme le plus persuasif des hommes. Rien, disent les chroniques islandaises, ne pouvait résister à la force de ses discours, dans lesquels il mêlait souvent des vers composés sur-le-champ. Éloquent dans les temples, où son air vénérable lui gagnait tous les cœurs, il était au milieu des batailles le plus impétueux et le plus intrépide des guerriers. Sa valeur, chantée par les Bardes, ses disciples, a été transformée par eux en une vertu surnaturelle. Ils ont, par la suite du temps, renfermé dans son histoire particulière tout ce qui appartenait à l'histoire générale de la Race boréenne, à cause de Bore qu'il s'était donné pour ancêtre. Non contents de le confondre avec Wôd, le Dieu suprême qu'il annonçait, ils l'ont encore confondu avec l'antique Teutad, et lui ont attribué tous les chants de la Voluspa. Les poésies islandaises qui subsistent encore le représentent comme un Dieu maître des éléments, disposant à son gré des vents et des orages, parcourant l'Univers en un clin d'œil, prenant toutes les formes, ressuscitant les morts et prédisant l'avenir. Il savait, d'après les mêmes récits, chanter des airs si mélodieux et si tendres, que les plaines se couvraient de nouvelles fleurs, les collines tressaillaient de plaisir, et que les ombres, attirées par la douceur de ses accords, sortaient des abîmes et demeuraient immobiles autour de lui.

Ces exagérations sont inévitables : on les trouve exprimées de la même manière pour Ram, pour Orphée et pour Odin, dans le Ramayan des Hindoux, dans la mythologie grecque, et dans l'Edda.

Mais pour rentrer dans le domaine de l'histoire positive, voici ce qu'on raconte de certain sur la mort d'Odin. Ce Théocrate, comblé de bonheur et de gloire, ne voulut pas attendre dans son lit une mort lente et dénuée d'éclat. Comme il avait toujours annoncé, pour accroître le courage de ses guerriers, que ceux-là seuls qui mourraient d'une mort violente seraient dignes des plaisirs célestes, il résolut de terminer sa vie par le fer. Ayant donc rassemblé ses amis et ses plus illustres compagnons, il se fit neuf blessures, en forme de cercle, avec la pointe d'une lance, déclarant qu'il allait dans le Valhalla prendre place, avec les autres Dieux, à un festin éternel.

Odin voulant, selon les desseins de la Providence, former un Peuple audacieux et vaillant, et fonder un culte animique, éminemment passionné, ne pouvait mourir que comme il mourut; sa mort fut le chef-d'œuvre de sa législation. Sans être aussi héroïque que celle de Jésus, elle le fut davantage que celle d'Apollonius de Tyane, et mit également le sceau à sa doctrine.

Ainsi, tandis qu'un culte entièrement intellectuel, destiné à dominer la raison, se préparait en Judée, une doctrine animique, violente dans ses préceptes, s'était établie en Scandinavie seulement pour préparer les voies à ce culte, et en favoriser la propagation; et cependant un homme puissamment instinctif, capable d'un très grand effort de volonté, parcourait l'Empire romain, enseignant que la vie n'est qu'un châtiment, un milieu pénible entre deux états, indifférents en eux-mêmes, la génération et la mort. Cet homme, appelé *Apollonius*, suivait, dans la doctrine de Pythagore, ce que cette doctrine avait de plus positif. Son axiome favori était, que rien ne périt; qu'il n'y a que des apparences qui naissent et qui passent, tandis que l'essence reste toujours la même; et, selon lui, cette essence première, à la fois active et passive, qui est tout en tout, n'est autre chose que le Dieu éternel, qui perd son nom dans nos langues par la multitude et la variété des choses à désigner. L'homme, disait-il, sortant de son état d'essence pour entrer dans celui de nature, naît;

et si, au contraire, il sort de celui de nature pour entrer dans celui d'essence, il meurt; mais il ne naît ni ne meurt véritablement; il passe d'un état à l'autre, voilà tout; il change de mode sans changer jamais ni de nature ni d'essence: car rien ne sort de rien et n'aboutit jamais à rien.

En répandant cette doctrine, Apollonius affaiblissait nécessairement la puissance de la Volonté. Cette puissance, jetée ainsi dans le vague, ne voyait plus de but à ses efforts, si, en effet, comme l'enseignait Apollonius, elle n'agissait que sur des apparences, et si l'Univers n'était réellement qu'un automatisme divin, indifférent à toutes les formes.

Apollonius menait une vie très austère. Il opérait un grand nombre de phénomènes, soit en rendant la santé aux malades, soit en prévoyant les choses futures. Il eut un grand nombre de disciples, et ses succès furent d'abord plus éclatants que ceux de Jésus; mais sa doctrine, n'ayant pas la même base, ne pouvait pas avoir la même durée. Après une existence de plus d'un siècle, il disparut comme Moïse, sans que Damis même, le plus chéri de ses disciples, pût dire ce qu'il était devenu. Ce Théosophe n'apprit rien de nouveau, à proprement parler; mais il donna à la sphère instinctive un ébranlement qui ramena la vue intérieure de l'homme sur les éléments mêmes des choses. Cet ébranlement fut singulièrement favorable aux progrès du christianisme, en fournissant à ses sectateurs l'occasion de résoudre plusieurs difficultés qui embarrassaient l'esprit des philosophes.

A cette époque, une foule d'hommes, dont l'élévation de l'Empire romain avait froissé les plus chers intérêts, se livraient à la méditation, et repliaient sur eux-mêmes l'activité qu'ils ne pouvaient plus étendre sur les objets politiques. Ces hommes recherchaient l'origine du Monde, et surtout celle de la Matière, la cause des maux, la nature et la destination de l'Homme. Or, les chrétiens répondaient à cela sans la moindre hésitation. Leurs réponses, il est vrai, étaient brusques, mais elles étaient énoncées avec cette persuasion profonde et vive, qui pénètre et persuade. Ils disaient que le Monde avait été créé par Dieu même; que la Matière dont ce Monde avait été créé, tirée du néant, avait été faite de rien; que la cause des maux tenait à la faute du premier homme, qui, créé libre et à l'image de Dieu, avait transgressé ses commandements. Et, quant à la nature et à la destination de l'homme, ils n'étaient pas plus embarrassés pour dire que l'homme était la créature de Dieu, destiné à être éternellement heureux dans le ciel, ou éternellement malheureux dans les enfers, selon qu'il suivrait la route de la vertu ou celle du vice.

Des solutions aussi tranchantes, qui, proposées froidement, auraient rebuté des esprits froids, frappaient d'étonnement des esprits ardents qui voyaient la mort même reculer devant l'enthousiasme de leurs promoteurs. Les miracles opérés par Jésus, et surtout sa résurrection, affirmée par une foule de témoins qui avaient scellé leur témoignage de leur sang, étaient des arguments difficiles à détruire, quand on ne pouvait pas en nier l'existence. (1)

Au point où les choses étaient arrivées, par une suite de la déviation de la Volonté de l'homme, il était néanmoins difficile d'empêcher leur entière dissolution; et Jésus, appelé à ce grand œuvre, ne serait point parvenu à l'arrêter, même après l'immense victoire qu'il avait remportée sur le Destin, en triomphant de la mort, son arme la plus terrible, si la Providence ne lui eût encore accordé le moyen d'apparaître aux yeux de Saül, et de changer la volonté particulière de cet homme, au point de le rendre le plus zélé protecteur de sa doctrine, tandis qu'il en était, avant cet événement, le persécuteur le plus acharné. Saül, qui changea depuis son nom en celui de Paul (2), fut le véritable fondateur du christianisme. Sans lui, rien ne se serait effectué.

---

(1) On sait assez qu'il s'est trouvé de nos jours des hommes assez peu judicieux pour nier jusqu'à l'existence physique de Jésus. Il fallait que ces hommes fussent bien embarrassés de son existence providentielle, pour en venir à ce comble d'absurdité.

(2) Le nom de *Saül* tient à une racine qui développe l'idée de hauteur; et celui de *Paul*, au contraire, à une racine qui exprime l'humilité.

Les douze apôtres, que Jésus avait laissés, n'avaient point la force requise pour remplir leur apostolat. Le christianisme dut donc à saint Paul sa forme dogmatique et morale, et sa doctrine spirituelle. Il reçut plus tard ses rites sacrés et ses formes d'un Théosophe de l'école d'Alexandrie, nommé Ammonius.

CHAPITRE VIII.

Douzième révolution dans l'État social. Constantin est forcé d'embrasser le christianisme, et d'abandonner Rome. Invasion des Goths. Chute de l'Empire romain.

Mais tandis que toutes ces choses se passaient, le mouvement désorganisateur qui menaçait l'Empire romain commençait à se manifester. Il semblait qu'on entendait déjà les sourds craquements qui annonçaient la chute de cet édifice mal construit. Au nord, les Bretons s'étaient révoltés, et avaient massacré les légions romaines. Au midi, les Juifs, encore couverts du sang d'un Envoyé divin, mais toujours soutenus par l'espérance d'un libérateur à venir, avaient essayé plusieurs fois de se soustraire au joug. Vaincus partout, et dispersés parmi toutes les nations de la terre, ils y avaient porté leur haine. Les Parthes en Asie, les Goths en Europe, avaient déjà menacé les frontières. Les germes de révolte que le génie de l'Empereur Sévère avait comprimés se développèrent avec fureur sous Caracalla. Toutes les passions qui produisent les révolutions, et qui bouleversent les états, fermentaient d'un bout à l'autre de l'Empire. On vit plus de vingt Empereurs dans le troisième siècle, et presque tous élevés sur le trône par la sédition, ou par le meurtre de leurs prédécesseurs. A peine un Empereur était-il massacré, et son meurtrier avait-il saisi la couronne, que trois ou quatre concurrents, chacun à la tête d'une armée, venaient la lui disputer. Le sénat romain, misérable instrument des plus viles passions, mettait au nombre des Dieux les tyrans les plus exécrables. Il ne rougissait pas de décerner les honneurs divins à un Caracalla, le meurtrier de son père et de son frère, le fléau de Rome, et l'horreur du genre humain. Le Polythéisme, avili, ne pouvait opposer aucune digue à ces désordres.

Ce fut au milieu de ce trouble, tandis que le feu du ciel embrasait le Capitole, et que la peste moissonnait le peuple d'Orient, que les sectateurs d'Odin, après avoir ébranlé les frontières, les franchirent enfin. D'abord connus sous le nom général de Goths, on les distingua bientôt par les surnoms qu'ils se donnaient. Les Francs et les Sicambres furent les premiers connus (1). Ces peuples, enflammés d'un enthousiasme religieux et guerrier, non contents d'attaquer l'Empire romain en Europe, envahirent encore ses possessions en Asie, et bientôt en Afrique. D'abord on en détruisit un grand nombre; mais aucune défaite ne put ralentir leur audace. Ils sem-

---

(1) Le nom de Sicambres (*Sig-Kimbres*) signifie les Cimbres victorieux.

blaient renaître sous le fer qui les mutilait, comme la mythologie le raconte de l'hydre de Lerne. Vainement Claude II avait-il massacré trois cent mille Goths proprement dits (1), et Aurélien autant d'Allemands, ces deux victoires n'empêchèrent pas que peu d'années après il ne fallût leur céder la Dacie et la Thrace. Les Bourguignons, les Vandales, les Francs, se succédaient les uns aux autres, et portaient partout la désolation.

Constantin, justement épouvanté de la situation de l'Empire, voyant sa partie morale entièrement corrompue, et son existence physique évidemment compromise en Occident, se détermina, en embrassant le culte des chrétiens, à consolider la révolution religieuse que la force des choses avait amenée, et à transférer le trône impérial sur les rivages du Bosphore. Ce double mouvement était devenu indispensable. Il fallait abandonner un culte usé, qui n'offrait plus aucune garantie ; et, au milieu de l'orage qui se préparait, concentrer sur un point limitrophe de l'Asie et de l'Europe, une partie des

---

(1) Je répète qu'on doit entendre par les Goths, les sectateurs d'Odin, en général. Les Sicambres, les Francs, les Vandales, les Allemands, etc. sont des surnoms donnés à ces mêmes Goths, relativement à leur caractère ou à leurs mœurs, comme ceux d'Ostrogoths ou de Visigoths le sont relativement à leur position géographique. Les Goths, Gothans ou Gothins étaient, par rapport à Odin, ce que sont les Chrétiens par rapport au Christ.

lumières que Rome n'était plus en état de conserver. Cette ville audacieuse, dont rien ne pouvait abattre l'arrogance, était dévouée à la destruction. Quelque jugement que la postérité ait d'ailleurs porté sur le caractère particulier de Constantin, il n'en reste cependant pas moins vrai que ce fut un homme de génie, qui jugea son siècle, et qui fit avec intelligence et force ce que les circonstances exigeaient de lui.

Ainsi le culte chrétien triompha, et, du sein même de la poussière où il était né, s'éleva tout à coup sur le trône. Il présenta aux flots de barbares dont l'Empire était inondé une digue morale, contre laquelle tous leurs efforts vinrent se briser. Tandis que rien de physique ne pouvait résister à la violence de leur impulsion, ce culte les saisit dans des liens spirituels, où la fougue de leurs passions vint s'amortir. Les ténèbres de l'ignorance, roulant avec eux, devaient couvrir l'Europe, et la tenir long-temps plongée dans une atmosphère ténébreuse. Il fallait un culte approprié à cette situation pénible, et la Providence l'ayant prévu avait tout préparé pour que ce culte s'établît. Il avait été mis, par la force intellectuelle de son fondateur, au-dessus de la fatalité du Destin, et de la puissance arbitraire de la Volonté, également vaincues, et par le sacrifice volontaire de sa vie, et par la victoire qu'il avait remportée sur la mort.

Il est tout-à-fait inutile que je m'arrête sur cette

épouvantable époque de l'histoire moderne. On sait assez que le terrible Alaric, le premier qui eut l'honneur de prendre et de saccager Rome, avait été général d'armée sous Théodose 1, Empereur d'Orient. On n'ignore pas que Théodose, qui avait employé Alaric et ses Goths pour se défaire de son compétiteur Eugène, leur donnait un salaire, changé en tribut sous le règne du faible Arcadius. Cependant Alaric, mécontent de ce tribut, et prétendant à de plus nobles trophées, laisse là son tributaire pour attaquer Honorius, Empereur d'Occident. Stilicon, général des armées d'Honorius, pouvait seul résister à ce redoutable ennemi; on l'accuse de l'avoir appelé, on lui tranche la tête. Rome est prise, et l'Empire d'Occident déchiré. Les sectateurs d'Odin, le voyant ouvert, y pénètrent de tous les côtés. Alaric avait fait la brèche, tous les autres barbares s'y précipitent, et veulent avoir part au pillage. Les Vandales saisissent l'Espagne; les Bourguignons et les Francs envahissent les Gaules; les Visigoths s'emparent de l'Oscitanie; les Lombards inondent l'Italie. Les Romains, forcés d'évacuer la Grande-Bretagne, n'éprouvent partout que des revers. Pendant ce temps les Huns, conduits par le farouche Attila, menacent à la fois les vaincus et les vainqueurs, pillent et massacrent tout ce qu'ils trouvent devant eux, sans distinction de culte ni de nom, et ajoutent à la confusion générale. Enfin Odoacre, à la tête de ses Hérules, arrive au milieu du désordre, entre dans

Rome, et détrône Augustule, l'an 476 de notre ère. Quelques années après, Clovis, Roi des Francs, acheva la conquête des Gaules, commencée par Mérovée et Childeric, et y fonda le Royaume de France. On sait assez comment Clotilde, sa femme, fille de Chilpéric, Roi des Bourguignons, lui persuada d'embrasser le christianisme. Cet événement de la plus haute importance, en soumettant le culte d'Odin à celui de Jésus, consolida les desseins de la Providence, et sauva la société européenne de la perte assurée où l'entraînait la fatalité du Destin.

On ne doit pas oublier que les Goths par les mains desquels l'Empire romain fut renversé, sous quelques noms qu'ils se présentent dans les Annales modernes, étaient des sectateurs d'Odin, formés d'un mélange de peuplades asiatiques et européennes descendues du Nord. Ils avaient le caractère, les mœurs, les lois, et presque le même culte que les Celtes primitifs. Comme leur seule vertu était la valeur guerrière, ils ignoraient tous les arts d'agrément, toutes les sciences de pure spéculation, et se faisaient gloire de les ignorer. La haine qu'ils nourrissaient pour le nom romain, et que leur Législateur leur avait inculquée il y avait environ cinq ou six siècles, leur rendait odieux tout ce qui s'y attachait; ce nom était pour eux l'expression de ce qu'on peut imaginer de bas et de lâche, d'avare et de vicieux. Ils attribuaient aux sciences et aux arts cultivés par les Romains, qu'ils avaient en horreur, l'état d'avilissement où ce peuple était tombé. (1)

Aussi, partout où les Goths portèrent leurs pas, leurs traces furent teintes de sang, et leur présence annonça le ravage; les provinces les plus fertiles furent converties en déserts; les villes détruites, les campagnes incendiées, les habitants égorgés ou traînés en esclavage : bientôt la famine et la peste; se joignant aux horreurs de la guerre, mirent le comble à la désolation des peuples. Depuis deux mille ans, l'Univers n'avait pas été en proie à tant de fléaux à la fois. Les écrivains contemporains qui ont eu le malheur d'être témoins de ces scènes de dévastation et de carnage, ont de la peine à trouver des expressions assez énergiques pour en peindre toutes les horreurs. (2)

---

(1) Ils enveloppaient dans cette proscription jusqu'à l'art d'écrire. Aussi, ce n'est qu'aux historiens grecs ou latins qu'on doit le peu de notions qu'on a sur eux. Lorsque, revenus de leurs préjugés, ils commencèrent à rédiger leurs annales, le souvenir de leur origine était entièrement perdu. Jornandès, Paul Warnefride, Grégoire de Tours, quoique les plus anciens et les plus accrédités de leurs historiens, ne donnent sur leur origine, leurs lois et leurs mœurs, que des lumières confuses et peu satisfaisantes.

(2) Procope dit que c'est par un sentiment d'humanité qu'il ne veut pas transmettre à la postérité le détail des cruautés exercées par les Goths, pour ne pas l'effrayer par ces monuments de barbarie. Idace, témoin oculaire de la

L'Europe ravagée se couvrit insensiblement de terres incultes et de marais fétides; la plus affreuse barbarie succéda partout à la civilisation. L'Italie elle-même, le centre du luxe et des arts, cette contrée où l'agriculture était suivie avec un soin extrême, l'Italie fut tellement bouleversée par les barbares, qu'encore au neuvième siècle, elle était couverte de forêts qui servaient de repaires à des bêtes sauvages.

Lorsque ce violent orage fut un peu calmé, que les vainqueurs, fatigués de meurtres et de dévastations, se reposèrent sur les débris qu'ils avaient amoncelés, il se trouva que ce vaste corps politique appelé l'*Empire romain*, misérablement déchiré, se divisait en une foule de petits états, entre lesquels toute communication était interrompue. Le commerce était abandonné; les arts les plus utiles ne trouvaient plus d'artisans; l'agriculture même était négligée; les pirates seuls couvraient les mers; les habitants des parties un peu éloignées d'un même

---

désolation qui suivit l'irruption des Vandales en Espagne, dit que lorsque ces barbares eurent tout ravagé avec la dernière férocité, la peste vint encore ajouter ses horreurs à cette calamité. La famine, dit-il, fut si générale, que les vivants furent obligés de se nourrir de cadavres. Saint Augustin confirme le récit de ces malheurs. Les rivages de l'Afrique furent aussi maltraités que ceux d'Europe. On assure que dans la seule guerre des Vandales, il périt plus de cinq millions d'hommes.

royaume ne pouvaient entretenir ensemble aucune relation (1). Le moindre voyage était une entreprise périlleuse : enchaînés par mille obstacles au lieu où le sort les avait fait naître, la plupart des hommes ignoraient jusqu'au nom des autres pays; et, livrés à l'infortune, ne conservaient aucune idée de leur ancienne prospérité.

---

(1) Les communications étaient si difficiles, il y avait si peu de commerce parmi les hommes, qu'encore vers la fin du dixième siècle un abbé de Cluguy, en Bourgogne, ayant été sollicité de venir conduire des moines dans un monastère auprès de Paris, s'excusa en disant qu'il ne voulait pas s'exposer à voyager dans une région étrangère et inconnue. Plus d'un siècle après, au commencement du douzième, les moines de Ferrières, dans le diocèse de Sens, ne savaient pas qu'il existait en Flandre une ville appelée *Tournai*; et les moines de Saint-Martin de Tournai ignoraient également où était le couvent de Ferrières. Une affaire qui concernait les deux couvents les obligea à avoir quelques communications; ils se cherchèrent avec des peines infinies, et ne parvinrent enfin à se trouver que par hasard. La Géographie était si peu cultivée qu'on ne connaissait même plus la place respective des trois parties du Monde. On voit sur les cartes fabriquées dans ces temps d'ignorance, Jérusalem placée au milieu de la Terre, et l'Asie, l'Afrique et l'Europe, tellement disposées autour, qu'Alexandrie est aussi près de la ville sainte que Nazareth.

CHAPITRE IX.

Réflexions sur ces événements. Situation du sacerdoce et de la royauté. Nouveaux déviements de la Volonté.

Ainsi la population européenne se trouvait revenue, après un nombre de vicissitudes plus ou moins pénibles, au même état d'où elle était partie plusieurs milliers d'années auparavant. Il y avait pourtant cet avantage pour elle, qu'elle avait l'expérience du passé, et qu'un culte providentiel, élevant autour d'elle des barrières protectrices, la défendait contre sa propre ignorance et contre ses propres fureurs. La Volonté, violemment comprimée par les derniers événements, subissait d'une part le joug du Destin, et de l'autre, celui de la Providence. Il était question de voir si, en sortant de cet état d'accablement, elle voudrait reconnaître librement l'une ou l'autre de ces deux puissances, s'allier à l'une d'elles en particulier, ou leur servir de lien commun. D'un côté était l'autorité civile et militaire; de l'autre, l'autorité spirituelle et sacerdotale. D'abord ces deux autorités, encore ébranlées par les secousses réitérées que venait d'éprouver le corps politique, mal affermies et mal ordonnées, se connaissaient à peine; et tantôt trop confondues, et tantôt trop séparées, ignoraient leurs limites réciproques et leurs véritables attributions. Durant l'espace d'environ deux siècles et pendant la violence de l'invasion, il fut impossible de rien distinguer à travers les ténèbres épaisses que les barbares entraînaient avec eux; à peine soupçonnait-on qu'on eût un souverain Pontife, et ce souverain Pontife ignorait, au milieu de l'orage, s'il existait encore des monarques. Mais enfin, quand la tranquillité reparue permit d'examiner l'état des choses, on dut voir avec étonnement que, non seulement ces deux autorités ne se connaissaient pas entre elles, mais encore que les divers membres dont elles étaient composées ne les reconnaissaient pas eux-mêmes : en sorte que, sous l'apparence d'un régime sacerdotal et royal, il n'y avait en effet que deux anarchies dont tous les efforts tendaient à se dominer mutuellement.

Malgré les coups dont elle venait d'être frappée, cette indomptable Volonté européenne persistait dans son mouvement. Incapable de secouer deux jougs aussi rigoureux que ceux de Jésus et d'Odin, qu'elle portait ensemble, elle cherchait à les détruire en les divisant, et y parvenait. Déjà le christianisme, attaqué jusque dans ses fondements, avait été ébranlé par une foule de novateurs hardis, appelés *hérésiarques*, à cause des opinions particulières qu'ils professaient. Tandis que les uns regardaient Jésus comme Dieu même, descendu du ciel pour éclairer les hommes, les autres ne voulaient voir en lui qu'un génie céleste, qu'un prophète divin, et même qu'un homme inspiré comme Moïse, Orphée ou Socrate. Si d'un côté des hommes attachés à l'orthodoxie, tels que Berylle et Paul de Samosate, tâchaient d'établir les mystères de la Trinité et celui de l'Incarnation; de l'autre, Arius et Macédonius les attaquaient avec violence. Artemon et Théodote trouvaient-ils les dogmes du christianisme trop obscurs et sa morale trop sévère, tout à coup survenait Montan et ses encratistes, qui se prétendaient appelés à y apporter encore plus d'obscurité et de rigueur. La discipline de l'Église, le culte rendu à la Vierge, étaient aussi l'occasion d'une foule de sectes. Il y avait des chrétiens philosophes ou systématiques, qui, cherchant de bonne foi à rendre les mystères du christianisme conformes aux idées que la raison leur fournissait, tâchaient de les expliquer par la doctrine de Pythagore ou de Platon, par le système des Émanations des Chaldéens, par la croyance des deux principes de Zoroastre. Valentin, Basilide, Saturnin, Carpocrate, Marcion, Bardesane, et surtout Manès, se firent remarquer dans cette route.

Au milieu de ce tumulte, les souverains Pontifes, appelés *Patriarches* ou *Papes*, qui auraient dû se trouver revêtus d'une force suffisante pour établir l'orthodoxie de l'Église, en maintenir les droits, et faire taire les novateurs, virent avec effroi qu'ils étaient dénués d'autorité réelle; que leurs décisions n'étaient respectées d'aucun parti, et que, forcés d'obéir aux mouvements de la multitude, ils devaient sanctionner alternativement le pour ou le contre, selon que le pour ou le contre était adopté par la majorité de certaines assemblées appelées *Conciles*, auxquelles l'opinion générale voulait qu'ils fussent soumis. Pour comble de malheur, ces souverains Pontifes, dépouillés ainsi de toute souveraineté, et ne trouvant alors dans leurs mains aucune arme assez forte pour arrêter les progrès des hérésies, puisque les hérétiques ne se soumettaient ni à leurs décisions ni à leurs anathèmes, irrités par la résistance, et cédant à des passions qui ne manquent jamais au cœur de l'homme le plus intègre, quand il croit la Divinité intéressée dans sa propre cause; ces souverains Pontifes, dis-je, s'accoutumèrent imprudemment à considérer comme criminels des hommes qui n'étaient que dissidents, et les déférèrent à l'autorité civile des monarques. Ceux-ci, flattés de prendre cet avantage sur le sacerdoce, et sans prévoir les épouvantables inconvénients qu'il pouvait entraîner par la suite, prêtèrent leurs forces, et convertirent en affaires d'état, des querelles religieuses qui auraient dû se renfermer et s'éteindre dans l'enceinte de l'Église. Le bannissement, l'exil, la perte des biens, la mort, furent prononcés contre des opinions. Les chrétiens, d'abord persécutés, devinrent persécuteurs; le sang coula; et les partis, alternativement vainqueurs, ne virent d'autres malheurs dans l'État que celui de ne pas exterminer entièrement le parti opposé.

Ainsi donc, le sacerdoce chrétien, en se laissant envahir par les formes républicaines, en soumettant, contre toute raison, son chef suprême à la volonté d'une assemblée, en méconnaissant ce chef, en lui disputant son rang, son titre, son autorité, se livra lui-même à l'anarchie, et se dévoua à la nullité ou au despotisme. Il autorisa les monarques à ne point reconnaître ce qu'il ne reconnaissait pas, et provoqua cette lutte scandaleuse qui pendant plus de mille ans affligea l'Europe. L'importance qu'il donna aux hérésies les multiplia; l'appel qu'il fit à la force civile l'en rendit dépendant; et lorsqu'au seizième siècle, il se trouva divisé et détruit, il ne dut attribuer sa division et sa destruction qu'à ces mêmes formes républicaines qu'un fol orgueil, une volonté indisciplinable lui avait fait adopter.

Ces formes insolites dont les monarques avaient d'abord profité pour diminuer habilement l'influence des souverains Pontifes, et se soustraire à leur surveillance, furent d'ailleurs une arme à deux tranchants dont ils ne tardèrent pas à ressentir les atteintes; car, puisqu'ils trouvaient bon que l'autorité fût divisée d'un côté, et soumise à la sanction du corps sacerdotal, ils ne pouvaient pas trouver mauvais qu'elle le fût de l'autre, et que le corps féodal les dominât. Cette réaction était d'autant plus inévitable qu'il était plus naturel aux barons de se regarder comme indépendants des rois, qu'aux prêtres de se considérer comme déliés de l'obéissance envers leur chef suprême. Les hordes de Goths qui, sous différents noms, envahirent l'Empire romain, n'étaient point composées de soldats mercenaires soumis à un despote, mais d'hommes farouches, conduits par un chef, leur égal, et conquérants pour eux-mêmes (1). Avant d'entreprendre aucune affaire, ils délibéraient en commun et la décidaient à la majorité. L'autorité du chef se bornait à faire exécuter la volonté générale. Après la conquête, chaque guerrier regarda la portion de terre qui lui était échue

---

(1) Il paraît certain qu'à cette époque une révolution quelconque avait placé sur la tête du Mayer la couronne du Kanh, et que, par conséquent, la puissance civile héréditaire n'existait plus. Les chefs des Barbares qui inondèrent l'Empire romain n'étaient donc pas des *rois* à proprement dire, mais des *maires*, dont la puissance purement militaire était élective. Ils ne prirent le titre de roi que plus tard, et lorsque la conquête, et surtout le changement de culte, eut consolidé leur autorité. Ils se distinguèrent encore une fois des maires, afin de consacrer l'hérédité dans leur maison; mais ils ne tardèrent pas à subir l'influence de la puissance militaire, qui finit par envahir enfin la puissance civile, et par s'arroger tous ses droits. Ce fut dans la personne de Pepin, roi de France, que s'effectua la réunion définitive de la royauté à la mairie. Pepin ne donna pas pourtant son nom à sa race, parce qu'il ne fut point jugé roi légitime : cet honneur fut laissé à son fils Charles.

avec la quantité de familles qui en dépendaient, comme une récompense de sa valeur. Il renouvela dans ces contrées presque tous les usages, presque toutes les lois qui avaient existé autrefois, et dont j'ai parlé au commencement de cet ouvrage; mais avec cette différence notable, que ne trouvant point d'unité dans le culte nouveau qu'il adopta, il ne se soucia pas d'en mettre dans le Gouvernement royal; chaque baron se considéra comme maître absolu chez lui, ne reconnut d'autre obligation que celle de suivre le Roi à la guerre; et, se constituant son propre juge et son propre vengeur, ne releva que de Dieu et de son épée. Alors l'Europe se trouva morcelée en une infinité de petites souverainetés, dont l'étendue se bornait souvent au donjon où résidait le souverain.

Telle fut la fin de l'Empire universel; et tel avait été son commencement. Cet Empire, après avoir atteint son dernier degré d'élévation, était descendu à son dernier degré d'abaissement. Il allait rester dans cette situation, plus ou moins long-temps, selon les circonstances, et selon que l'action des trois grandes Puissances de l'Univers se réunirait encore pour opérer sa reconstruction.

CHAPITRE X.

Vue rapide sur l'état de l'Asie. Mission de Mahomed et ses suites. Treizième révolution.

Il faut remarquer qu'au moment où les ténèbres s'épaississaient de plus en plus sur l'Europe, et couvraient l'occident de notre hémisphère, l'orient et le midi de l'Asie recommençaient à jouir de quelque clarté. Les orages violents qui avaient agité la Chine après le règne du fameux Tsin-ché-hoang (1), s'étaient apaisés; et cet Empire avait ensuite joui d'un assez grand éclat. Plusieurs hommes de génie avaient paru dans son sein. On avait vu une ambassade chinoise franchir pour la première fois ses frontières, parcourir la Haute-Asie, la Perse, une partie de l'Europe et l'Inde, pour y puiser de nouvelles lumières sur les sciences et sur les arts. Les Japonais avaient été soumis à un tribut, et la Corée avait été conquise. La grande muraille, entreprise autrefois pour arrêter les irruptions des Tâtares, mais qui tombait en ruines depuis plusieurs siècles, avait

---

(1) Le même qui voulut anéantir tous les monuments littéraires antérieurs à son règne, et qui réunit tout l'empire dans sa main, après avoir détruit les sept royaumes qui le composaient auparavant : l'an 221 avant Jésus-Christ.

été partout relevée, et couvrait une étendue de plus de cinq cents lieues. Enfin, une des belles inventions qui aient honoré l'esprit humain, celle du papier, favorisait encore le progrès des sciences. (1)

L'Inde était également florissante; le règne du célèbre roi Vikramaditya avait reproduit tout ce que cette contrée avait eu autrefois de remarquable; la poésie y avait été surtout cultivée avec un grand succès; il semblait que ces peuples, déjà vieux, mais encore vigoureux et sains, reprenaient une nouvelle vie, au sortir de quelque violente maladie qui avait menacé leur existence.

Une nouvelle dynastie, celle des Sasanides, s'était élevée en Perse; et ce royaume, embelli et mieux gouverné, avait pu faire la conquête de l'Arabie. (2)

L'Afrique n'était pas non plus restée oisive et sans quelque gloire; les Abyssins avaient même pénétré plusieurs fois dans l'Yémen, et avaient essayé d'y introduire le christianisme.

En général, le cinquième et le sixième siècle, qui furent pour l'Europe une époque de désolation et de barbarie, furent pour l'orient de l'Asie, et particulièrement pour la Chine, des siècles de luxe et de

---

(1) Cette belle invention date de l'an 105 avant Jésus-Christ.

(2) Le commencement de la dynastie des Sasanides est de l'an 155 avant Jésus-Christ, et la conquête de l'Arabie du l'an 240 de notre ère.

magnificence. Quelques théosophes distingués, tels que Sotoctaïs au Japon, et un nouveau Boudha chez les Siamois, avaient même illustré cette époque; lorsque la Providence, jugeant l'état misérable où la Volonté de l'homme, toujours réfractaire à ses lois, avait amené l'Europe, voyant le pouvoir royal sans force et le sacerdoce sans vertu, livrés l'un et l'autre à des divisions sans fin, qui les réduisaient à la nullité la plus absolue, contemplant Rome et Constantinople, devenues le foyer de querelles interminables, de schismes et d'hérésies aussi ridicules pour le fond que pour la forme, sans espoir de ramener de long-temps à l'unité sacerdotale et royale, des esprits aussi divisés par leurs intérêts propres et leurs passions particulières; la Providence, dis-je, voulut du moins arrêter ce débordement qui, menaçant d'envahir l'Asie entière, pouvait lui ravir un reste de grandeur qui s'y manifestait. Déjà, comme je l'ai dit, les Abyssins, imbus des opinions hétérodoxes de quelques moines grecs, avaient tenté de les inoculer dans l'Arabie. L'Asie-Mineure, infectée des doctrines opposées d'une foule d'hérésiarques, avait failli entraîner la Perse, en excitant l'ambition d'un jeune prince, fils du roi Nourshirvan (1). Il

---

(1) C'est le même que nos historiens nomment Cosroës, ou Cyrus-le-Grand; son fils, aveuglé par le zèle de quelques prêtres chrétiens, s'était armé contre lui après avoir embrassé leur culte. Mais le monarque ayant découvert et puni

était évident qu'il n'y avait pas un moment à perdre ; il fallait une digue très forte qui séparât l'Asie de l'Europe ; et cette digue, ce fut Mahomed qui fut chargé de l'élever. (1)

Mahomed était, comme Odin, un homme puissamment animique, capable d'un enthousiasme passionné, et, comme Jésus, doué d'une force de volonté extraordinaire. Il n'était point instruit, mais il connaissait lui-même son ignorance, et savait en tirer parti pour faire ressortir tout ce que son inspiration avait de plus remarquable. C'est le seul prophète qui ait dit de lui-même, qu'il ne pouvait point pénétrer l'avenir, et qu'il n'était point envoyé pour faire des miracles, mais seulement pour gouverner les hommes et leur enseigner la vérité (2). Mahomed, abandonné à lui-même, et agissant dans ses

---

le crime de ce prince, en conçut une telle haine contre la religion à laquelle il l'attribuait, qu'après l'avoir proscrite dans ses états, il l'attaqua partout où il put l'atteindre.

(1) Mahomed naquit vers l'an 569 ou 570 après Jésus-Christ. Il commença son Apostolat âgé de quarante-deux ans, l'an 612 ; et fut proscrit à la Mecque, l'an 622. C'est de cette époque que date la gloire de Mahomed, et l'ère des Musulmans appelée *Hégire*, parce que leur Prophète fut obligé de s'enfuir à Médine.

(2) Les miracles qu'on lui a attribués depuis, sont, ou des allégories mal comprises, ou des impostures ridicules dont ses amis fanatiques ou plutôt ses ennemis ont chargé sa mémoire.

propres facultés, était un homme ordinaire, très aimant, d'un caractère doux, modeste, ami de la paix, et silencieux ; mais lorsqu'il cédait à l'esprit divin qui s'emparait de son ame, rien ne pouvait résister aux mouvements impétueux de son éloquence ; les feux de ses regards embrasaient les ames, une autorité surnaturelle commandait par sa voix : il fallait le suivre ou l'éviter. Lorsqu'à l'âge de cinquante-deux ans, une persécution inique, à laquelle il ne s'attendait pas, le força de fuir sa patrie, et de recourir aux armes, il déploya une intrépidité et des talents militaires que nul de ses ennemis ne soupçonnait en lui. L'enthousiasme guerrier dont il pénétra ses disciples est au-dessus de toute expression ; Odin lui-même n'en inspira pas un plus grand.

Il est à remarquer ici que si Jésus eût voulu suivre la route des conquêtes qui s'ouvrit devant lui, lorsque les peuples de la Galilée lui offrirent la couronne, et qu'il se fût mis à la tête des Juifs qui attendaient un Messie conquérant, il aurait inévitablement fait la conquête de l'Asie ; mais l'Europe lui aurait résisté ; et, comme c'était en Europe qu'il devait principalement exercer son influence, il dut être incliné à choisir une victoire bien moins éclatante d'abord, mais bien plus forte dans l'avenir, et se résoudre à surmonter la fatalité du Destin plutôt qu'à s'en servir.

Jésus avait succédé à l'inspiration de Moïse, Mahomed succéda à l'inspiration de Moïse et à celle de Jésus, qu'il reconnut également pour divines ; seulement il prétendit que les sectateurs de Moïse s'étaient écartés de sa doctrine, et que les disciples de Jésus avaient mal entendu celle de leur maître (1). Il rétablit, en conséquence, l'Unité absolue de Dieu, telle que les Hébreux l'avaient reçue de la tradition atlantique, et renferma toute sa religion dans ce peu de paroles : *Il n'y a de Dieu que* Dieu, *et Mahomed est son prophète*. Il établit d'ailleurs avec la plus grande force l'immortalité de l'ame et le dogme des châtiments et des récompenses futures, selon les vices et les vertus des hommes ; seulement voulant parler à l'imagination animique de la multitude, il eut soin, comme avait fait Odin, de se conformer aux idées de son peuple, dans la peinture qu'il lui présenta des délices qui attendaient ses élus. Dans le Valhalla d'Odin, les belliqueux Scandinaves se battaient et buvaient ; dans le paradis de Mahomed, les voluptueux Asiatiques se livraient à un

---

(1) Il est digne de remarque que ce fut le même reproche que les Oracles du Polythéisme adressèrent constamment aux Chrétiens. Ces oracles, consultés sur la religion nouvelle, et sur l'intolérance inaccoutumée de ses sectateurs, répondaient tous qu'il ne fallait pas accuser Jésus de ces excès, mais seulement ses Disciples qui avaient corrompu sa doctrine : Jésus étant un homme divin, le plus admirable de tous ceux qui eussent paru sur la Terre.

repos enchanteur, et goûtaient sans inquiétude tous les charmes de l'amour.

On ne doit pas oublier que la tradition atlantique concernant l'Unité absolue de Dieu, avait été principalement conservée par les Celtes bodohnes, qui, après s'être mêlés aux Atlantes d'Afrique, avaient constitué le peuple arabe, et ensuite le peuple hébreu, en refusant de se soumettre au joug des Phéniciens; en sorte que cette tradition, ramenée sans altération à sa source, acquit dans la bouche de Mahomed une autorité d'autant plus grande, qu'il sut habilement en détacher ce qui s'y était mêlé d'étranger, chez les Hébreux, par la fréquentation des Chaldéens, devenus les disciples de Zoroastre et de Krishnen; c'est-à-dire la Duité des principes cosmogoniques, et la Trinité des facultés divines. Il maintint avec une grande force la dominance de la faculté masculine sur la féminine, et n'oublia pas que Moïse, en attribuant à la femme le premier péché, l'avait soumise à l'homme. Ce fut ce qui l'engagea à consacrer le dogme de la polygamie, réclamé par les mœurs de son peuple et l'usage immémorial de l'Asie. Il négligea ainsi l'influence des femmes, qui avait tant servi, et qui devait tant servir encore à l'établissement du christianisme en Europe (1). Mais le succès aussi brillant que rapide

---

(1) J'ai dit que ce fut Clotilde qui engagea Clovis à embrasser le christianisme. Une sœur des empereurs Basile et

obtenu par la doctrine de l'islamisme, prouva assez qu'il n'en avait pas besoin.

Mahomed était déjà maître de La Mecque et d'une grande partie de l'Arabie quand il mourut : sa mort, qu'il avait prévue et annoncée dans son Coran, loin de diminuer l'enthousiasme de ses sectateurs, parut l'augmenter encore. Elle fut digne de sa vie. Il ne se la donna pas, comme avait fait Odin, mais il l'accepta (1); et peut-être témoigna-t-il plus de grandeur d'ame. En peu d'années, ses successeurs, qui prirent le titre de *Califes*, vainquirent les Perses, alors dominant sur l'Asie, s'emparèrent de toutes leurs possessions, entrèrent en triomphe dans Jérusalem, conquirent l'Égypte, et, déjà maîtres d'un empire immense, vinrent, en moins d'un siècle,

---

Constantin, mariée à un grand knès de Russie, nommé Volodimer, obtint de son mari qu'il se fit baptiser. Environ dans le même temps Miscislas, duc de Pologne, fut converti par sa femme, sœur du duc de Bohême. Les Bulgares reçurent ce culte de la même manière. Giselle, sœur de l'empereur Henri, fit encore chrétien son mari, roi de Hongrie. La même chose arriva en Angleterre.

(1) Mahomed, après avoir été au temple faire sa dernière prédication et sa dernière prière, rentra dans son palais et se coucha. Sa fille Fatime était au chevet de son lit avec plusieurs de ses disciples. Il dit à sa fille en lui prenant la main : Voilà la Mort à la porte; elle demande la permission d'entrer..... Et, après un moment de recueillement, ayant embrassé sa fille pour la dernière fois, il se tourna vers la porte, et ajouta : Qu'elle entre! et il expira.

s'établir en Espagne, et menacer de là l'Europe épouvantée.

Après s'être saisis de l'Aquitaine et de toutes les côtes de la Provence jusqu'à Avignon, les Sarasins, car c'est ainsi qu'on les appelait (1), s'étaient avancés jusque dans le cœur de la France, lorsque Charles-Martel, les ayant atteints dans les plaines de Poitiers, gagna sur eux la fameuse bataille qui mit pour long-temps un terme à leurs progrès en Europe. On a beaucoup vanté cette victoire, et sans doute avec raison, puisque celui qui fut choisi pour l'effectuer avait les qualités nécessaires pour cela; mais elle était inévitable. L'Europe n'aurait pas pu être entièrement vaincue sans que la face du Monde n'eût changé; et l'influence de Mahomed n'allait pas jusque-là. Les résultats particuliers que cette victoire amena pour la France furent l'extinction de la race de Clovis, l'élévation de celle de Charles Martel, le couronnement de Pepin, et le règne fatidique de Charlemagne, dont je parlerai tout à l'heure.

Mahomed commit, au reste, une faute grave qui abrégea beaucoup la durée du Califat. Il ne songea pas à séparer le glaive de l'encensoir; et comme il avait réuni l'un et l'autre dans sa main, il les transmit ainsi à ses successeurs; mais ce puissant Théocrate devait-il s'attendre qu'il se rencontrerait toujours une main assez ferme pour les tenir ensemble? Ce fut ce

---

(1) C'est-à-dire les dominateurs de l'Asie.

qui n'arriva pas. Après le règne glorieux de Haroun-al-Rashid, le Califat tomba en décadence; et déjà vers le commencement du dizième siècle, le Calife Radhi ne régnait plus dans Bagdad, que sous la tutelle de l'Émir, chef de sa garde. Cet Émir, devenu de plus en plus puissant, ne garda bientôt plus de ménagements. S'étant assuré d'un corps de Tatâres, appelés *Turcs*, qu'il avait sous son commandement, il se rendit maître de la personne même du Calife Kaïem, en se prosternant à ses pieds; le força à le suivre; et, le conduisant au palais qui devait lui servir de prison, en tenant la bride de sa mule, le dépouilla, sous l'apparence d'un vain respect, de toute la puissance temporelle. (1)

A partir de ce moment le sacerdoce fut distingué de la royauté dans le culte musulman; mais comme cette distinction s'était opérée de force, il n'exista jamais de véritable union entre eux. Néanmoins comme le dogme du Destin avait été admis par Mahomed, le sacerdoce se soumit assez promptement, et ne se livra pas à une lutte aussi opiniâtre qu'en Europe.

Quoique la durée du Califat ne fût pas aussi longue qu'elle aurait pu l'être, elle le fut pourtant assez pour remplir le but de son institution. L'Europe fut

---

(1) Cet usurpateur se nommait *Ortogrul-beg*. La race Ottomane qu'on en fait descendre, date sa puissance de cet événement, arrivé l'an 1050 de notre ère.

contenue. Les ténèbres qui la couvraient furent tempérées par son éclat; et les sciences et les arts cultivés en Espagne, par les soins des Arabes, purent s'y répandre et s'y propager plus facilement quand le moment favorable fut arrivé pour cela.

CHAPITRE XI.

Règne de Charlemagne. Quatorzième révolution. Les Croisades. Prise de Jérusalem par les Chrétiens. Prise de Constantinople par les Musulmans. Causes et résultats de ces trois grands événements.

Depuis l'époque de l'irruption des Goths, la chute de l'Empire romain, et l'extinction des lumières en Occident, jusqu'au moment où ces lumières commencèrent à renaître, après un espace de mille ans, c'est-à-dire, depuis le cinquième jusqu'au quinzième siècle, il se passa en Europe plusieurs événements remarquables, parmi lesquels on doit surtout en distinguer trois : le règne de Charlemagne, la prise de Jérusalem par les Croisés, et celle de Constantinople par les Musulmans. Le premier de ces événements et le dernier furent l'ouvrage du Destin. Celui du milieu dépendit seul de la Volonté de l'homme qui se réveilla au onzième siècle comme d'un long assoupissement. Mon intention étant de revenir plusieurs fois sur ces événements majeurs, et même d'examiner un peu en détail l'intervalle de temps qui les sépare, je vais me contenter d'en esquisser les traits les plus saillants.

Charlemagne fut le premier monarque, dans ces

temps modernes, dont le génie, s'élevant à de hautes conceptions, osa former le projet de rétablir l'Empire romain, détruit depuis plus de trois siècles, et de jeter sur ses débris les fondements d'un nouvel empire universel. Cet homme extraordinaire, surtout pour le temps où il vivait, géant élevé au-dessus d'un peuple de pygmées, réussit d'abord dans son entreprise. Heureux conquérant et politique habile, il couvrit l'Europe de ses trophées, et saisit dans Rome la couronne impériale que lui offrait le pape Léon. L'Empire qu'il posséda surpassa même celui des Romains en Occident (1). Mais cet éclat inattendu, et qu'on ne devait point attendre, fut pour la France une sorte d'aurore boréale, qui, se montrant tout à coup au milieu des ténèbres, ne les dissipa un moment que pour en laisser apercevoir toute la profondeur.

Cet effort du Destin ne pouvait point durer. Il aurait fallu, pour en consolider les étonnants effets, que Charlemagne eût songé à y faire intervenir la Providence; mais son intelligence n'était point ouverte de ce côté. Sans se souvenir que son père Pepin n'était qu'un Maire élevé sur le trône en place d'un roi légitime, dont l'autorité douteuse et chance-

---

(1) Il comprenait l'Italie jusqu'à la Calabre, l'Espagne jusqu'à l'Èbre, toutes les Gaules, l'Istrie, la Dalmatie, la Hongrie, la Transylvanie, la Moldavie, la Pologne jusqu'à la Vistule, et toute la Germanie.

lante avait eu besoin de l'assentiment du souverain Pontife pour se soutenir, il se reposa sur la seule force de son génie et de ses armes. Il dédaigna de fonder sur les bases solides de la Religion l'édifice de sa grandeur. Il embrassa le culte par politique, le propagea par ambition, et ne rendit au pape qu'un hommage illusoire ; quoiqu'il feignît de recevoir la couronne impériale de ses mains, il se garda bien de la lui soumettre ; et, comme fâché de quelques condescendances et de quelques frivoles présents, il témoigna assez hautement qu'il ne prétendait pas dépendre du sacerdoce, puisqu'au moment où il associa son fils Louis à l'Empire dans Aix-la-Chapelle, il lui commanda de prendre lui-même sur l'autel la couronne, ne voulant pas qu'il la reçût d'un Pontife. Cet insolent orgueil, qui a été imité quelquefois, a toujours mal réussi. Cette couronne que Charlemagne dédaigna de devoir à la Providence, ne resta pas long-temps dans sa maison. Après avoir été le prétexte de bien des malheurs, elle tomba de la tête de Louis-l'Enfant sur celle d'un comte de Franconie, ainsi que je le raconterai plus loin.

J'ai dit que le règne de Charlemagne fut l'ouvrage du Destin, et que l'événement qui vint ensuite, la prise de Jérusalem, principal objet des Croisades, fut celui de la Volonté de l'homme. On se demandera peut-être, comment ces deux événements peuvent se classer de cette manière, et quel est le moyen de reconnaître cette classification. Si l'on se fait cette demande, j'en serai d'autant plus content qu'elle me fournira l'occasion de résoudre plusieurs questions semblables sur lesquelles je ne me suis point arrêté, parce que, trop plein de mon sujet, et jugeant la chose trop évidente, d'après les principes précédemment posés, j'ai négligé de le faire. D'ailleurs, dans un ouvrage de la nature de celui-ci, on ne peut ni tout dire à la fois ni tout expliquer en même temps; il faut que l'esprit de l'écrivain soit amené à parler des choses par les choses mêmes; et ce serait à tort qu'un lecteur impatient l'accuserait d'obscurité avant d'avoir achevé de lire l'ouvrage en entier. Ce n'est que par l'ensemble qu'on peut juger des détails. C'est pourquoi une seconde lecture est indispensable à ceux qui veulent saisir un système quelconque, de quelque manière qu'il soit exposé.

Le règne de Charlemagne fut l'ouvrage du Destin, parce qu'il dépendit de la position de ce monarque, de son génie particulier, et de tous les antécédents qui avaient amené le couronnement de Pepin, son père. Personne que lui ne voulait le but où il tendait, et souvent personne ne le voyait. Son seul ascendant entraînait toutes choses, qui se seraient arrêtées s'il s'était arrêté, et qui, en effet, cessèrent de marcher dès qu'il cessa d'être. Rien autour de lui ne se remuait qu'il ne se remuât. Son impulsion fatidique était tellement nécessaire que, dès qu'elle n'exista plus, tous les ressorts de son gouvernement se détraquèrent. L'édifice qu'il avait élevé avec mille fatigues s'écroula, dès qu'il ne le soutint plus, parce que les volontés qui l'avaient secondé dans son établissement étaient toutes passives, la sienne seule agissant activement dans son propre destin. Si Charlemagne avait intéressé la Providence à son œuvre, son œuvre aurait persisté, précisément en proportion de l'action providentielle qu'il y aurait évoquée. Voulez-vous savoir comment? Je vais vous le dire, et vous dévoiler un grand mystère; faites-y attention. Son œuvre aurait persisté, parce qu'il aurait continué à la conduire. En se reposant sur son destin, il se reposa sur un effet transitoire qui ne pouvait pas s'étendre au-delà de sa cause; et comme il ne s'était rien réservé au-delà de sa vie, sa mort fut le terme de ses travaux.

A présent, jetez les yeux sur les Croisades. Le mouvement qui les produisit était inhérent à la masse qui se mouvait. Toutes les volontés extérieures paraissaient se réunir en une volonté intérieure qui se fixait sur le même objet : arracher Jérusalem aux Infidèles. Le moindre goujat ne différait pas sur ce point de sentiment avec le monarque; et le destin de l'un comme le destin de l'autre étaient également forcés de suivre l'impulsion donnée, qui ne venait ni de celui-ci ni de celui-là, qui venait on ne savait d'où. C'était un tourbillon qu'il était très difficile d'éviter, et duquel on ne pouvait plus sortir une fois qu'on y était entré. L'intensité de son mouvement s'augmentait en raison de sa masse, et sa masse en raison de son mouvement. Dans un tourbillon de cette nature, qu'on peut appeler tourbillon volitif, le centre est partout; il manque d'effet jusqu'à ce qu'il se fixe, ce qui ne se peut faire que par le Destin ou par la Providence. Dans un tourbillon fatidique, comme celui de Charlemagne, par exemple, le centre n'est que sur un seul point; si ce point manque, tout manque; à moins que la Volonté ou la Providence n'y supplée. La Volonté fut nulle, et la Providence ne fut point invoquée du temps de Charlemagne. Du temps des Croisades, il ne se trouva pas un seul destin capable de régulariser le mouvement, et d'y appeler la Providence. Aussi cet immense tourbillon n'eut-il que des résultats excessivement médiocres, du côté où on les attendait principalement.

Si l'on pouvait en croire le témoignage des auteurs contemporains, six millions d'hommes prirent la croix. L'Europe entière, selon l'expression d'une princesse grecque, écrivant l'histoire de son père, l'Europe entière paraissait comme arrachée de ses fondements, et prête à se précipiter de tout son poids sur l'Asie. Il aurait fallu là un homme puissant, capable de concevoir une grande pensée et de l'exécuter; mais il ne s'en trouva pas, et des torrents de sang coulèrent en pure perte.

On dit que le premier prétexte de ce mouvement extraordinaire fut le bruit qui se répandit tout à coup en Europe que la fin du monde allait arriver. La consternation y fut générale. Beaucoup d'hommes aussi crédules que pieux se réunirent en toute hâte à Jérusalem, où ils s'imaginèrent que Jésus-Christ allait bientôt reparaître pour juger les hommes. Les Turcs, qui se trouvaient maîtres de la Palestine depuis qu'ils avaient dépouillé les Califes de leur autorité, reçurent mal cette affluence de chrétiens, et en maltraitèrent plusieurs. Un de ces pèlerins maltraités, connu sous le nom de Pierre l'Hermite, revint en Europe raconter ses vexations, et exciter les chrétiens à la vengeance. Toute l'Église chrétienne fut émue. Le Concile de Plaisance, auquel assistèrent plus de trente mille personnes, décida la guerre contre les Infidèles; et celui de Clermont, encore plus nombreux, confirma cette décision.

C'était, comme je viens de le dire, un immense mouvement de la Volonté qui se manifestait. S'il se fût trouvé un homme providentiel ou fatidique, c'est-à-dire un homme de génie, qui eût su attacher à ce mouvement ou la Providence ou le Destin, il est impossible de dire quelles suites énormes il aurait pu avoir. Mais Charlemagne n'était plus depuis long-temps; le Pape Grégoire VII venait de mourir; et Charles-Quint n'était pas encore prêt à naître. Plus de quatre-vingt mille hommes, ignorants et fanatiques, conduits par Pierre l'Hermite, ne firent qu'ensanglanter leur route et la couvrir de leurs cadavres. Ils ne parvinrent pas même en Palestine. Beaucoup d'autres Croisés qui suivaient un prédicateur allemand, nommé *Gotcscalc*, furent massacrés en Hongrie. Godefroi de Bouillon eut un sort plus heureux, puisqu'il parvint à s'emparer de Jérusalem, et à y fonder un royaume passager. Mais cette conquête était encore bien peu de chose en comparaison des moyens qu'il y employa. Il n'avait fallu à Alexandre que quarante mille hommes pour soumettre l'Asie ; et quand Mahomed commença sa carrière, il n'avait pas trois cents hommes à ses ordres.

En général, les Croisades n'obtinrent que de faibles succès militaires, et toujours en rapport avec le destin particulier de celui qui les obtenait. La prise de Jérusalem fut le plus important de ces succès, et sans doute Godefroi de Bouillon qui le remporta, le plus illustre des héros croisés, puisqu'il atteignit en quelque sorte le grand but des Croisades ; mais si Godefroi eût été un homme de génie, il aurait bien senti que ce n'était pas pour le faire Roi de Jérusalem que la chrétienté entière s'était émue. Vouloir borner là un mouvement si violent, était une idée misérable, et bien digne du peu de gloire et de durée qui s'attacha à sa réalisation. Il fallait concevoir tout ce qui pouvait résulter de grand et de magnifique de ce succès, et savoir enorgueillir la Volonté elle-même de son propre triomphe. Il fallait déclarer Jérusalem la capitale du monde chrétien, ville sainte et sacrée; y installer le Pape, revêtu d'une autorité universelle; et, en suivant le cours des événements qui ne pouvaient pas manquer de se présenter, et qui en effet se présentèrent, s'emparer de Constantinople, y détruire le schisme grec, et en faire la ville impériale, comme sous Constantin. Rien de tout cela ne se fit. Aussi, par la même raison que l'Empire fatidique de Charlemagne s'était écroulé, faute d'une volonté forte qui le soutînt, le mouvement volitif des Croisades s'éteignit, faute d'un destin assez puissant qui le centralisât. En moins de deux siècles, les chrétiens, chassés de toutes leurs possessions en Asie, n'y conservèrent aucune de leurs conquêtes. Cependant l'action volitive de six millions d'hommes ne pouvait pas être entièrement perdue. Ces expéditions lointaines, quoique sans résultats apparents, eurent pourtant des effets salutaires sur les formes de l'État social et sur les mœurs. Les Croisés, en marchant vers la Terre-Sainte, virent des contrées florissantes et des villes magnifiques ; ils trouvèrent en Asie un luxe dont ils n'avaient point d'idée. L'utilité des sciences et des arts les frappa ; leurs préjugés s'affaiblirent, leur vue s'étendit, de nouvelles idées germèrent dans leurs têtes ; ils sentirent la différence qu'il y avait entre eux et les autres peuples. Plusieurs associations religieuses et guerrières qui se formèrent, et principalement celle des Templiers, acquirent par l'initiation des lumières théosophiques qu'elles rapportèrent en Europe. Il se fit comme une fusion de connaissances. Celles qui vinrent d'Orient se mêlèrent à celles qui sortaient d'Espagne, et se fécondèrent mutuellement.

Je reviendrai plus loin sur la plupart de ces choses, qui demandent un examen plus approfondi.

Mais ce mouvement violent qui venait d'avoir lieu avait alarmé l'Asie. Cette terrible Volonté européenne, toujours prompte à se soulever, avait besoin d'être contenue. L'épidémie était devenue telle, qu'on avait vu la veuve d'un roi de Hongrie prendre la croix, et se mettre à la tête d'un parti de femmes ; et plusieurs milliers d'enfants passer en Palestine, conduits par des pédagogues énergumènes. Un mouvement contraire se déclara.

Le chef d'une horde tatâre, nommé *Témugin*, se crut appelé par le Destin à faire la conquête du Monde (1). Il rassembla les principaux Kanhs des Tatârs dans une sorte de Diète, appelée *Cour-Ilté*, et, leur ayant déclaré sa vocation, les engagea à le suivre. Un grand nombre de ces Kanhs y ayant consenti, il prit le nom de *Gengis-Kanh*, le grand Roi, et marcha à l'accomplissement de ses destinées. Ses succès surpassèrent encore ses espérances. En moins de vingt ans, il avait déjà conquis plus de huit cents lieues de l'orient à l'occident, et plus de mille du midi au septentrion. Ses successeurs étendirent encore ses conquêtes, et les poussèrent depuis les frontières orientales de la

---

(1) En 1206.

Chine, jusqu'au centre même de l'Europe, en Hongrie et en Bohême. Les chrétiens, refoulés de toute part, firent alors rejaillir sur eux-mêmes la flamme dont ils étaient embrasés. Ne pouvant plus entreprendre de Croisades contre ceux qu'ils appelaient les *Infidèles*, ils s'attaquèrent et se mutilèrent eux-mêmes. Ils prirent la croix contre ceux auxquels ils donnaient le nom d'*Hérétiques*, sans s'inquiéter de quel côté était l'hérésie. On sait comment le fanatique ambitieux, Simon de Monfort, à la tête de plus de cinq cent mille combattants, sous prétexte de soumettre les Albigeois, ravagea le midi de la France, alors la patrie des lettres et des arts, et étouffa dans leur berceau les muses Oscitaniques. (1)

L'orage qui avait ébranlé l'Asie sous le règne de Gengis et de ses enfants, était à peine calmé, que les princes chrétiens tentèrent de renouveler leurs expéditions politiques et religieuses contre les Musulmans; mais le mouvement volitif avait cessé.

---

(1) Plus de soixante mille personnes furent égorgées à la seule prise de la ville de Béziers. Avant de monter à l'assaut, les Croisés demandèrent aux légats comment, à leur entrée dans la ville, ils pourraient distinguer les catholiques des hérétiques : « Tuez-les tous, répondit Izarn; Dieu connaîtra ceux qui sont à lui. » La suite de cette abominable Croisade, qui renversa l'espérance de la France, et retarda ses destinées de plusieurs siècles, fut l'établissement du Tribunal de l'Inquisition, l'effroi de l'humanité, et la honte du culte chrétien.

Ces princes, réduits à leurs propres destins, furent partout repoussés; et, pour comble de maux. une maladie cruelle attaqua leur armée. Un des meilleurs rois qu'ait possédés la France, Saint-Louis, malheureusement entraîné par le vertige de son siècle, atteint en Afrique de miasmes mortels, succomba à l'épidémie, et mourut étendu sur la cendre, avec autant de piété que de courage. (1)

Ces nouvelles agressions de l'Europe entraînèrent de nouvelles réactions de la part de l'Asie. L'Empire ottoman, fondé en Bithynie à la fin du treizième siècle, s'y était accru en silence, et avait acquis des forces redoutables. Tout à coup il paraît sur la scène du monde, et entre dans la carrière des conquêtes. En un moment, il envahit toute la Syrie, et bientôt il menace l'Europe. Les chrétiens effrayés publient en vain une nouvelle Croisade. Le temps en était passé. Amurath franchit le détroit et s'empare d'Andrinople. Son fils, Bajazeth, gagne la fameuse bataille de Nicopolis contre le roi de Hongrie, Sigismond, dans laquelle périt l'élite de la noblesse française commandée par le comte de Nevers. Sous les successeurs de ces princes, l'Empire grec est morcelé, resserré de plus en plus, et réduit à la seule ville de Constantinople, qui tombe enfin au pouvoir de Mahomed II, vers le milieu du quinzième siècle. La prise de cette ville mit fin à l'Empire d'orient, et

---

(1) Sa mort arriva à Tunis le 25 août 1270.

livra aux Turcs la plus belle et l'une des plus fortes positions de l'Europe. C'est là que tout ce que l'Islamisme a de plus redoutable, et le Destin de plus vigoureux, est venu établir son siége, comme pour surveiller cette indomptable contrée, et comprimer l'impétuosité de ses mouvements. C'est dans Constantinople que sont déposées les clefs de l'Asie, et que s'est ourdi le nouveau nœud gordien qui seul en assure la domination. Il n'est point de monarchie universelle hors de l'enceinte de ses murs : c'est là que Memphis et La Mecque, Rome et Jérusalem, ont réuni la force de leurs destinées. Les conquérants qui ont prétendu à l'Empire universel, et qui n'ont pas su ce que je découvre ici, en propres termes, n'ont pas connu l'histoire du Monde; ils ont entièrement ignoré la marche des trois grandes Puissances qui régissent l'Univers, et ont attribué au hasard ou à leur étoile ce qui ne leur appartenait pas.

Dès que ce formidable point d'appui fut posé, l'Espagne fut abandonnée. Le Destin auquel elle n'était plus nécessaire se retira, et le roi Ferdinand put se couvrir d'une gloire immortelle, en remportant sur les Maures une victoire facile. Les Sarasins, forcés de repasser les mers, se répandirent en Afrique; et les Juifs, bannis peu de temps, enlevèrent une grande partie de la population et des richesses de ce royaume.

CHAPITRE XII.

Récapitulation.

Plus de deux mille ans se sont passés entre le commencement de ce Livre et sa fin. Ce long espace de temps ne nous a guère offert que l'histoire de la lutte engagée entre la Volonté et le Destin, la Liberté et la Nécessité. Nous avons vu l'Europe et l'Asie lancer l'une sur l'autre tout ce qu'elles avaient de forces, et triompher alternativement. Au milieu de ces sanglants débats, la Providence, toujours impartiale, toujours prête à secourir le côté le plus faible, a constamment prévenu la perte entière de l'une ou de l'autre puissance, et au moment de son plus grand danger lui a présenté des abris tutélaires. Le lecteur aura sans doute remarqué cette action admirable. Il aura bien vu que la mission de Kong-tzée, de Zoroastre, de Pythagore, avait pour but de conserver les lumières intellectuelles, au milieu des ténèbres matérielles qu'entraînait la dégénérescence universelle des cultes; il aura bien jugé que si Odin était destiné à renverser le colosse romain, qui menaçait d'anéantir l'Asie, Jésus devait, d'un autre côté, arrêter l'impétuosité de ses mouvements, et empêcher l'entière dissolution de l'État social en Europe : dissolution inévitable sans lui. En examinant la situation du Monde à l'époque où Jésus parut en Judée, le lecteur n'aura pas pu s'empêcher de voir qu'il fallait préparer les esprits au grand changement qui allait s'opérer, et qu'Apollonius de Tyane était tout-à-fait propre à remplir cet objet. Mais si l'Europe devait être sauvée, il ne fallait pas que l'Asie pérît ; et sa perte était assurée, si l'Europe, échappée à sa léthargie, venait à se lever furieuse, et, pleine d'un enthousiasme religieux, se précipitait sur elle, comme cela arriva à l'époque des Croisades. La Providence, qui prévit ce mouvement comme elle avait prévu tous les autres, le prévint par la mission de Mahomed. Ce puissant Théocrate, en supposant qu'il n'eût pas été assez fort, était soutenu par Sotoctaïs, et le dernier des Boudhas ; par Gengis-Kanh et Timour-Lenk, qui étaient leurs productions.

La Providence, en se soumettant aux lois de Liberté et de Nécessité que développent la Volonté et le Destin, n'a point prétendu que l'une de ces deux puissances restât jamais absolument maîtresse de l'autre. C'est pourquoi leurs plus grands efforts sont vains quand ils tendent à ce but. Il se trouve toujours, après leurs triomphes les plus décidés, quelque obstacle inattendu qui les paralyse. Cet obstacle est l'ouvrage de la Providence.

La lutte qui s'est malheureusement engagée entre la Liberté et la Nécessité dure depuis long-temps. Elle durera jusqu'à ce que ces deux puissances s'accordent à reconnaître la Providence, fléchissent l'une et l'autre sous son auguste autorité, et lui permettent de les réunir. Alors le trouble qui règne depuis près de cinq mille ans fera place au calme, et l'État social prendra une forme plus régulière et plus favorable à la prospérité et au bonheur du genre humain.

FIN DU LIVRE QUATRIÈME.

LIVRE CINQUIÈME.

Parvenu au point le plus important de l'histoire moderne, j'ai résolu de m'y arrêter un moment, afin de pouvoir, en contemplant de cette hauteur la route que nous avons déjà parcourue, rappeler à mon esprit les principaux événements qui s'y sont présentés, y ajouter quelques nouvelles réflexions, et, poursuivant ma route à travers les événements contemporains, atteindre enfin le but que je me suis proposé au commencement de cet Ouvrage : celui d'acquérir sur l'État social de l'homme, des notions moins confuses que celles qu'on nous en avait données jusqu'ici.

CHAPITRE PREMIER.

Digression sur le Règne hominal; sur son essence intime, sa composition, la solidarité de ses membres, et les moyens d'élaboration qu'il renferme en lui.

J'ose me flatter qu'un lecteur, même médiocrement attentif, quand même il ne recevrait pas toutes mes idées, les connaît du moins, et peut me permettre de raisonner sur elles. Il ne doit point ignorer à présent que je ne considère pas l'Homme dans son isolement individuel, mais dans l'universalité de son espèce, que j'ai appelée *Règne hominal*. Ce Règne se présente toujours à moi comme un être unique, jouissant d'une existence intelligible, qui devient sensible par l'individualisation. Quand les philosophes ont dit que la Nature ne fait que des individus, ils ont dit vrai, en appliquant cet axiome à la nature physique; mais ils ont dit une absurdité, s'ils l'ont étendu à la nature intellectuelle : cette nature supérieure ne fait, au contraire, que des Règnes modifiés d'abord en espèces, ensuite en genres, et enfin en individus, par la nature inférieure. Dans le Règne hominal, les espèces sont des Races distinguées par la couleur, les formes physionomiques et le lieu natal : les genres sont des nations ou des peuples, diversifiés par le langage, le culte, les lois et les mœurs : les individus sont des hommes, particularisés par leur position respective, dans ces Nations ou dans ces Races, et portant dans cette position leurs facultés propres et leur volonté individuelle. Tous les hommes qui composent un peuple composent un être rationel dont ils sont les membres sensibles; cet être rationnel, qu'on appelle *Corps politique, Peuple* ou *Nation*, possède une double existence, morale et physique, et peut être considéré, ainsi que l'homme individuel, sous le triple rapport de son corps, de son ame ou de son esprit, comme être corporel et instinctif, animique et passionné, spirituel et intelligent. Cette double existence n'est pas toujours dans des proportions harmoniques; car souvent l'une est forte quand l'autre est faible, et l'une vivante quand l'autre est morte. La même inégalité qui existe parmi les hommes existe aussi parmi les peuples : chez les uns, les passions sont plus développées que chez les autres; il y en a de purement instinctifs comme de purement intellectuels.

Les hommes sont dans les nations, et les nations dans les Races, comme les couleurs diverses étalées sur la palette d'un peintre. Le Règne hominal les pose d'abord dans leurs teintes les plus tranchées, pour les mélanger ensuite, et en tirer les teintes adoucies dont il composera son tableau. Ce Règne, comme je l'ai assez dit, est une des trois grandes puissances qui régissent l'Univers : il constitue en particulier ce que j'ai appelé la *Volonté de l'homme*; mais cette Volonté n'est point simple, comme je viens de le faire entendre; elle agit sur trois modifications, sans lesquelles elle ne pourrait pas se manifester : ces modifications, qui sont particulières dans l'homme individuel, sont universelles dans l'Homme universel, c'est-à-dire dans le Règne hominal. Le lieu propre de la Volonté dans ce Règne, est l'ame universelle. C'est par l'Instinct universel de l'Homme qu'elle se lie au Destin, et par son Intelligence universelle, qu'elle communique avec la Providence : la Providence n'est même, pour l'homme individuel, que cette Intelligence universelle, et le Destin, que cet Instinct universel : ainsi donc le Règne hominal renferme en lui tout l'Univers. Il n'y a absolument hors de lui que la Loi divine qui le constitue, et la Cause première d'où cette Loi est émanée. Cette Cause première est appelée DIEU, et cette Loi divine porte le nom de *Nature*. DIEU est Un; mais comme la Nature paraît d'abord offrir un second principe différent de Dieu, et qu'elle-même renferme un triple mouvement d'où paraissent résulter trois différentes natures, la nature providentielle, la nature volitive et la nature fatidique, il suit de là que l'homme individuel ne peut rien saisir qui ne soit double dans ses principes, ou triple dans ses facultés. Lorsque, par un grand effort de son intelligence, il arrive à l'idée vraie de DIEU, alors il atteint le fameux quaternaire de Pythagore, hors duquel il n'y a rien.

J'ai dit tout à l'heure que le Règne hominal, résultat de cette Loi divine appelée *Nature*, constituait une des trois grandes puissances par lesquelles l'Univers est régi: la Volonté; et cela doit être conçu ainsi, quoiqu'il contienne aussi les deux autres, qui sont la Providence et le Destin; parce que c'est la Volonté qui le fait être ce qu'il est, et qui, l'inclinant vers la Providence ou vers le Destin, le conduit à l'une des deux fins de la Nature, qui sont l'unité ou la divisibilité, la spiritualisation ou la matérialisation.

L'essence de la Volonté est la liberté. La nécessité existe également dans le Destin comme dans la

Providence ; mais cette Nécessité, dont la forme paraît la même, diffère singulièrement dans le fond. La Nécessité providentielle agit par assentiment ; la Nécessité fatidique, par sensation. Le sentiment qui dépend de la Volonté adhère librement à l'une ou à l'autre de ces deux nécessités, ou les repousse également pour rester dans son centre. La Volonté peut rester dans son centre animique aussi long-temps qu'elle ne se divise pas.

Ce qui arrive à l'Homme universel, au Règne hominal, arrive aussi à l'homme individuel. La Volonté qui meut ce Règne, libre dans son essence, reste également libre dans le moindre des individus humains que la nature physique manifeste ; et remarquez soigneusement ceci : Ces individus, quoique libres, ne sont pas isolés ; ils font partie d'un Tout sur lequel ils agissent, et qui réagit sur eux. Cette action et cette réaction continuelle, qui les rend dépendants l'un de l'autre, forme une sorte de lien qu'on peut appeler *solidarité*. Les individus sont donc solidaires dans les peuples ; les Peuples, dans les nations ; les Nations, dans les races ; les Races, dans le Règne. Une solidarité universelle unit donc le Tout à la moindre de ses parties, et la moindre de ses parties à son Tout. Rien ne peut être détruit, mais tout peut être élaboré. C'est par l'élaboration des individus que s'effectue celle des masses ; et par celle des masses que s'opère celle de l'Ensemble.

Or, il existe deux grands moyens d'élaboration

qui, quoique employés sous diverses formes, et désignés par différents noms, n'en sortent pas moins d'une même cause pour arriver à un même résultat. Ces deux moyens sont l'unité et la divisibilité, l'attraction et la répulsion, la formation et la dissolution, la vie et la mort. Dans la sphère politique où je me renferme pour l'heure, je ne dois considérer ces deux moyens que sous les noms de *formation* et de *dissolution*. La vie et la mort agissent dans les individus; l'attraction et la répulsion, dans les éléments; l'unité ou la divisibilité, dans les principes.

C'est au moyen de la formation que le Règne hominal tend à réunir les individus qui le composent, depuis la particularisation la plus absolue; c'est-à-dire depuis cet état d'isolement individuel où l'homme, ne connaissant que lui-même, n'a pas même l'idée du lien conjugal, le premier de tous, jusqu'à l'universalisation sociale, où le même culte, les mêmes lois, la même langue, réunissent tous les hommes. C'est au moyen de la dissolution que le mouvement contraire a lieu, et que le Règne hominal, après avoir recueilli les fruits de l'universalisation sociale, retombe dans la particularisation absolue, en repassant par toutes les phases politiques, depuis l'Empire universel jusqu'à la plus étroite individualisation de l'homme sauvage.

Nous avons vu ce double mouvement agir et se développer dans une des principales races du Règne, la Race boréenne, à laquelle nous appartenons; et nous avons pu le suivre dans ses principales phases de formation et de dissolution. Partis des premiers éléments de l'État social, nous nous sommes élevés jusqu'à l'Empire universel; mais sans atteindre pourtant à la perfection de cet Empire, ainsi que je l'ai fait observer : ce qui a dû nous faire augurer que ce n'était pour nous qu'une première élaboration suivie d'une seconde. En effet, le mouvement de dissolution ne nous a point ramenés au plus bas degré de l'échelle sociale, comme cela aurait pu être, mais seulement à l'un des degrés mitoyens où la civilisation, quoique interrompue, ne s'est point trouvé détruite. Nous avons dû ce bienfait à la Providence, qui a voulu que le culte destructif donné par Odin aux nations gothiques, fût amorti par le culte conservateur institué par Jésus. J'ai assez fortement indiqué les causes et les conséquences de ces deux cultes. Revenons à présent un moment sur nos pas pour continuer notre exploration historique.

CHAPITRE II.

Utilité de la Féodalité et du Christianisme. Modification de ces deux régimes l'un par l'autre. La Chevalerie et ses suites. Réformation de l'État social en Europe.

Ce fut sans doute un spectacle aussi admirable qu'inattendu, de voir ces peuples farouches, pour qui le ravage et la destruction étaient un besoin, dont les bras, armés de fer et de flammes, portaient partout la mort et l'incendie, s'arrêter tout à coup au milieu de leurs victoires, et recevoir de ceux même dont ils avaient en horreur les sciences et les arts, une religion qui enchaînait leur fureur, et contrariait tous leurs penchants. Il faut, pour juger le contraste étonnant de leur caractère avec leur position, parcourir nos épouvantables annales, depuis le milieu du cinquième siècle jusqu'au commencement du onzième. Je ne crois point que rien de plus remarquable se soit présenté sur la terre. On voit de toutes parts une tendance décidée vers la dissolution absolue, et des efforts incroyables pour s'y précipiter, toujours arrêtés par l'impossibilité d'y atteindre. Un des hommes les plus extraordinaires qui parurent à cette époque, en Europe, fut Charlemagne. Il ne parvint point à l'Empire universel auquel il prétendait, par les raisons que j'ai dites ; mais il rendit un service signalé à l'État social, en resserrant le nœud qui en empêchait la dissolution. Des écrivains, dont les intentions étaient pures, mais qui possédaient peu de connaissances au-delà des formes extérieures des choses, ont beaucoup blâmé ce prince de son expédition contre les Saxons. Ils l'ont accusé de fanatisme, parce qu'il força ces peuples à embrasser le culte chrétien ; mais ils n'ont pas réfléchi que c'était le seul moyen d'arrêter leur fougue destructive ; et que, s'il ne l'eût pas fait, l'Europe, exposée quelques années plus tard aux irruptions des Scandinaves, appelés Normands, était absolument hors d'état de leur résister, et périssait inévitablement, si les Saxons eussent réuni leurs efforts à ceux de ces Barbares.

Deux institutions extrêmement fortes, l'une politique, l'autre religieuse, sauvèrent alors la civilisation européenne d'une dissolution absolue : ce furent le régime féodal et le christianisme. Quelques philosophes systématiques ont beaucoup déclamé contre ces deux institutions, et cela était assurément très facile, en les considérant isolées, et hors de l'époque où elles furent appliquées. Les taureaux fougueux et les chevaux indomptés n'aiment pas beaucoup le joug qui les captive, ni le frein qui les blesse ; mais l'homme, qui connaît l'utilité de ces deux choses, les leur applique pourtant quand cela est nécessaire, sans s'inquiéter de leur pensée : ainsi fait la Providence à l'égard de l'homme, lorsqu'il peut abuser de sa liberté, et tourner contre lui-même des forces qui lui ont été données pour un autre usage.

Mais enfin ces deux terribles institutions, également rigides, également sévères, la féodalité et le christianisme, dûrent se relâcher insensiblement, à mesure que les mœurs s'adoucirent, et que les passions, moins destructives, cessèrent de pousser l'État social vers son entière dissolution. Ce relâchement commença à se manifester dans le régime féodal, sur lequel l'esprit du christianisme agit vivement à l'époque des Croisades. Ce régime était parvenu vers la fin du onzième siècle au dernier terme de sa grandeur ; il ne pouvait plus que déchoir, à mesure que son utilité diminuait, et que ses usages, repoussés par les mœurs, devenant de plus en plus intolérables, blessaient également les maîtres et les sujets. Les rois, justement irrités de l'orgueil de leurs barons, et les barons eux-mêmes, fatigués de leur propre autorité, demandaient un changement. Ces derniers saisirent avec avidité l'espérance qui leur était offerte, et la plupart vendirent à vil prix leurs domaines féodaux, pour aller chercher des établissements plus analogues à leurs goûts. Les souverains s'enrichirent par ces acquisitions partielles, et augmentèrent progressivement leur puissance; ils se rendirent agréables à un grand nombre de communes, auxquelles ils donnèrent la liberté politique, et purent trouver dans le commerce, qu'ils favorisèrent, des ressources considérables pour affermir leur autorité. Devenus de plus en plus respectables, à mesure qu'ils étaient devenus plus puissants, ils eurent la force de suspendre les querelles et les hostilités particulières, qui jusqu'alors avaient banni la paix de leurs états. Ils fondèrent, pour rendre la justice en leur nom, des tribunaux réguliers, d'où les combats judiciaires, les appels en champ clos, et les jugements de Dieu, furent insensiblement éloignés. (1)

Cependant le gouvernement féodal ayant été atta-

---

(1) Les combats judiciaires, usités parmi les nations gothiques, remontaient à la plus haute antiquité. Ils avaient été en usage chez les Celtes primitifs, ainsi que les autres épreuves, appelées *jugement de Dieu*. On trouve chez toutes les nations du Globe des traces de cette Jurisprudence celtique, qui autorisait les accusés à prouver leur innocence en se soumettant à de certaines épreuves appelées *Ordalies*, comme celles de saisir une masse de métal rougie au feu, de plonger le bras dans l'eau ou dans l'huile bouillante sans se brûler, d'avaler une boisson empoisonnée sans éprouver aucun symptôme mortel, etc. Ces usages extraordinaires, répandus sur toute la terre, donnent une nouvelle preuve à ce que j'ai énoncé touchant la domination dont jouirent les Celtes dans les temps antérieurs, grace aux conquêtes de Ram et à l'établissement de son empire universel. Les nations gothiques, en renouvelant ces usages, y ajoutèrent la teinte de barbarie qui était devenue leur partage.

Après leurs conquêtes, et lorsque le gouvernement féo-

qué par le christianisme, et considérablement adouci dans l'espace de moins d'un siècle, réagit à son tour sur cette religion, et la contraignit de modifier beaucoup la rigidité de ses préceptes et l'obscurité de son enseignement. Cette réaction, qui prit encore naissance au sein des Croisades, et ne sortit point par conséquent des principes avoués par les deux institutions féodale et religieuse, dépendit entièrement de la fondation de l'ordre de la chevalerie;

---

dal fut solidement établi, les grands vassaux s'étant assurés de la propriété héréditaire de leurs terres et de leurs dignités, s'arrogèrent encore le pouvoir de rendre la justice, le droit de battre monnaie, et le privilége de faire, en leur propre nom, la guerre à leurs ennemis particuliers; toutes choses qui passèrent insensiblement des plus puissants Princes aux moindres Barons; en sorte que chaque contrée de l'Europe, livrée à de continuels ravages, devint une arène où mille petits souverains se déchirèrent mutuellement. Tout fut couvert de châteaux forts; tout fut divisé; tout fut ennemi naturel. Le roi, paré d'un vain titre, resta sans autorité; le peuple, jouet des passions, des rivalités, des haines de ses maitres, tomba dans le plus triste abrutissement. Il n'y avait pas une Baronnie qui ne fût en proie à quelque guerre intestine, allumée par l'ambition ou par l'esprit de vengeance. Les rois avaient tenté vainement de s'opposer à cet usage sanguinaire. Charlemagne seul avait eu assez de force pour en suspendre les désordres; mais ses faibles successeurs, incapables de maintenir ses institutions, avaient laissé le torrent dévastateur reprendre son cours. Le mal enfin avait tellement empiré, et le péril devenait si pressant, que la Providence fut obligée de faire

fondation que plusieurs écrivains ont traitée de bizarre, faute d'avoir examiné son but, et d'avoir été instruits de cette grande vérité politique, que jamais aucune institution radicale, soit dans le culte ou dans la forme du gouvernement, ne se modifie et ne se change que par des moyens intérieurs, fournis par elle-même : les moyens extérieurs, qu'on emploie quelquefois par ignorance ou par nécessité, sont toujours dangereux, et n'arrivent presque jamais au but qu'on se propose.

L'ordre de la chevalerie, fondé vers le commen-

---

entendre sa voix. Vers l'an 1032, un Évêque de la province d'Aquitaine publia qu'un ange lui était apparu, pour lui ordonner d'annoncer à tous les hommes qu'ils eussent à cesser leurs hostilités particulières, et à se réconcilier les uns avec les autres : telle étant la volonté de Dieu. Cette publication obtint son effet. Il en résulta une trève de sept ans. Il fut résolu que personne ne pourrait attaquer ni inquiéter son adversaire pendant le temps destiné à célébrer les grandes fêtes de l'Église ; ni depuis le soir du jeudi de chaque semaine jusqu'au lundi de la semaine suivante. Ce règlement, qui n'était d'abord qu'une convention particulière à un royaume, devint une loi générale dans toute la chrétienté. Elle fut confirmée par le Pape, et ratifiée par plusieurs Conciles. On l'appela *la Paix de Dieu*. Cette paix, dictée par le Ciel, aurait été encore insuffisante pour contenir l'esprit de violence qui agitait ces malheureux siècles, si l'événement des Croisades, en donnant une nouvelle direction aux idées, n'eût pas fourni aux rois les moyens nécessaires de la faire observer.

cement du douzième siècle, fut le résultat des circonstances particulières où se trouvait alors la société européenne. Le même esprit qui avait engagé tant de gentilshommes à prendre les armes pour la défense des pèlerins opprimés en Palestine, en excita d'autres à se déclarer les protecteurs de la faiblesse, et les vengeurs de l'innocence opprimée en Europe. L'humanité, l'amour, la justice, l'honneur, étaient les qualités distinctives des chevaliers; qualités que la religion dut reconnaître et consacrer. Elle les reconnut et les consacra peut-être sans en prévoir toutes les conséquences; mais ces conséquences inévitables, venant à se développer, se trouvèrent avoir des racines dans son sein même, et y puisèrent un enthousiasme qui, les exaltant de plus en plus, leur fit porter des fruits qu'elle fut obligée de laisser mûrir.

L'humanité adoucit d'abord l'esclavage; et, malgré les réclamations de l'intérêt et de la crainte, tendit à l'abolir entièrement, et l'abolit. L'amour polit les mœurs, y porta des grâces depuis long-temps inconnues, et y fit germer une foule de vertus aimables, qui donnèrent naissance aux beaux-arts. La justice opéra sur les caractères, en modéra les emportements, et parvint à réprimer, jusqu'à un certain point, la fougue des passions. L'honneur éclaira la bravoure, et mit à la gloire son véritable prix. La guerre se fit avec moins de férocité; la violence et l'oppression diminuèrent. Le respect pour la vérité, l'attachement à ses devoirs, l'exactitude à tenir sa parole, formèrent le caractère du gentilhomme. Un homme d'honneur fut un homme nouveau, un homme particulier à cette époque de l'État social, un homme dont on aurait vainement cherché le modèle ailleurs, ni chez les Grecs, ni chez les Romains, ni chez aucune autre nation de la terre.

Cette création était nécessaire, était indispensable même. Le gouvernement féodal, tout excellent qu'il était pour arrêter la dissolution de la société, ne valait rien pour en suivre les développements dans une formation nouvelle ; ses abus s'y seraient alors manifestés trop impunément, et l'on aurait trop souvent vu les hommes utiles, faibles et désarmés, exposés aux insultes des hommes turbulents, revêtus de la force. La religion chrétienne, admirable pour arrêter l'impétuosité des passions féroces des peuples ignorants et barbares qu'elle devait museler, ne pouvait plus conserver son austérité au milieu des nations nouvelles qui se formaient sous l'influence de la chevalerie et de la littérature. Elle devait oublier qu'elle avait fait un crime de la galanterie ; et que les beaux-arts, et même les sciences humaines, avaient été présentés par ses premiers sectateurs comme des inventions pernicieuses, des suggestions du Génie infernal, des piéges tendus aux hommes pour les éloigner des voies du salut. Les chevaliers voulaient de l'amour, voulaient de l'honneur, on fut obligé de leur en accorder, et de transformer en vertus ce que naguère on aurait considéré comme des faiblesses, et même comme des vices. Les poètes voulaient des illusions, voulaient des fables; ils cherchaient les charmes de l'éloquence hors des Évangiles et de la Vulgate; il fut nécessaire de leur tolérer la lecture d'Ovide et de Virgile, qu'on avait anathématisés, et de souffrir qu'ils renouvelassent le souvenir d'une mythologie ennemie, qu'on regardait comme un tissu d'impiétés.

Ainsi se réactionnaient les choses. L'amour des chevaliers excitait la verve poétique des troubadours; la verve poétique des troubadours enflammait l'imagination des artistes; l'imagination des artistes développait l'esprit philosophique des érudits. La gloire s'étant montrée ailleurs que sur le cimier des casques, et chacun pouvant la saisir sur la lyre du poète, sur la palette du peintre, sur le pupitre de l'écrivain, on s'élança dans la carrière que l'honneur, la justice et l'humanité avaient ouverte à tous. Cette égalité véritable, dont on voyait briller l'aurore, remplissait les esprits d'un enthousiasme inattendu, devant lequel la sévérité du culte était obligée de céder. L'honneur exigeait que tout travail reçût son prix, que tout talent eût sa récompense, que tout homme distingué montât à sa place : il fallait céder à l'honneur.

Le mouvement donné aux esprits explorateurs les porta d'abord vers la métaphysique. La théologie scolastique les occupa long-temps seule, et les enveloppa comme dans un réseau de distinctions subtiles. Les premiers hommes qui s'intitulèrent philosophes dans ces siècles à peine éclairés d'un faible crépuscule, épuisèrent la force de leur génie dans des recherches ou dans des spéculations aussi pénibles que frivoles; mais enfin, il s'en trouva quelques uns assez heureux ou assez hardis pour démêler, dans l'obscurité du labyrinthe où ils étaient engagés, le fil qui pouvait les aider à en sortir; ils le saisirent et rencontrèrent Aristote; Aristote les conduisit à Platon. Alors une clarté nouvelle les frappa. Et lorsque leurs yeux éblouis se furent assez raffermis pour oser fixer le flambeau qu'ils tenaient entre leurs mains, ils en dirigèrent la lumière sur les objets qui les environnaient, et ne furent pas médiocrement surpris de les trouver fort différents de ce qu'ils se les étaient imaginés. Quelques uns, trop pressés de parler, furent punis de leur intempérante loquacité; les autres, devenus sages par ces exemples, se turent, et attendirent un temps plus propice pour exposer leurs opinions, ou bien les rétractèrent après les avoir émises. (1)

Cependant les Universités et les Colléges s'ouvraient de toutes parts; chacun s'empressait d'en-

---

(1) On remarqua parmi ces derniers Bérenger, qui fut le premier à nier la présence réelle, et à ne voir que l'impanation dans l'Eucharistie, comme le fit Luther trois siècles après.

trer dans une carrière nouvelle, qui, rivalisant celle des armes, conduisait comme elle à la gloire et à la distinction. On attribue ordinairement à Charlemagne la fondation de la première Université; mais, en supposant que ce prince ait pu réaliser cette grande idée, il ne paraît pas qu'elle ait pu obtenir de bien grands succès au milieu des troubles affreux qui suivirent son règne. Ce ne fut guère que sous le pontificat de Grégoire VII, que l'instruction publique reçut un véritable encouragement (1). Ce souverain Pontife, doué d'une audace et d'une force extraordinaires, était seul capable de concevoir une grande idée et de l'exécuter. L'instruction publique ne prit

---

(1) L'ignorance était encore si profonde dans le neuvième siècle, que l'art d'écrire même était devenu extrêmement rare. En vertu du bénéfice de clergie, on ne pendait pas un voleur qui savait lire. Les ecclésiastiques n'étaient guère plus instruits sur ce point que les plus simples laïques. On voit, par les actes des Conciles, que plusieurs d'entre eux, constitués en dignités, ne purent pas signer leur nom. Notre mot *signature* et notre verbe *signer* sont une preuve de cet état de barbarie; ils indiquent l'espèce de signe que chacun adoptait en place de son nom. C'était ordinairement le signe de la croix. Alfred-le-Grand se plaignait que de son temps il n'y avait pas un seul prêtre dans ses états qui entendît la liturgie.

A cette ignorance des plus simples éléments des lettres se joignait celle de tous les arts. On ne connaissait plus aucune commodité de la vie. Le luxe des Romains avait disparu pour faire place au plus grossier nécessaire. A peine

néanmoins une forme régulière et constante que vers le commencement du treizième siècle, où les degrés de l'Université de Paris furent définitivement fixés (1). Ce fut aussi l'époque où la science de la jurisprudence prit un grand accroissement. Il y avait alors un peu moins d'un siècle qu'on avait trouvé en Italie un exemplaire des *Pandectes* de Justinien. Dans la situation des esprits, un tel ouvrage devait les frapper d'admiration. On se mit à l'étudier ; on le commenta, et en peu d'années après sa découverte, on nomma dans les principaux États de l'Europe, des professeurs de Droit civil, chargés d'en donner des leçons publiques. Les gentilshommes, occupés du métier des armes, abandonnèrent généralement cette étude aux hommes dont la fortune avait favorisé les ancêtres, soit dans l'agriculture, les beaux-arts ou le commerce, et laissèrent ainsi une

---

conservait-on dans les monastères quelques faibles traces des événements passés. La masse de la nation ne connaissait rien au-delà du moment actuel. L'esprit humain languissait sans culture, sans émulation, sans souvenirs, sans espérances.

(1) Vers l'an 1230 ; à cette époque dix mille personnes eurent voix pour décider une question agitée dans l'Université de Paris, ce qui suppose une quantité prodigieuse d'écoliers, puisque les seuls gradués avaient droit de voter. En 1262, on comptait déjà dix mille écoliers à l'Université de Bologne ; et quelque temps après, trente mille à celle d'Oxford.

nouvelle route s'ouvrir à leur émulation. Cette condescendance leur donna bientôt des rivaux redoutables ; car il était tout simple que des hommes qui tenaient entre leurs mains la vie et l'honneur des autres, jouissent bientôt d'une grande considération, et parvinssent à une grande fortune. Ce fut ce qui arriva. On prisa également les gens de robe et les gens d'épée, les gentilshommes et les juges, les chevaliers et les artistes ; et, comme l'a très bien observé le judicieux Robertson, les arts et les vertus de la paix commencèrent à être mis à leur place, et reçurent les récompenses qui leur étaient dues.

Tels furent les premiers efforts que fit la Volonté de l'homme pour se soustraire au joug du Destin qui l'avait accablée, et qui l'aurait entièrement anéantie, si la Providence ne s'y fût opposée. Ces efforts furent bons ; et s'ils avaient été ménagés avec soin, ils auraient pu conduire à de nobles résultats ; mais l'exagération, si prompte à se mêler aux passions animiques, ne tarda pas à les pousser hors des bornes qu'ils auraient dû garder.

CHAPITRE III.

Coup d'œil historique et politique sur les principales nations de l'Europe. Espagne.

Ainsi, après quelques siècles de profonde ignorance et de misère, la civilisation européenne, arrêtée sur le bord de l'abîme par deux puissantes institutions, celles du gouvernement féodal et du culte chrétien, s'était relevée de sa léthargie, et recommençait son mouvement ascendant. Elle avait, du onzième au quinzième siècle, fait des pas tellement rapides, et déployé des forces tellement formidables, que l'Asie alarmée avait dû prendre des précautions contre elle : ce qui s'était effectué, comme je l'ai dit, d'abord par l'envahissement de l'Espagne ; et plus tard, par la prise et l'occupation de Constantinople.

Il était question de voir quel parti prendrait, dans cet état de choses, la Volonté de l'homme, et si elle voudrait reconnaître enfin la Puissance de la Providence où celle du Destin. Déjà, grâce à l'affaiblissement du système féodal, plusieurs grands royaumes s'étaient formés, dont les peuples, rivaux en puissance comme en gloire, tendaient à prendre la domination. Tous y avaient plus ou moins de titres ; tous y étaient plus ou moins poussés par leur position. Au premier rang était alors l'Espagne ; ensuite venaient la France et l'Angleterre, l'Italie et l'Allemagne. La Pologne ni les puissances du Nord, la Suède et le Danemarck, n'étaient point en état de se mettre sur les rangs, et la Russie était inconnue.

Jetons un coup d'œil rapide sur chacun de ces états, et voyons quelles pouvaient être leurs espérances.

L'Espagne, envahie par les Goths, subit le sort commun à toutes les parties de l'Empire romain, et tomba sous le bras de fer de ces Barbares, qui ne l'épargnèrent pas plus que tout le reste; heureusement que leur joug ne s'y apesantit pas aussi longtemps. Les Sarasins d'Afrique, appelés par le comte Julien, en firent la conquête au commencement du huitième siècle, et y portèrent avec les sciences et les arts des Arabes, beaucoup de connaissances utiles. Ce royaume jouit donc d'un plus heureux destin que les autres états; et quand il fut parvenu à recouvrer son indépendance, il put, avec juste raison, se placer à la tête de la civilisation européenne : mais cette situation, favorable d'un côté, entraîna de l'autre quelques graves inconvénients. Le changement ne s'y était pas fait brusquement; les conquêtes sur les Maures avaient eu lieu, au contraire, en divers temps et sous différents chefs. D'abord le roi Pélage, cantonné dans les montagnes des Asturies, avait rassemblé autour de lui quelques chrétiens courageux qui, refusant de se soumettre aux Musulmans, avaient formé sous son commandement un petit état qui s'était maintenu, grâce à l'aspérité et à la pauvreté de la contrée dans laquelle il était caché. Cet état, profitant des circonstances favorables qui se présentèrent, s'était insensiblement agrandi. Les querelles survenues parmi les Maures avaient encouragé plusieurs villes à secouer leur joug; de manière qu'à la fin du onzième siècle, à l'époque où le mouvement ascendant recommença en Europe, il y avait en Espagne une vingtaine de rois, tant chrétiens que musulmans, indépendants les uns des autres, sans compter un nombre considérable de chevaliers qui, se considérant également souverains, allaient à cheval, armés de toutes pièces, et suivis de quelques écuyers, offrir leurs services à celui qui se trouvait disposé à les mieux payer. (1)

Comme les conquêtes sur les Sarasins n'avaient pas pu se faire sans le concours du peuple espagnol, qui souvent avait chassé lui-même ces étrangers pour se donner à des princes chrétiens, il se trou-

---

(1) La chevalerie, fondée à cette époque et reçue dans tout le monde chrétien, fleurit principalement en Espagne. Ce fut là surtout que parurent les chevaliers errants, proprement dits. Le plus célèbre d'entre eux fut don Rodrigue, surnommé le Cid, ou plutôt le *Sid*, c'est-à-dire le Seigneur, par les Sarasins mêmes, étonnés de son courage. Sa fortune fut considérable. Peu de rois étaient aussi puissants et plus respectés que lui. Ses exploits et son mariage avec Ximène, dont il avait tué le père, ont fourni le sujet d'une foule de romances que les Espagnols chantent encore.

vait que le système féodal avait pris en Espagne un caractère particulier, et participant en quelque sorte de la démocratie. Nulle part la prérogative royale n'était resserrée dans des bornes plus étroites; nulle part les nobles n'affectaient plus d'orgueil, et les citoyens des villes plus d'indépendance : c'est en Espagne qu'on a vu pour la première fois les peuples consacrant l'insurrection comme un droit légitime, et même comme un devoir, révoquer leur serment d'obéissance, déposer leurs rois, et même leur faire leur procès. Cet épouvantable abus de la force populaire était appelé *le privilège de l'Union*, et faisait partie des coutumes légales du royaume d'Aragon. Dans ce royaume, les rois, long-temps électifs, ne jouissaient que d'un vain titre; l'exercice réel de la souveraineté était dévolu aux Cortès, sorte d'assemblée parlementaire sans la permission de laquelle le monarque ne pouvait ni imposer des taxes, ni déclarer la guerre, ni faire la paix, ni frapper de la monnaie. Mais comme si de telles barrières n'eussent point suffi pour arrêter ses usurpations, on avait encore jugé convenable d'établir au-dessus de lui une sorte de surveillant, dont l'office avait quelque ressemblance avec celui des Éphores ou des Tribuns du peuple; c'était un Interprète des lois, un Grand Justicier, appelé *Justiza*, autorisé à exiger des comptes de tous les magistrats et du roi lui-même, dont il contrôlait tous les actes. (1)

---

(1) C'était par la bouche de ce *Justiza*, que les barons

Il était difficile de limiter davantage la puissance royale ; et autant aurait valu n'avoir point de rois ; car comment s'attendre qu'un prince doué de quelque force de caractère pût se soumettre à de pareilles entraves ? Celui qui les supportait était incapable de régner ; et l'état souffrait de son impéritie : celui qui se sentait les vertus d'un monarque cherchait à les briser ; et l'état était en proie aux révolutions (1). On voit que c'était principalement en Espagne que la Volonté de l'homme avait exagéré ses efforts : elle aurait tendu même à y établir le foyer d'une liberté illimitée, si la Providence, en déterminant la mission de Mahomed, n'eût fourni au Destin des armes assez fortes pour s'y opposer.

Les royaumes de Castille, de Valence et de Catalogne, quoique affichant dans leurs constitutions des formes un peu moins démocratiques que celui d'Aragon, n'étaient guère plus favorables à la royauté ; l'assemblée des Cortès y était également admise avec toutes ses prérogatives. Les nobles qui y possédaient

---

Aragonais disaient à leurs rois, le jour même de leur couronnement, ces paroles souvent citées : « Nous qui valons « autant que vous, et qui tous ensemble sommes plus puis« sants que vous ; nous promettons d'obéir à votre gouver« nement, si vous maintenez nos droits et nos priviléges ; « et sinon, non. »

(1) C'est ce qui arriva souvent, et principalement dans le courant du treizième et du quatorzième siècle, sous les règnes d'Alfonse III et de Pierre IV.

la plus grande partie des terres, y faisaient valoir avec beaucoup de hauteur le privilége de leur caste. Les peuples, remplis du sentiment de leurs forces, que les guerres continuelles soutenues contre les Maures avaient déployées, manifestaient un esprit d'insubordination, impatient de toute règle. En général, l'Espagne manquait d'unité ; et même, après l'entière expulsion des Maures, et la réunion de tous ses royaumes en un seul, par le mariage de Ferdinand et d'Isabelle, ses diverses parties, mal jointes, ne formaient point un tout régulier. C'est à ce défaut d'ensemble qu'il faut attribuer le peu d'avantage que cette nation tira des connaissances qu'elle avait reçues des Arabes, et des lumières précoces qui, loin de la conduire au but où elle devait atteindre, ne firent que lui inspirer un orgueil stérile qui la perdit.

Plusieurs rois de Castille et d'Aragon avaient essayé vainement d'étendre la prérogative royale aux dépens des priviléges des nobles et des libertés des communes ; mais Ferdinand seul se trouva en mesure de l'entreprendre avec fruit, lorsque, ayant réuni les deux sceptres dans sa main, il se vit revêtu d'une puissance assez grande pour ne craindre aucun concurrent parmi ses vassaux, et d'une gloire assez éclatante pour entraîner le respect de ses peuples. Les victoires décisives qu'il remporta sur les Maures lui donnèrent l'une et l'autre. A la tête d'une armée victorieuse, il sut en tourner habilement les forces contre une aristocratie féodale qui l'inquiétait; et la frappant dans ses plus solides appuis, dans la chevalerie et dans les Cortès, restreignit tellement l'influence de ces corps féodaux, que, privés de puissance et de considération, ils finirent par disparaître entièrement.

Ainsi l'aristocratie espagnole fut abattue; mais le monarque, en évitant un écueil, tombait dans l'autre: il se livrait à la démocratie, qui, d'abord obéissante, n'eût pas manqué de réclamer toutes ses libertés, même celle de se mettre en insurrection, toutes les fois que cela lui conviendrait, et dès qu'elle trouverait un prince assez faible pour la redouter. Ferdinand le vit fort bien; et, cherchant un moyen d'éviter un pareil inconvénient, eut le malheur de s'attacher au plus mauvais de tous, à la terreur religieuse. Ferdinand n'était pas réellement pieux; et comment aurait-il pu l'être, tandis que Borgia, sous le nom d'Alexandre VI, occupait le siége pontifical? Il ne regardait les religions que comme des institutions politiques, dont les gouvernements pouvaient se servir selon leurs positions et leurs intérêts. La Providence était pour lui le Destin, et le Destin, la force ou l'habileté des hommes. La Croisade contre les Albigeois avait fait naître le funeste tribunal de l'Inquisition; le monarque espagnol vit dans ce tribunal l'espèce de frein qui lui était nécessaire, et le prit sans s'inquiéter de l'étrange abus dont il se rendait coupable. Les Aragonais, d'abord effrayés à l'aspect du fantôme qui leur était présenté, coururent aux armes, s'opposèrent de toutes leurs forces à l'établissement des inquisiteurs, et en tuèrent même le chef; mais la force militaire, alors toute puissante dans les mains de Ferdinand, eut bientôt comprimé ces rebelles, qui, combattus au nom du ciel, durent enfin se soumettre. On ne peut jamais lutter avec avantage contre les conséquences avouées d'un principe qu'on est obligé de respecter.

Ferdinand, après cette victoire, reçut du pape Alexandre VI le surnom de *Catholique;* il eût mieux mérité celui de *despote*. La Providence outragée s'éloigna alors de l'Espagne; et la Volonté de l'homme, violemment comprimée par le Destin, chercha à faire explosion de la manière que je le dirai plus loin.

CHAPITRE IV.

France. Angleterre. Italie.

La France était, après l'Espagne, l'état européen le plus florissant du quinzième siècle : le gouvernement monarchique avait marché vers l'unité à travers une foule d'obstacles, dont plusieurs avaient été assez heureusement franchis. Le régime féodal établi dès le commencement de la première Race, avait commencé à fléchir sous la seconde, et, dans les mains de Charlemagne, avait reçu quelques modifications importantes, qui tendaient à lui donner les formes impériales; mais sous les faibles successeurs de ce prince, tout ce qu'il avait cherché à réunir se divisa, et, dans le mouvement contraire qu'il suivit, dépassa de beaucoup ses limites naturelles; en sorte que ce fut principalement en France et en Allemagne, où cette réaction se fit le plus sentir, que la féodalité offrit les plus petites divisions, et pencha le plus vers l'anarchie aristocratique. (1)

---

(1) A cette malheureuse époque, on ne trouvait de sûreté nulle part. Tout n'était que brigandage et confusion. L'Angleterre ne différait pas à cet égard de la France, et l'Allemagne était encore plus infestée de désordres. Les idées du

Ceci était un effet inévitable du règne de Charlemagne : ce règne entièrement fatidique, ayant exagéré la puissance du Destin, sans lui donner aucun point d'appui, ni dans la Volonté, ni dans la Providence, avait dû nécessairement amener sa dissolution ; car il me semble avoir assez répété qu'il n'est donné qu'à la Providence seule de consolider les choses. Ce qui vient uniquement de la Volonté se divise en s'exaltant ; ce qui vient du seul Destin se dissout par la corruption.

Dans le courant du neuvième siècle, il n'existait plus aucune autorité en France, le peuple y était dans l'esclavage. Le corps féodal, tombé en dissolution, y était sans force, et la puissance royale, avilie, n'était plus qu'un vain simulacre, sans considération. Les rois, dénués d'armée, de domaines, de sujets même, languissaient sans honneur, lorsque enfin Hugues Capet, chef de la troisième Race, fut appelé au trône par l'assentiment des grands du royaume. Cet événement décida du sort de la France, en donnant à la royauté une force réelle, qui, allant

---

juste et du beau y étaient tellement perverties, qu'encore au commencement du treizième siècle, plusieurs Margraves allemands comptaient parmi leurs droits ceux de rançonner les voyageurs passant sur leurs territoires, et d'altérer les monnaies. L'empereur Frédéric III eut beaucoup de peine à leur faire entendre raison à cet égard, et fut obligé de les contraindre dans la diète d'Égra, à prêter serment de ne plus exercer de pareils droits.

en augmentant, surpassa bientôt celle des barons. Les successeurs de Hugues, presque tous distingués pour leur siècle, profitèrent habilement des circonstances pour s'emparer sans bruit des États de la nation, qui, sous le nom de Champ de Mars ou de Mai, avaient représenté le corps féodal, du temps de la première Race. Ces États ne trouvant plus dans ce corps ni lien commun, ni intérêt général, ni principe d'union qu'ils pussent saisir, se laissèrent facilement dominer par des princes capables de faire agir à propos le mobile de l'intérêt ou de la crainte, et consentirent à se dépouiller pour eux de la puissance législative. Ce premier pas fait, les rois de France, Louis-le-Gros et Philippe-le-Bel, l'affermirent successivement en donnant la liberté aux communes, en ouvrant à leurs députés l'entrée de ces mêmes États, qui dès lors prirent le nom d'*États généraux*. Tout le reste dépendit de là.

Les monarques, devenus législateurs, en prirent le style et toutes les attributions, jusqu'à s'arroger le droit d'imposer des taxes, et de lever arbitrairement des armées. Ils éloignèrent insensiblement la convocation des États généraux, dont ils n'avaient plus besoin, et finirent même par les remplacer par les juges de leur cour, dont ils formèrent un corps politique, qu'ils qualifièrent du nom de *Parlement*, et auquel ils attribuèrent, outre les fonctions judiciaires, celles de vérifier et d'enregistrer leurs édits et leurs autres actes législatifs. A cette époque la

France pencha vers la monarchie absolue; et, dans le mouvement que les choses y prirent, il fallut nécessairement que la royauté y fût tout ou rien; ce qui dépendit toujours du génie du prince régnant, dont le destin faisait celui de son royaume. Si ce génie était puissant, la France était puissante et bien gouvernée; s'il était faible, au contraire, la France tombait dans un état de faiblesse et de confusion. Cette situation singulière avait ses avantages et ses inconvénients. Je montrerai tout à l'heure pourquoi, prête à monter au premier rang des puissances de l'Europe, la France n'y monta pas. Ce ne furent ni les États généraux, ni la noblesse, ni les parlements, qui l'en empêchèrent, comme l'ont avancé des écrivains superficiels; ce fut l'aveuglement de Charles VII, et son ingratitude envers la Providence.

L'Angleterre, long-temps rivale de la France, et souvent rivale heureuse, avait éprouvé les mêmes vicissitudes. Envahie par les farouches disciples d'Odin, comme toutes les autres parties de l'Empire romain, elle avait encore moins résisté que le continent. Tour à tour envahie par les Angles, par les Saxons, par les Danois, par les Normands, elle avait successivement plié sous leur joug, changeant de maître comme de lois, et de langage comme de mœurs. D'abord elle avait été divisée entre une foule de petits souverains, presque toujours en guerre, qui, à force de se détruire, s'étaient enfin réduits à sept, et avaient formé l'heptarchie saxone, à laquelle un roi de Wessex, nommé Egbert, avait pourtant mis un terme, en réunissant les sept royaumes en un seul, appelé le royaume d'Angleterre. Cette réunion eut cela de favorable qu'elle produisit le règne d'Alfred, justement appelé *le Grand*; homme extraordinaire pour son siècle, et prince recommandable sous tous les rapports. (1)

Ce règne fut pour l'Angleterre ce qu'avait été celui de Charlemagne pour la France. A la mort d'Alfred, tout rentra dans la confusion. Les Danois inondèrent de nouveau l'Angleterre; les Normands les suivirent, et entraînèrent après eux des rejetons des anciens Francs, qui y usurpèrent la couronne. A cette époque, les barons anglais profitèrent de la faiblesse de plusieurs de leurs rois pour faire valoir leurs anciens priviléges, que les conquêtes successives des Danois et des Normands avaient fait disparaître; et comme ils ne le purent sans s'appuyer des forces des communes, il se trouva qu'au bout d'un certain

---

(1) Heureux guerrier et politique habile, Alfred vainquit les ennemis extérieurs et intérieurs; il donna à ses peuples un code de lois où il introduisit pour la première fois l'institution du Jury. Il favorisa le commerce et fit construire un nombre considérable de vaisseaux. On assure même qu'il jeta les fondements de l'Université d'Oxford, et qu'il travailla de toutes ses forces à faire fleurir les sciences et les arts dans ses états. Il était lui-même littérateur, et l'on conserve encore quelques uns de ses écrits. Alfred mourut en 900, après avoir régné environ trente ans.

temps les concessions qu'ils avaient arrachées aux monarques tournèrent plus au profit des communes qu'à l'avantage des nobles. Les peuples, formés à cet esprit de turbulence qui avait agité les barons, le tournèrent contre les barons eux-mêmes, de manière que le système féodal, ouvert de toutes parts, céda à la multitude, et ne put se conserver qu'à la faveur de la démocratie, qu'il admit dans son sein.

Ainsi ce fut sur la démocratie que s'appuya, en tombant, la féodalité en Angleterre; sur la religion, considérée comme moyen coërcitif, que se reposa en Espagne la royauté triomphante de la féodalité; et sur elle-même toute seule que la royauté crut pouvoir s'affermir en France, se flattant de contenir également les prétentions de la féodalité, et les empiétements des communes, par la seule force des armes, et la seule illusion du sceptre. Il y avait plus de Volonté que de Destin en Angleterre, et plus de Destin que de Volonté en France et en Espagne; mais la France avait cet avantage sur l'Espagne, qu'elle ne profanait pas du moins la puissance de la Providence, en abusant de son nom pour étayer son autorité, et que les bases de son gouvernement, étant plus vraies, étaient par conséquent plus fortes.

Si le sort de l'Italie différa en quelque chose de celui des autres contrées de l'Europe après l'invasion des Barbares, c'est qu'il fut encore plus affreux, tant à cause des richesses en plus grande abondance qui les y attiraient sans cesse, que de la haine plus vive qu'ils avaient à y satisfaire contre les Romains. On appela *Lombards* ceux des Goths qui s'y fixèrent enfin, après l'avoir ravagée. Le règne de Charlemagne arrêta un moment le désordre général, et répandit quelques rayons d'espoir sur l'Italie; mais ce calme dura peu. L'édifice qu'avait élevé ce monarque était immense; nul, après lui, n'en pouvait supporter le faix. Son empire, d'abord divisé par Louis son fils, dit *le Débonnaire*, se subdivisa encore à la mort de Lothaire, fils de Louis, et bientôt n'exista plus. La couronne d'Allemagne fut pour jamais séparée de celle de France; et les descendants de Charlemagne, de plus en plus hors d'état de les conserver, les laissèrent tomber l'une et l'autre : la première sur la tête d'un comte de Franconie, appelé *Conrad;* et la seconde sur la tête d'un vassal appelé *Hugues Capet* (1). Mais avant ces deux événements tous les ressorts du gouvernement s'étaient brisés; l'unité d'action avait disparu; de manière que les membres féodaux de ce grand corps, depuis les plus grands jusqu'aux plus petits, s'étaient tous rendus souverains dans leurs domaines.

Or, parmi les choses extraordinaires qui se passèrent alors, il faut remarquer soigneusement celleci : c'est qu'il se trouva des domaines, et particulièrement des villes, au moment du changement

---

(1) En 912, et en 987.

dont je viens de parler, qui n'eurent point de chefs militaires, ni de barons qui pussent à l'instant y saisir l'autorité ; mais des évêques ou des abbés, des juges, des magistrats municipaux, qui s'y voyant les maîtres, consolidèrent leur puissance sans que personne eût la force de s'y opposer, ou songeât à le faire dans le chaos effroyable où tout était réduit ; en sorte que le système féodal, ainsi morcelé, comprit dans son sein un nombre assez considérable de petites théocraties et de petites républiques, dont l'existence insolite ne fut pas une des moindres bizarreries de ces temps ténébreux. Il n'y avait assurément dans tout cela rien de véritablement théocratique, et encore moins de véritablement républicain : tout se bornait à des formes ; le fond ne sortait pas de l'anarchie féodale.

L'Espagne, la France, l'Angleterre, ou ne reçurent pas du tout ces formes, à cause des circonstances qui s'y opposèrent, ou bien quand elles les reçurent, elles ne les gardèrent pas long-temps ; mais il n'en fut pas ainsi de l'Italie et de l'Allemagne, où le défaut d'ensemble dans le gouvernement se fit encore plus sentir. Ces deux contrées furent farcies de petites souverainetés ecclésiastiques et municipales, qui d'abord s'intitulèrent *impériales*, et feignirent de relever de l'Empire, mais qui finirent par se rendre indépendantes. Les souverainetés ecclésiastiques étaient en plus grand nombre en Allemagne ; les municipales, en Italie. Cette dernière contrée était surchargée d'une foule de ces prétendues républiques qui se dévoraient tour à tour, et qui, sortant des mains d'un conseil aristocratique pour tomber dans celles d'un usurpateur éphémère, ne faisaient que changer de tyrannie. Ce n'était partout que factions, jalousies, complots, conspirations, surprises ; on ne se battait pas, car on n'avait pas d'armées, mais on s'assassinait, et les plus grandes victoires s'obtenaient par des empoisonnements. (1)

Au milieu de ce chaos anarchique, il y avait pourtant quelques villes qui se distinguaient des autres, grâce au commerce qui leur en fournissait les moyens. Venise, Gênes, Pise, Florence, étaient de ce nombre ; Venise, surtout, qui avait su de bonne heure ouvrir un commerce fructueux avec Alexandrie (2). On peut dire que c'est principalement en Italie que le système féodal céda à l'esprit mercantile dont il reçut le mouvement volitif. Le gouvernement qui s'y établit ne fut point républicain,

─────────

(1) Voyez dans Machiavel l'histoire de Castracani, tyran de Lucques et de Pistoie. Voyez ce que dit cet écrivain de César Borgia. De pareils desseins, heureux ou malheureux, sont l'histoire de toute l'Italie.

(2) Ces villes trouvèrent dans les Croisades une occasion d'accroître leur puissance et leurs richesses, en fournissant des moyens de transport aux Croisés, en passant avec eux des marchés pour les munitions et les vivres ; en établissant leur indépendance sur des actes légaux qui forcèrent les Empereurs à ratifier leurs priviléges. Frédéric Barberousse

comme l'ont qualifié des historiens peu judicieux : il fut emporocratique (1). Ce fut l'emporocratie qui domina partout dans cette contrée, et du sein de laquelle sortirent les hommes distingués qui donnèrent à l'Italie le peu de beaux jours qu'elle ait eus dans le seizième siècle. Cette espèce de gouvernement qui passa d'Italie en Flandre, se naturalisa un peu plus tard en Hollande. Il s'intitula encore là *républicain*, quoiqu'il ne fût réellement que municipal et emporocratique. Il ne peut exister de gouvernement véritablement républicain que là où le peuple s'assemble en masse et nomme lui-même ses magistrats, comme cela se pratiquait dans Athènes et dans Rome. Toutes les fois que le gouvernement devient représentatif, il tourne à l'emporocratie. Rousseau a eu parfaitement raison sur ce point. Il a bien vu que la Volonté populaire, principe essentiel de toute république, ne saurait être représentée. L'idée des représentants est moderne, ainsi qu'il le dit, ou plutôt elle est renouvelée de l'ancien gouvernement des Celtes, et modifiée d'après le système féodal des Goths.

Avant les Hollandais, les Suisses, en échappant

---

voulut en vain rétablir dans leur sein la juridiction impériale ; il ne put en venir à bout, et signa à Constance, en 1183, un traité de paix où tous ses droits furent abandonnés.

(1) Mot nouveau pour exprimer une nouvelle idée. Il est tiré du grec ἔμπορος, *un marchand* ; et κράτος, *force*.

au joug de l'Autriche, avaient eu la prétention de constituer une république; mais c'était tout simplement une association municipale qu'ils avaient constituée. Depuis la chute de l'Empire romain, il n'a point existé, en Europe, un seul gouvernement qu'on puisse qualifier d'homogène et de parfait dans son genre. Ils ont tous entraîné avec eux un mélange des éléments les plus opposés. (1)

---

(1) C'est en vain que quelques écrivains ont voulu regarder le gouvernement de Venise comme une aristocratie parfaite. C'était plutôt une tyrannie municipale. Il n'y avait rien de noble dans ce gouvernement que le titre qu'il se donnait à lui-même. Tout y était sévère et cruel, parce que tout y était timide; tout y était inquiet et partial, parce que tout y était jaloux. Le peuple, toujours tremblant et désarmé, n'y était propre ni à l'attaque ni à la défense: aussi fut-il la victime de la première entreprise vigoureuse qui se forma contre lui. La ligue de Cambrai lui porta un coup mortel. Le commerce, dans lequel Venise pouvait encore fonder quelque espérance, lui fut enlevé peu de temps après par les Portugais.

En considérant Venise comme une aristocratie sévère, on a pu regarder Florence comme une démocratie tempérée; mais la vérité pure est qu'il n'y avait ni aristocratie ni démocratie dans tout cela: il y avait usurpation municipale, rigoureuse d'un côté et faible de l'autre. Le peuple était plus heureux dans Florence, mais aussi plus exposé aux révolutions. Le Doge de Venise était un Échevin tantôt tyrannique et tantôt tyrannisé. Lorsque Florence eut un chef, ce fut sous le nom de *Gonfalonier*, un échevin plus légal, à peu près comme le Doge de Gênes, une sorte de maire, despotique sans violence, et absolu sans sévérité. L'un d'eux, nommé Côme Medici, aimé du peuple parce qu'il sut former son goût en feignant de le flatter, donna son nom à son siècle, en devinant l'opinion des siècles suivants.

L'histoire ne s'entretient si longuement de la ville de Milan, qu'à cause des guerres sanglantes que sa possession a excitées entre l'Allemagne et la France. Il n'y avait, du reste, rien de remarquable dans la forme de son gouvernement. Je dirai plus loin un mot de Naples.

CHAPITRE V.

Quelle était Rome, et ce qu'elle aurait dû être. Situation respective des Papes et des Empereurs; leurs divisions.

Si je n'ai point parlé de Rome dans le Chapitre précédent, c'est qu'il est très difficile de fixer sa pensée à son égard, et de savoir si l'on doit la considérer comme ville sacrée, impériale, ou libre. Elle a prétendu, selon les circonstances, à l'un ou à l'autre titre, et on les lui a donnés également selon les partis qui y ont dominé; mais elle n'a mérité entièrement ni l'un ni l'autre. La Providence, le Destin, la Volonté de l'homme, s'y sont montrés alternativement, y ont déployé tour à tour des forces considérables, sans pouvoir jamais ni se réunir ni se séparer tout-à-fait, ni se reconnaître, ni se subjuguer mutuellement. Rome a été le lieu d'un combat éternel entre ces trois puissances. Elle a été le théâtre d'une infinité de révolutions, et a présenté, suivant les époques, une image de la situation générale de l'Europe.

Il est évident que si la religion chrétienne a dû avoir un souverain Pontife, si ce souverain Pontife a été dans l'essence de son culte, il a dû nécessairement résider quelque part, et posséder un siége inviolable et sacré ; car enfin, cette première personne de la hiérarchie sacerdotale ne peut point être laissée à la merci de la puissance civile, quelle qu'elle soit. Ce n'est point avec ses bras ni avec ceux de ses prêtres, qu'un souverain Pontife peut se défendre si on l'attaque. Il faut qu'il ait un lieu de refuge tellement révéré, que nul ne puisse y mettre le pied sans son aveu, à moins d'encourir à l'instant l'anathème, et d'être réputé impie. C'est une maxime irréfragable, et que tout esprit juste doit sentir, qu'il faut nécessairement qu'un souverain Pontife soit dans l'endroit où il réside, tout ou rien. La Providence qu'il représente et dont il est l'organe, ne peut point souffrir de partage : en supposant qu'il la représente véritablement et qu'il possède sa parole, ce qui est irrésistible s'il est admis comme souverain Pontife ; car s'il n'est pas admis comme tel, il n'y a plus de difficulté. Toutes les fois qu'il a existé un véritable souverain Pontife, ce Pontife a habité un lieu sacré, inviolable, hors des atteintes de la Puissance civile. Dès le moment qu'il s'est mêlé parmi les citoyens, qu'il a habité la même enceinte que le souverain, quelle qu'ait été la nature de ce souverain, il a été sous la main de fer du Destin, et n'a plus joui d'aucune liberté. Alors on a pu faire de lui tout ce qu'on a voulu ; nommer aussi bien Hildebrand que Borgia ; lui baiser les pieds, le promener en triomphe dans Venise, comme fit Frédéric 1ᵉʳ à Adrien IV ; ou envoyer des sicaires pour lui donner des soufflets dans Agnanie, comme en usa Philippe-le-Bel envers Boniface VIII.

Mais est-il de l'essence du culte chrétien d'avoir un souverain Pontife ? Il ne m'appartient pas de décider cette question; je ne la décide pas non plus, en tant que théologien; je la tranche seulement comme politique, et je dis en général qu'il ne peut pas plus exister de royauté sans roi, que de sacerdoce sans chef sacerdotal. Cependant, on peut me répondre qu'un roi n'est pas tellement nécessaire au gouvernement des hommes, qu'on ne puisse bien s'en passer, comme cela se voit dans les républiques. J'en conviens; mais je réponds qu'alors il n'y a point de monarchie, et que les peuples qui se donnent des lois, se les donnent selon leur volonté, les font et les défont à leur gré; et j'ajoute que si ces peuples ont un culte, ils l'ont également comme ils le veulent, y ajoutent ou y retranchent selon leur caprice, et nomment aussi-bien pour souverain Pontife Anytus que César. Je sais que cette marche de choses peut convenir à de certains esprits : mais comme il m'est également loisible d'avoir une opinion à ce sujet, la mienne, que je crois avoir assez clairement manifestée, est, qu'en supposant les peuples habiles à se donner des lois à eux-mêmes, ce dont je doute, il n'est pas vrai qu'ils puissent jamais se donner un culte; parce que tout culte suppose une inspiration ou une révélation divine dont, considérés en masse, ils sont absolument incapables.

Au reste, la difficulté a toujours été, en Europe, de savoir s'il y avait non seulement un souverain Pontife, mais aussi un Empereur; si ce Pontife serait le Patriarche de Constantinople ou celui de Rome; et l'Empereur, celui d'Orient ou d'Occident. On pense bien qu'après l'irruption des Barbares, et leur établissement en Occident, l'Empire d'Orient prétendit à la domination, et que son Patriarche s'arrogea d'abord tous les droits du suprême sacerdoce. L'Église grecque méprisait l'Église latine; on regardait à Constantinople l'ancienne Rome comme anéantie, et la nouvelle, comme ignorante et sauvage. Au temps même des Croisades, les Grecs ne virent arriver chez eux les Francs qu'avec terreur. Anne de Comnène ne parle jamais de ces peuples qu'avec le plus profond dédain; elle répugne à souiller de ce nom barbare la majesté et l'élégance de l'histoire. Il s'établit donc, dès le commencement, une lutte entre les deux Églises; lutte qui, allant toujours en s'envenimant, à cause que les deux Patriarches ne voulurent jamais consentir à se reconnaître, finit par une rupture, et enfanta un schisme dont Photius fournit le premier prétexte. (1)

---

(1) Ce schisme qui dure encore, consiste en ce que l'Église grecque fait émaner le Saint-Esprit du Père seulement, tandis que l'Église latine le considère comme émanant du Père et du Fils. Ce schisme, qui commença à se manifester vers le milieu du neuvième siècle, fut entièrement consommé en 1053 par le patriarche Cerularius.

Le Patriarche de Rome resta donc seul souverain Pontife de l'Église latine, sous le nom de *Pape*, et jouit d'abord d'un sort assez brillant, grâce à la munificence de Pépin, qu'Étienne II avait sacré. Charlemagne, aussi magnanime que généreux, confirma tous les dons de Pépin; et, pour mettre fin aux tentatives que les Lombards ne cessaient de faire pour s'emparer de Rome, renversa leur royaume, dont il confina le dernier roi dans un monastère. Tout allait fort bien jusque là; mais Charlemagne, comme je l'ai fait remarquer, avait plutôt obéi à la grandeur de son caractère qu'aux lumières de son intelligence. A sa mort, tout ce qu'il avait édifié s'écroula. On ne vit dans ses descendants aucune des qualités qui l'avaient illustré: au lieu d'entretenir par un respect mutuel l'harmonie entre l'autel et le trône, ils se livrèrent à des divisions qui les perdirent. On aurait dit que plus le sang de Charlemagne s'éloignait de sa source, plus il s'abâtardissait. Enfin, la couronne impériale étant passée des Francs aux Allemands, devint presque subitement le partage de ces mêmes Saxons que ce monarque avait si cruellement persécutés pour leur faire embrasser le christianisme. On sent qu'encore tout froissés des tortures qu'ils avaient éprouvées, ils ne devaient pas aimer beaucoup les Pontifes, qui les leur avaient suscitées : aussi saisirent-ils avec avidité les moindres prétextes pour les persécuter. Henri-l'Oiseleur et les trois Othons furent d'assez grands princes pour le temps où ils régnèrent; mais ils tenaient encore trop au culte d'Odin, pour que leur valeur ne fût pas féroce, et leur politique sanguinaire.

Le siége pontifical, peu respecté par eux, et peut-être devenu peu respectable, fut en proie aux horreurs de tous les genres : la mémoire du pape Formose fut outragée par son successeur, et le cadavre de ce Pontife, exhumé, fut jeté dans le Tibre. Étienne VI, qui osa permettre cette indignité, justement puni, fut pendu dans sa prison. Étienne VIII, poursuivi par la populace de Rome, en avait été si cruellement balafré au visage, qu'il n'osa plus reparaître en public. A cette époque, Rome n'appartenait plus au sacerdoce; deux femmes artificieuses y avaient la principale autorité; Marozie et Théodora réglaient par leurs intrigues les élections des souverains Pontifes : le pape Jean X, que Théodora avait fait nommer, ayant déplu à Marozie par l'austérité de ses mœurs, avait été étranglé par les ordres de cette femme impudique, et remplacé bientôt après par un fils qu'elle avait eu du pape Sergius. Ce fils, exalté sous le nom de Jean XI, était mort misérablement en prison avec sa mère; et Jean XII, accusé d'adultère, avait été solennellement déposé par ordre d'Othon 1er, et massacré peu de temps après.

Il n'y avait plus aucune dignité attachée à la tiare, aucun respect accordé au caractère sacerdotal; le trône saint s'achetait, se vendait, s'ensanglantait tour à tour. L'Italie, entièrement conquise par les Allemands, se débattoit sous leur joug. Les Romains subjugués brisaient leurs fers dès qu'ils le pouvaient. Othon II, justement appelé le *Sanguinaire*, irrité de l'opposition qu'il rencontrait dans le sénat de Rome, n'avait pas trouvé d'autre moyen de le réduire à l'obéissance, que d'ordonner le massacre des principaux sénateurs : exécrable moyen qui déshonora son règne, sans lui donner la tranquillité qu'il cherchait, puisqu'on vit, peu d'années après, un consul nommé *Crescentius* proclamer l'indépendance de cette ville, et prétendre y rappeler le siècle de Brutus. On dit qu'Othon III, ayant fait saisir le rebelle, le fit pendre par les pieds, malgré la parole qu'il avait donnée de lui accorder sa grâce. Le pape Jean XXII, soupçonné d'avoir fomenté la rébellion, éprouva le sort le plus cruel : l'Empereur lui fit couper les mains et les oreilles, et arracher les yeux. Il publia, pour pallier ce crime, que ce Jean était un anti-pape.

Mais comment s'imaginer jamais que de pareilles horreurs resteraient impunies ? Il faut bien peu connaître la marche des choses, pour croire que la puissance spirituelle se laisserait ainsi avilir, et que des actions aussi lâches n'entraîneraient pas de réactions. Les Empereurs allemands, ou plutôt saxons, voulaient donc que les souverains Pontifes du culte chrétien, appelés à exercer une si grande influence sur les esprits, fussent absolument dénués de force civile, qu'ils n'eussent pas un asile, pas un lieu pour reposer leur tête ; qu'ils fussent à leur discrétion, et qu'on pût impunément les outrager et les tuer même, si cela convenait aux monarques.

Mais enfin cela ne se pouvait pas. En ne les considérant même que comme Évêques de Rome, est-ce qu'ils n'avaient pas sur Rome autant de droits que ceux de Mayence, de Cologne, de Trèves, avaient sur ces villes ? S'était-on avisé de trouver mauvais que les abbés de Fulde, de Saint-Gal, de Kempten, eussent affecté les droits régaliens? avait-on été demander à ces prélats les titres sur lesquels ils fondaient leur autorité ? Puisque l'Évêque de Mayence était bien souverain, pourquoi celui de Rome ne l'aurait-il pas été ? Était-ce parce qu'il était Pape, Patriarche, ou souverain Pontife, qu'il devait être sans patrimoine, sans éclat, sans sûreté pour sa personne ou pour sa dignité? Quelle folie! On voulait faire d'un chef spirituel dont la puissance devenait de plus en plus redoutable, un pasteur de la primitive Église, un prêtre mendiant, attendant dans l'humilité et l'abjection, sa subsistance des dîmes et des aumônes volontaires du peuple. Misérable contradiction, et qui peint bien à quel point la Volonté de l'homme s'était laissé abuser par les passions les plus basses et les plus obscures; l'ombre même de la puissance providentielle révoltait son orgueil, irritait son envie : elle aimait mieux subir le joug de fer du Destin, et se consoler de ses maux en disant : c'est la force, c'est la nécessité.

Eh bien, la force et la nécessité se placèrent aussi sur le trône pontifical. Les monarques qui n'avaient pas voulu reconnaître une houlette pastorale, furent obligés de courber le front sous une verge de fer. Un homme doué d'un grand caractère, intrépide, audacieux, inflexible autant que sévère, fut élu pape sous le nom de Grégoire VII. Il s'appelait auparavant Hildebrand. Son père n'était qu'un pauvre artisan dans une petite ville de Toscane. A peine a-t-il saisi l'encensoir, que, résolu de porter un coup violent à l'autorité civile, il déclare excommuniés tous ceux qui recevraient d'un laïque les investitures d'aucun emploi sacerdotal, et ceux qui les donneraient; et menace à la fois de frapper d'anathème l'Empereur d'Allemagne, Henri IV, et le roi de France, Philippe Ier, qui se rendaient coupables de cet abus. A cette nouvelle, le monarque allemand assemble un concile à Worms, et y fait déposer Grégoire; mais celui-ci n'était pas un Jean XII ou XXII, qu'on peut intimider, outrager ou mutiler impunément. Il convoque un autre concile plus régulier que le premier, puisqu'il était légitime, et y déclare Henri excommunié et déchu du trône. Ce coup inattendu frappe l'Europe de stupeur; le prince, dépouillé de toute sa force morale, en est atteint et terrassé. Les principaux souverains d'Allemagne, tant ecclésiastiques que temporels, se soulèvent et s'arment contre lui. On voit sa femme et ses enfants même briser tous les liens de la nature et du devoir, se porter ses accusateurs, et se joindre à ses ennemis. Il est contraint de plier devant la puissance terrible qui se déploie pour la première fois.

Arrêtez un moment vos regards sur lui. Voyez-le, voyez ce monarque, jusqu'alors invincible, paraître en suppliant à la porte du château de Canossa, où résidait le Pape, y rester trois jours, tête nue, le corps couvert d'un cilice, exposé au milieu des glaces de l'hiver au jeûne le plus rigoureux, pour implorer un pardon qu'il n'obtient enfin qu'avec peine, et aux conditions les plus humiliantes. Et gardez-vous de croire que Henri fût un homme faible; c'était un prince courageux, indomptable à la guerre. Il se trouva dans le cours de sa vie, en personne, à plus de soixante batailles, soumit la Saxe, triompha de deux concurrents redoutables, et combattit jusqu'à ses propres enfants, armés contre lui. A l'époque de son humiliation il était la terreur de l'Europe, et marchait rapidement à la monarchie universelle. Voilà ce qui fit principalement la grandeur de Grégoire, qui l'arrêta d'un seul mot au milieu de sa carrière, sans avoir besoin d'aucune force physique. Ce fut en vain que le monarque abattu, revenu du premier éblouissement qui avait causé sa chute, se crut assez fort pour violer ses serments. Tout ce qu'il put faire par ses emportements et ses intrigues, ce fut d'augmenter le trouble qui régnait déjà, et de donner naissance à deux factions opposées, qui, pendant trois siècles, agitèrent sans relâche l'Italie et l'Allemagne. La faction des Guelfes défendait l'autorité sacerdotale, et celle des Gibelins soutenait les prétentions des empereurs. Au milieu des guerres ouvertes ou cachées que ces deux factions entraînèrent, la puissance impériale s'affaiblit de plus en plus, au milieu des meurtres, des empoisonnements, des attentats de toute sorte dont le trône fut souillé, et s'évanouit tout-à-fait durant le long interrègne qui suivit la mort de Guillaume de Hollande. Rodolphe de Hapsbourg, fondateur de la maison d'Autriche, fut enfin élu empereur, en 1273, non parce qu'on le crut en état de relever ou d'étendre la puissance impériale; mais, au contraire, comme l'observe fort bien Robertson, parce que ses domaines et son crédit ne paraissaient pas assez considérables pour exciter la jalousie d'aucun de ses rivaux. Ainsi les deux chefs de cette féodalité gothique, qu'on appelait un empire, le Pape et l'Empereur, se détruisirent l'un l'autre, pour n'avoir pas voulu se respecter mutuellement; et comme ils avaient alternativement cherché à être tout, ils finirent par n'être rien. Malgré tout son génie, Grégoire VII ne parvint pas à saisir la puissance universelle à laquelle il prétendait, parce que l'essence même de son culte s'y opposa (1). Il put bien humi-

---

(1) Il était impossible que les monarques adorassent sur le trône un Prêtre prêchant l'humilité, égalant l'esclave au

lier la majesté impériale ; et, en léguant à ses successeurs l'arme formidable de l'anathème, les rendre la terreur des rois et les arbitres des nations; mais malgré les trois couronnes dont elle entoura leur tiare, et les trois croix dont il surmonta leur sceptre, il ne put jamais faire que le corps sacerdotal voulût les reconnaître pour leurs souverains infaillibles, ni que les conciles ne s'arrogeassent pas sur eux la suprême autorité. Ce défaut d'unité était inhérent au culte chrétien. L'Église s'était revêtue, dès sa naissance, des formes républicaines qu'elle avait rencontrées dans l'Empire romain ; et cet Empire, en se reconstruisant, tant bien que mal, trois ou quatre siècles après sa chute, avait encore ajouté à ces formes incohérentes tous les abus de la féodalité gothique.

Les mêmes inconvénients qui existaient dans l'Église existaient aussi dans l'Empire; et leur effet, encore plus grave, en rompait partout l'harmonie. Quoique les empereurs d'Allemagne regardassent tous les princes de l'Europe, et même jusqu'aux doges de Venise et de Gênes, comme leurs vassaux, et qu'ils se crussent en droit de les citer à leur tri-

---

roi; et que les Évêques, ses égaux, obéissent aux ordres de celui qui, ne prenant que le titre de serviteur des serviteurs, devait reconnaître et consacrer cette maxime : « que le premier serait le dernier. » etc.

bunal, et de les mettre au ban de l'Empire, il n'y avait pas un seul de ces princes qui voulût se soumettre à leurs ordres. Ceux même qui les élisaient ne leur accordaient que des honneurs stériles, sans aucune ombre d'autorité. Dans certaines occasions, il est vrai, les plus grands princes les accompagnaient et les servaient, avec le titre d'officier de leur maison; le jour de leur couronnement, ils leur servaient à boire à cheval; dans leurs diplômes, ils leur donnaient le nom de *César*, et le titre de *Maître du Monde*; mais ils laissaient fort bien ces Maîtres du Monde, ces *Augmentateurs de l'Empire*, ainsi qu'ils les appelaient, sans trésors et sans puissance. Toujours en garde les uns contre les autres, on voyait d'un côté les vassaux sans cesse occupés à arrêter les prétentions de leur chef, et de l'autre le chef sans cesse porté à empiéter sur les priviléges de ses vassaux. Quelle dignité pouvait avoir un pareil ensemble? A Rome on voulait un mendiant pour souverain Pontife, toujours occupé à dire *amen*, et qu'on pût employer comme une machine politique. En Allemagne, car l'Empereur ne possédait pas en cette qualité une seule ville, un seul château, que je puisse nommer, on voulait un roi de théâtre, une sorte de passe-volant de parade, qu'on pût mettre de côté quand la parade était terminée.

Telle était en général la situation des principales nations de l'Europe, et le point où les avait conduites le déploiement de leur Volonté particulière, lorsque les Turcs, amenés en Europe par la fatalité du Destin, vinrent, en s'emparant de Constantinople, élever une barrière protectrice pour l'Asie, et présenter aux envahissements de la Volonté un obstacle insurmontable.

CHAPITRE VI.

Lutte de la France contre l'Angleterre. Danger de la France abandonnée par le Destin. Mouvement de la Providence en sa faveur. Jeanne d'Arc.

Chacune des nations européennes dont j'ai parlé, quoique pénétrée du même sentiment d'ambition qui la portait à dominer sur les autres, et à saisir la monarchie universelle, ne pouvait point se dissimuler, en jetant les yeux sur elle-même, qu'elle ne fût trop faible pour cela. Il fallait donc que, de force ou de ruse, une d'elles en saisît une autre pour en réunir les moyens aux siens, et marcher ensuite à la conquête du reste. La réunion de la France à l'Allemagne, tentée plusieurs fois, avait toujours échoué. La dignité impériale, placée dans cette dernière contrée, semblait bien lui donner un avantage sur l'autre; mais cet avantage, purement nominal, n'influait en rien sur l'esprit des rois de France, que le souvenir de Clovis et de Charlemagne remplissait d'un juste orgueil. Après quelques tentatives de la part des Allemands, la fameuse bataille de Bovines, gagnée par Philippe-Auguste, décida pour jamais que la France ne serait jamais leur sujette. Les Allemands se tournèrent alors vers l'Italie; mais la haine que les Papes nourrissaient contre eux, les dissensions fomentées par les Guelfes et les Gibelins, les rivalités qu'ils y rencontrèrent de la part des Français et des Espagnols, tout cela les empêcha d'y faire des conquêtes permanentes. D'ailleurs, si l'on considère le temps qui s'écoula depuis l'avénement de Rodolphe de Hapsbourg jusqu'au règne de Maximilien, prédécesseur immédiat de Charles-Quint, on verra que l'Allemagne, en proie à toutes les calamités qu'entraîne un gouvernement sans unité et sans ressort, ne pouvait former aucun plan régulier et suivi. Ce ne fut guère que sous le règne de ce prince que l'Empire goûta quelque tranquillité, grâce aux établissements qu'il y fonda, ou auxquels il donna une meilleure forme. (1)

L'Espagne, après avoir secoué le joug des Sarasins, et s'être réunie dans les mains d'un seul monarque, de la manière que je l'ai dit, ayant jeté les yeux sur la situation des choses, vit que ce qu'elle avait de mieux à faire, était de saisir la domination en Italie, pour s'emparer ensuite de la France, en franchissant à la fois les Alpes et les Pyrénées. Elle négligea pour le moment le Portugal, qui s'était d'abord formé des conquêtes qu'Alfonse 1ᵉʳ avait

---

(1) Le plus important de tous fut celui qui porta le nom de Chambre impériale. Sorte de tribunal fédératif, autorisé à prononcer sur tous les différents entre les membres du corps germanique. Ce tribunal qui portait quelque ressemblance au conseil des Amphictyons, eût conduit l'Empire à son but, si quelque chose avait pu l'y conduire.

faites sur les Maures (1); jugeant avec raison qu'il serait assez temps de s'en rendre maître, une fois que le reste de l'Europe serait soumis. Déjà les princes d'Aragon avaient fait d'assez grands efforts pour tenir le royaume de Naples, et y étaient enfin parvenus, malgré la lutte vigoureuse qu'y avaient soutenue tantôt les Allemands, et tantôt les Français (2). Ils n'attendaient pour s'élancer de là qu'un

---

(1) Cet Alfonse, fondateur du royaume de Portugal, était fils de Henri de Bourgogne de la Maison de France. Il fut couronné en 1139, après avoir défait cinq rois Maures à la bataille d'Ourique.

(2) Ce fut vers l'an 1019 que quelques chevaliers Normands, ayant débarqué en Italie, y formèrent des établissements qui donnèrent naissance aux royaumes de Sicile et de Naples. Les souverains de ces royaumes eurent de longs démêlés avec les Papes, qui prétendaient y avoir des droits. Au lieu de sentir le grand avantage qu'il y aurait eu pour eux de vivre en bonne intelligence avec ces pontifes, et même à se reconnaître leurs vassaux, pour avoir occasion de les protéger, ils les persécutèrent, au contraire, leur firent la guerre avec acharnement, et les traitèrent souvent avec la dernière indignité : aussi leurs états furent-ils en proie aux plus grandes calamités. Il n'y a point de contrée en Europe dont l'histoire offre une suite de crimes plus odieux, de révolutions plus rapides, plus nombreuses et plus cruelles. On ne peut en lire sans horreur les sanglantes annales. On sait assez comment tous les Français qui se trouvaient en Sicile y furent massacrés en 1282. Le nom de *Vêpres Siciliennes* donné à ce massacre en indique le moment, et peint la profonde impiété des assassins.

moment favorable, qui devait se présenter, et qui se présenta en effet.

Quant à la France et à l'Angleterre, que diverses vicissitudes avaient, pour ainsi dire, mêlées et rendues successivement dépendantes l'une de l'autre, elles sentaient mutuellement qu'il était important pour l'une d'elles de faire la conquête de sa rivale. Plusieurs événements malheureux avaient donné de grands avantages à l'Angleterre. Après les cruelles batailles de Créci et de Poitiers, la prise de Calais, la captivité du roi Jean, et les ravages causés par les attroupements de paysans rebelles connus sous le nom de la *Jacquerie*; après la minorité orageuse de Charles vi, la démence de ce prince, le règne perfide de sa femme Isabelle de Bavière, les sanglantes factions des Bourguignons et des Armagnacs, et enfin la fatale bataille d'Azincourt, il était difficile de prévoir comment la France pourrait survivre à tant de désastres.

Cependant, en parcourant les annales des divers États élevés sur les débris de l'Empire romain, on ne peut se dissimuler que la France, entre tous les autres, n'ait été plus souvent favorisée par des événements extraordinaires et remarquables. N'est-ce pas dans son sein que parurent Clovis, le fondateur de la première monarchie régulière, après l'invasion des Barbares? Charles Martel, celui qui arrêta les progrès des Sarasins, et empêcha l'Europe de devenir encore une dépendance de l'Asie? Charlemagne, qui recommença l'Empire d'occident ? Guillaume-le-Conquérant, qui se fit roi d'Angleterre ? Godefroi de Bouillon, dont le nom s'attache au seul triomphe des Croisades? et une foule d'autres héros qu'il serait trop long de nommer : Hugues Capet, Philippe Auguste, Saint-Louis, etc.? Si l'on considère la succession des rois sur les divers trônes de l'Europe, depuis le milieu du dixième siècle jusqu'à la fin du quinzième, on verra qu'il y a un grand avantage de force, de grandeur, de talent, de légitimité même, parmi les rois de France ; ce qui sert de preuve à ce que j'ai avancé : que le Destin sur lequel ces rois s'appuyaient, les favorisait.

Comment donc s'imaginer que cet État allait périr; que sa langue, la plus belle et la plus forte de toutes celles qui s'étaient élevées sur les débris du latin et du celte, héritière de la langue d'Oc, si malheureusement étouffée dans le sang des Albigeois (1), cette langue destinée à éclairer l'Europe, allait faire place au saxon, ou du moins en recevoir un bizarre mélange ? Cela paraissait pourtant inévitable, à moins d'un événement providentiel, car à présent le Destin s'y trouvait évidemment trop faible, et la Volonté était divisée ou nulle.

---

(1) C'est dans la langue d'Oc que les premiers essais de poésie ont été tentés par les troubadours; c'est cette langue qui a précédé et poli le castillan et l'italien, et qui leur a donné leurs formes grammaticales, ainsi qu'au français.

Qui pourrait peindre la situation où se trouvait la France ? Charles VI avait perdu l'esprit. Les Français, en proie aux factions intérieures, étaient haïs et persécutés chez les étrangers. On venait d'en ordonner le massacre à Gênes. Le duc de Bourgogne, tout-puissant dans Paris, après y avoir fait assassiner le duc d'Orléans, envoyait au gibet ou condamnait à l'exil tous ceux du parti des Armagnacs qui lui portaient ombrage. Les Anglais, vainqueurs à Azincourt, inondaient et ravageaient les provinces. Isabelle de Bavière, reine ambitieuse, épouse adultère et mère dénaturée, favorisait les étrangers, opprimait son mari, et persécutait son fils. Ce jeune prince, trop irrité peut-être de tant d'outrages, avait vu le duc de Bourgogne abattu à ses pieds d'un coup de hache par un de ses serviteurs jaloux de le venger. Accusé de ce meurtre, il avait été cité par le parlement de Paris, condamné par contumace, et déclaré incapable de régner. On avait donné sa sœur Catherine pour épouse au roi d'Angleterre, et sans respect pour les lois du royaume qui excluent les filles du trône, on lui avait décerné la couronne pour dot. Le Destin des Anglais l'emportait, la France allait succomber.

Cependant la Providence qui veut son salut, ménage de loin l'événement extraordinaire qui doit la sauver. Trois femmes, malheureusement trop célèbres, avaient été les instruments fatidiques de tant de calamités. Éléonore de Guienne, femme de Louis-le-Jeune; Isabelle de France, sœur de Charles-le-Bel; et cette Isabelle de Bavière, épouse de l'insensé Charles VI, dont je viens de parler. La première avait dépouillé la France de ses plus fertiles provinces pour les porter en dot au roi d'Angleterre, Henri d'Anjou, qu'elle avait épousé après avoir été répudiée par Louis-le-Jeune, à cause de ses galanteries en Palestine. La seconde, meurtrière de son mari, avait donné des prétentions sur la couronne de France à son fils Édouard III, et allumé la première guerre entre les deux royaumes; la troisième avait consenti à l'exhérédation de son fils, pour appeler au trône son gendre Henri V. Toutes les trois s'étaient déshonorées par leurs intrigues, leurs cruautés ou leurs vices (1). La Providence, résolue à renverser,

---

(1) On dit qu'Éléonore s'étant éprise en Palestine d'un jeune Turc d'une rare beauté, nommé *Sala-Heddin*, avait oublié pour lui ce qu'elle devait à son époux, à sa patrie et à sa religion. Le roi, qui devait punir son inconduite, en la renfermant dans un cloître, se contenta de la répudier en lui laissant emporter tous ses héritages, dont elle avait enrichi son second mari. Le roi d'Angleterre se trouva, à la faveur de ce mariage, réunir les duchés de Normandie et d'Aquitaine, les comtés d'Anjou, de Poitou, de Touraine et Maine, et devint ainsi l'un des plus redoutables vassaux de la couronne de France. Quelques années après, Jean, frère de Richard Cœur-de-lion, ayant poignardé de sa propre main, Arthur, son neveu, qui était le légitime héritier de Richard, pour régner à sa place, mandé au tribunal du roi de France Philippe Auguste, y fut jugé par ses pairs, et

par le bras d'une femme pure et sainte, l'édifice de honte et de scandale élevé par ces trois femmes déshonorées, détermine un mouvement extraordinaire; et son action toute-puissante, dominant à la fois et la fatalité du Destin et la force de la Volonté, va frapper dans un humble village le cœur d'une jeune fille, dont elle fait une nouvelle Voluspa. Jeanne d'Arc était son nom. Elle fut surnommée *la Pucelle*, à cause de sa chasteté. Rendons honneur à sa mémoire, et que la France qu'elle a sauvée d'un joug odieux se réjouisse de lui avoir donné le jour.

---

déclaré coupable de félonie. Toutes les terres qu'il possédait en France furent confisquées, ce qui le fit surnommer Jean-sans-Terres. Ce fut ce prince assassin qui signa la *Grande Charte*, et donna ainsi lieu à une nouvelle organisation parlementaire en Angleterre.

Isabelle de France épousa Édouard II, et vécut mal avec son mari. Elle profita des troubles du royaume pour armer contre lui, et lui faire la guerre. Elle le poursuivit lui et son favori Spencer avec un acharnement incroyable. Après s'être emparée de Bristol, elle y fit pendre le père de Spencer, âgé de quatre-vingt-dix ans; et bientôt, saisissant le favori lui-même, lui fit arracher à ses yeux les parties de la génération, et le condamna au même supplice. Cette femme implacable et jalouse, ayant ensuite convoqué un parlement, y fit déposer juridiquement le malheureux Édouard, qui subit peu de temps après la mort la plus cruelle. Édouard III, qui succéda à son père, le vengea en faisant pendre Mortimer, l'amant de la reine, et la faisant enfermer elle-même pour le reste de ses jours; mais cela n'empêcha pas qu'il ne

Cette fille, l'honneur de son sexe, était née dans la pauvreté ; mais dès l'âge le plus tendre elle avait manifesté un doux penchant pour les idées religieuses d'une certaine forme. Elle croyait aux fées, dont les noms et les fables mystérieuses avaient retenti autour de son berceau ; et quand elle fut en âge de mener paître les brebis, elle s'égarait souvent dans les bois, en pensant à ces déités bocagères que ses ancêtres les Gaulois y avaient adorées. Elle ne se rendait pas compte de ses sentiments. Sa faible instruction ne pouvait point aller jusqu'à lui en faire distinguer la nature d'avec les idées plus modernes

---

se prévalût des droits prétendus qu'elle lui donnait au trône de France, pour allumer contre Philippe de Valois, successeur de Charles-le-Bel, la guerre violente qui mit la France à deux doigts de sa perte.

Isabelle de Bavière, mère de Charles VII, était principalement irritée contre son fils, à cause que ce jeune prince ayant découvert dans certaine Église quelque argent qu'elle y avait caché pour satisfaire ses passions, s'en était servi pour subvenir aux besoins de l'État. On assure que son mari, dans un moment lucide, ayant surpris un de ses galants avec elle, le fit coudre dans un sac, et jeter dans la Seine. Il la fit même renfermer dans un château fort. Mais elle trouva moyen d'appeler le duc de Bourgogne à son secours, et de l'intéresser à sa délivrance. Il la délivra en effet, et conclut avec elle une ligue où entra le roi d'Angleterre. Telles étaient les trois femmes sans honneur et sans vertu, sur les droits desquelles les Anglais fondaient tous les leurs pour asservir la France.

qu'on avait essayé de lui donner. La Vierge Marie, dont on lui avait inspiré la dévotion, n'était pour elle qu'une fée plus compatissante et plus puissante que les autres; elle allait souvent l'invoquer sur les ruines d'une vieille chapelle, enfoncée dans les bois, et lui demandait de la rendre vertueuse et forte comme elle.

Cette habitude que Jeanne d'Arc avait prise dès son enfance, lui resta lorsque la nécessité de pourvoir à la subsistance de ses parents la força de se mettre en servitude dans une hôtellerie de Vaucouleurs. Elle allait aussi souvent qu'elle le pouvait visiter sa chapelle chérie, y déposer des fleurs et y faire sa prière. Sa position dans cette hôtellerie lui permettait de voir et d'entendre beaucoup de voyageurs : elle écoutait leurs récits sur les malheurs de la France, et sur l'état déplorable où en était réduit le roi Charles VII, alors proscrit, fugitif, errant sur les débris de son royaume, que possédait, au nom d'un enfant de neuf mois, un régent étranger; car dans l'espace de quelques années le roi d'Angleterre était mort, ainsi que l'infortuné Charles VI. Ces récits, souvent accompagnés de gémissements, d'imprécations ou de larmes, électrisaient la jeune héroïne; elle sentait son cœur battre d'indignation, son front rougissait de colère; elle demandait comment il ne se trouvait pas un homme assez vaillant pour battre ces insolents étrangers, et remettre le roi légitime sur le trône. On lui répondait qu'un grand nombre de braves étaient morts aux combats d'Azincourt, de Cravant et de Verneuil, et que les autres, renfermés dans Orléans, la dernière ressource des Français, pouvaient être considérés comme prisonniers. Cette ville prise, lui disait-on, il ne reste plus d'espoir; et elle le sera, à moins d'un miracle. Ce miracle se fera! s'écriait-elle avec un accent inspiré. On la regardait, on était ému; mais comment oser espérer un miracle?

Cependant elle allait porter des fleurs à sa chapelle solitaire, et y priait avec une ferveur tellement vive, qu'un jour, entraînée par l'élan de sa dévotion, elle défaillit sans perdre connaissance, et crut sentir l'air agité et repoussé vers elle par le mouvement d'un être céleste s'abaissant majestueusement sur deux ailes étendues : « Jeanne, lui dit-il, tu demandes qui pourra sauver la France et son roi : ce sera toi. Va, revêts la cuirasse et saisis l'épée; tu triompheras au nom de Dieu qui m'envoie; le siége d'Orléans sera levé, et tu feras sacrer ton roi dans Reims. » A ces mots, il lui sembla que l'Envoyé divin dirigeait sur elle une flamme ondoyante qui vint s'attacher à son cœur, et l'embrasa d'une ardeur jusqu'alors inconnue. Tout disparut.

La jeune Voluspa se releva de son extase, transportée de joie et remplie d'un prophétique espoir : elle apprit à qui voulut l'entendre la vision qu'elle venait d'avoir, et s'annonça, sans aucun mystère, comme inspirée du ciel pour changer le destin de la France. La fermeté de son accent, le feu divin qui brillait dans ses yeux, n'annonçaient ni fourberie ni démence; la force de la vérité s'y faisait sentir. On la mena vers un vénérable prêtre qui, l'ayant entendue, n'hésita pas à la présenter au seigneur de Beaudricourt, alors gouverneur de Vaucouleurs. Ce seigneur, après l'avoir interrogée plusieurs fois, se décida à la faire conduire au Roi. Au moment où elle parut devant le monarque, il venait de recevoir la nouvelle que la ville d'Orléans, quoique défendue par le brave comte de Dunois, était sur le point de se rendre; il méditait déjà sa retraite en Dauphiné; les paroles de l'héroïne, la manière modeste et ferme dont elle explique sa mission, le pénètrent et le rassurent; il sent renaître en sa présence un espoir qu'il croyait perdu : il commande qu'on lui donne des armes; il veut qu'on obéisse à ses ordres. Elle vole à la victoire. En peu de jours elle est sous les murs d'Orléans; elle force les Anglais d'en lever le siége, attaque leur général Talbot à Patai, le met en déroute, revole auprès du Roi, et le conduisant en triomphe dans Reims, portant elle-même l'oriflamme, le fait sacrer au milieu des acclamations de son armée : ainsi s'accomplit l'oracle de Vaucouleurs. (1)

---

(1) Quand Jeanne d'Arc eut été présentée au Roi, ce prince, indécis sur ce qu'il devait faire, jugea convenable de faire examiner cette fille inspirée par le parlement de

Jeanne, qui voyait sa mission heureusement remplie, voulait se retirer. Timide hors des combats, modeste au comble de la gloire, sans se laisser éblouir par les adorations d'un peuple ivre de joie, qui venait en foule au-devant d'elle l'encensoir à la main, elle ne demandait qu'à retourner dans son humble ermitage. Charles s'y opposa. En cédant aux instances du Roi, elle se livra à un autre destin que le sien : pouvait-elle s'attendre à en être trahie? Non sans doute; aussi le Roi, qui l'abandonna, fut-il

---

Poitiers. D'abord on lui demanda des miracles pour confirmer sa mission : « Je ne suis pas venue, répondit-elle, « pour faire des miracles ; mais conduisez-moi à Orléans, « et je vous donnerai des signes certains de ma mission. » — Mais, lui répliqua-t-on, si Dieu veut sauver la France, qu'est-il besoin d'armées et de batailles ? — « Les gens d'ar- « mes, ajouta-t-elle, combattront en mon Dieu, et le Sei- « gneur donnera la victoire. »

Quand elle revint de Poitiers, le Roi la reçut avec les plus grands honneurs. Il lui fit faire une armure complète, excepté l'épée, qu'elle envoya chercher à Sainte-Catherine de Fier-Bois, dans le tombeau d'un vieux chevalier, où on la trouva telle qu'elle l'avait dépeinte sans l'avoir jamais vue. En paraissant devant Orléans, pour en faire lever le siége, elle fit écrire aux Anglais cette lettre remarquable, qu'elle jeta elle-même dans leurs retranchements au bout d'une flèche : « Écoutez les nouvelles de Dieu et de la Pucelle, « Anglais qui n'avez aucun droit au royaume de France. « Dieu vous ordonne par moi, Jeanne la Pucelle, de vider « nos forts et de vous retirer. »

abandonné de la Providence. La France fut sauvée parce qu'elle devait l'être ; mais l'ingrat monarque, qui méconnut la main qui l'avait protégé, ne jouit point de son triomphe ; il périt misérablement, et sa maison fut éteinte peu de temps après. (1)

Jamais peut-être la Providence n'avait manifesté sa puissance d'une manière moins équivoque ; on eût dit que le bras qu'elle avait étendu sur la France s'était montré sans voile à tous les yeux. Les lois de nécessité et de liberté qu'elle s'est imposées à elle-même avaient été suspendues ; cela était évident, et la France ne le sentit pas. La France vit son admirable héroïne livrée par un funeste destin au duc de Luxembourg, vendue par ce misérable aux Anglais, traînée à Rouen devant un tribunal inique, périr au milieu des flammes comme une infâme sorcière in-

---

(1) Après le couronnement de Charles VII à Reims, Jeanne demanda avec instance la permission de s'en aller. « Désor- « mais, disait-elle, je n'aurai plus regret de mourir. » Et comme on lui demanda si elle avait quelque révélation sur sa mort, elle répondit : « Non ; mais Dieu ne m'a commandé « seulement que de faire lever le siége d'Orléans, et de con- « duire le Roi à Reims.... Le Roi me fera plaisir de me rendre « à mes parents et à mon premier état. » Le Roi la retint, et pour l'abandonner lâchement ensuite.... On sait assez comment, tourmenté de terreurs continuelles, ce prince se laissa mourir de faim à l'âge de cinquante-huit ans, de peur d'être empoisonné par son fils Louis XI, en 1461. Sa maison finit en 1498, dans la personne de Charles VIII.

spirée par l'Esprit infernal (1). La France le vit, et put le souffrir! Charles ne fit pas un mouvement, ne hasarda pas un cheveu de sa tête, ne couvrit pas les champs de Rouen de cadavres pour la sauver! Et la France oserait encore se plaindre des maux qu'elle souffrit, qu'elle souffre encore à cause de cet hor-

---

(1) Jeanne d'Arc fut blessée et prise en défendant Compiègne. Sa place n'était plus là. Sa mission guerrière avait été remplie à Reims, comme elle le disait elle-même. Il paraît certain que l'Université de Paris présenta requête contre elle, l'accusant d'hérésie et de magie, parce qu'elle croyait aux fées. Cette divine héroïne fut jugée à Rouen, par un nommé Cauchon, évêque de Beauvais, cinq autres évêques français, un seul évêque d'Angleterre, assistés d'un moine dominicain vicaire de l'Inquisition, et par des docteurs de l'Université. Ainsi ce furent bien les Français, Bourguignons ou Normands, qui furent les plus coupables, puisqu'ils vendirent aux Anglais le sang innocent. Le duc de Bedford faisait dire à ces juges iniques : « Le roi d'An-« gleterre l'a achetée chèrement, et il veut qu'elle soit brûlée. » Les Anglais qui agissaient ouvertement, dans cette affaire, en ennemis implacables et acharnés, étaient cruels, mais non traîtres et vils comme les juges qu'ils influençaient.

La divine héroïne ne put pourtant point être d'abord condamnée au bûcher; elle le fut seulement à jeûner au pain et à l'eau dans une prison perpétuelle, comme *superstitieuse, devineresse du Diable, blasphémeresse de Dieu, en ses saints et saintes, errant par moult defors en la foi du Christ*, etc. Mais bientôt accusée d'avoir repris une fois l'habit d'homme qu'on lui avait laissé pour la tenter, ses juges exécrables la

rible attentat! Mais la Providence est juste : la peste qui ravagea Athènes vengea la mort de Socrate ; les Juifs, dispersés depuis dix-huit siècles sur la face de la terre, expient encore leur lâche déicide ; la France, retardée dans sa carrière, livrée à des maux infinis, a dû s'absoudre du supplice de Jeanne d'Arc. La solidarité des peuples n'est pas une chimère. Ce n'est pas impunément que les nations peuvent égorger leurs grands hommes, ou briser de leurs mains

---

livrèrent au bras séculier pour être brûlée vive, en 1431, le 30 mai. Elle avait fait lever le siége d'Orléans le 8 mai 1429, et sacrer le Roi à Reims le 17 juillet de la même année.

La procédure manuscrite de Jeanne d'Arc existe encore en original. On y remarque que les réponses de l'héroïne sont toujours également prudentes, vraies et fermes. Elle disait quelquefois à ses juges : « Beaux Pères, songez donc au fardeau que vous vous imposez. » Interrogée pourquoi elle avait osé assister au sacre de Charles avec son étendard, elle répondit : « Il est juste que qui a eu part au travail en « ait à l'honneur. » Quand on lui demandait par quelle sorcellerie elle avait animé ses soldats, elle disait : « Voici : Je « m'écriais, entrez hardiment au milieu des Anglais ; et j'y « entrais moi-même la première. » Accusée d'avoir profané les noms de Jésus et de Marie, elle répliquait ingénument : « C'est de vos clercs que j'ai appris à en faire usage, non « seulement pour mon étendard, mais encore pour les let- « tres que je faisais écrire. » Quant à ses visions, elle ne les démentit pas un moment : « Soit bons ou mauvais esprits, si « est-il vrai, disait-elle, qu'ils m'ont apparu. »

aveugles les instruments de la Providence. La réaction est, dans ce cas-là, toujours égale à l'action, et le châtiment égal au forfait. C'est en vain que l'on dirait que les individus sont, pour la plupart, innocents ; cela n'est pas vrai : il n'y a d'innocents que ceux qui s'opposent au crime ; ceux qui le souffrent le partagent.

CHAPITRE VII.

Causes d'un double mouvement de la Volonté dans le système politique et dans le culte. Quinzième révolution. Découverte du Nouveau-Monde.

La Providence avait voulu que la France fût sauvée; elle le fut; mais les Français, coupables envers elle d'une exécrable ingratitude, dûrent souffrir, et souffrirent. Tout ce qui tenait au système féodal fut surtout accablé de maux. Le règne sanguinaire de Louis XI lui porta un coup mortel dont il ne se releva plus. Ce règne terrible laissa dans tous les esprits une impression profonde, que ne purent effacer les règnes brillants mais inutiles de Charles VIII, Louis XII et François Ier. A cette époque un immense mouvement eut lieu en Europe. Si la Providence avait pu y être reconnue, l'aurore de la grandeur et de la félicité s'ouvrait pour elle. Mais, comme nous l'avons vu, la France éminemment favorisée, ferma volontairement les yeux à son éclat; et son monarque victorieux, attribuant tous ses succès à son étoile, abandonnant l'admirable instrument qui les lui avait procurés, ne s'occupa que d'objets fatidiques ou volitifs. Après avoir établi des corps de troupes permanents, après avoir fondé sur sa propre volonté la levée des impôts, il domina par les uns et par les autres sur les barons et sur les peuples, et anéantit la suprématie sacerdotale par la promulgation d'un acte schismatique, appelé *Pragmatique sanction*. Tous ces moyens qu'il légua à ses successeurs furent autant d'armes dont ils abusèrent.

Tandis que la Volonté de l'homme recevait ainsi, en France, les lois du Destin, elle les recevait aussi en Italie. Le trône pontifical, déshonoré par Alexandre vi, était devenu, sous Jules ii, un trône purement monarchique. Ce pape n'avait été qu'un audacieux guerrier, un politique habile. Léon x qui lui succéda fut un monarque splendide, un roi généreux, protecteur des lettres et des arts; mais ce ne fut point un souverain Pontife. Quoiqu'il possédât des vertus qui le mettaient fort au-dessus de Borgia, il faut cependant dire ici la rude vérité : il n'avait pas plus que lui de foi dans les dogmes de son culte. En général, les papes devenus souverains temporels, n'ayant pas pu se mettre au-dessus des conciles comme souverains Pontifes, s'y étaient mis comme monarques, depuis Eugène iv, et s'étaient accoutumés, comme les autres rois, à ne regarder la religion, en général, et celle qu'ils professaient en particulier, que comme un frein nécessaire, un instrument politique, dont ils étaient déclarés par leur position les dépositaires et les régulateurs. Toute la rigueur que la plupart d'entre eux déployaient contre les hérétiques et les novateurs, ne prenait plus sa source, comme autrefois, dans un fanatisme religieux, dans un zèle saint, respectable quoique aveugle, mais seulement dans la nécessité de conserver les formes d'un culte utile, dont ils ne jugeaient pas le fond susceptible d'examen. Dans les affaires ecclésiastiques toutes leurs maximes étaient fixes et invariables, parce qu'elles n'avaient pour but que de conserver ce qui était, sans nullement chercher à l'approfondir; et à cet égard, chaque Pontife nouveau adoptait, quant au spirituel, le plan de son prédécesseur; mais quant au temporel, au contraire, il fallait que chacun se pliât aux circonstances, se traçât une route particulière, et souvent eût recours à la ruse, pour suppléer à la force qui lui manquait. Aussi la cour des Papes fut-elle regardée comme le berceau de cette politique moderne, qui consiste dans la finesse des négociations et dans l'astuce de la conduite. Il n'y eut presque rien que cette cour ne tentât sous ce rapport; et si elle ne s'allia pas ostensiblement avec les Musulmans de Constantinople, il n'existe que trop de preuves qu'elle écouta plus d'une fois leurs propositions.

Mais ce que la cour de Rome n'osa pas faire, du moins ouvertement, celle de France le fit. Cette cour, ayant perdu de vue les vrais intérêts de l'Europe, pour ne penser qu'aux siens propres, s'unit avec les Turcs, et de la même plume qu'elle avait tracé son alliance avec les Suisses, signa son traité avec le Grand-Sultan. Ainsi elle réunit, comme je j'ai déjà exprimé, la fatalité du Destin à la force de la Volonté, et se crut assez habile pour les maintenir l'une par l'autre, et les maîtriser également. Cette hardiesse qui versa sur la France un déluge de maux, sous les règnes qui suivirent celui de François 1ᵉʳ, lui procura néanmoins un moment d'éclat sous celui de Louis xiv, éclat trop tôt terni même du vivant de ce monarque, et trop chèrement payé par les humiliations qui affligèrent celui de Louis xv, et les épouvantables malheurs qui terminèrent celui de Louis xvi.

Si l'on veut réfléchir un moment sur la situation de l'Europe, après que d'une part, les Turcs, affermis à Constantinople, y avaient élevé une barrière insurmontable du côté de l'Asie, et que de l'autre, la France, ayant anéanti le système féodal, s'était réunie en une seule masse dans la main de Louis xi, pour ne former qu'une monarchie à peu près despotique, on sentira que la Volonté de l'homme, dont l'essence est la liberté, partout menacée d'une compression absolue, devait chercher des issues pour faire explosion. Partout le despotisme tendait à s'établir, et avec lui la nécessité du Destin. Cette inflexible Volonté venait de manquer en France la plus belle occasion de s'unir avec la Providence; mais la Providence et le Destin lui déplaisaient également. Elle rejetait toute espèce de joug, et cherchait à tout soumettre à son libre arbitre. Dans la détresse où elle se trouvait, détresse qui allait en augmentant, elle médita un double mouvement, dont les moyens furent choisis avec un art admirable. D'un côté, elle enflamma l'industrie mercantile des Italiens et des Portugais, gênés par les conquêtes des Turcs à l'Orient, et les poussa à des découvertes nouvelles à l'Occident : d'un autre, elle exalta l'orgueil systématique des moines anglais et allemands, froissés par l'arrogance des ultramontains, et les excita à soumettre à l'examen de la raison des dogmes que les papes avaient résolu d'y soustraire. Par le premier moyen, elle étendait son domaine, et se préparait de loin des asiles en cas de défaite ; par le second, elle engageait, avec les seules armes qui lui restassent, un combat dont les chances lui offraient des avantages.

Dès le commencement du quatorzième siècle, un habitant de la ville d'Amalfi dans le royaume de Naples, nommé *Flavio Gioia*, avait inventé, ou plutôt renouvelé l'usage de la Boussole, et au moyen de cet instrument aussi simple que sûr, avait mis les navigateurs à même d'entreprendre des voyages de long cours. Déjà les Portugais en avaient profité pour franchir les mers Atlantiques, au sein desquelles ils avaient découvert l'île de Madère et les Açores. Ils avaient franchi la ligne équinoxiale, et vu rouler sur leurs têtes un nouveau ciel, dont les constellations leur étaient inconnues, lorsqu'un Génois nommé *Christophe Colomb*, entendant parler de leurs entreprises vers le midi, s'imagina qu'en allant vers l'Occident, en suivant le cours du Soleil, il trouverait indubitablement un autre continent. Gênes, sa patrie, et la cour de France, auxquelles on prétend qu'il demanda de lui fournir quelques vaisseaux pour mettre à bout son hasardeux dessein, rejetèrent sa proposition. L'Espagne l'accueillit. Il mit à la voile le 3 août 1492, et le jour de Noël de cette même année, il arriva à Haïti, aujourd'hui Saint-Domingue. Bientôt le bruit de sa découverte se répandit; et lorsqu'après avoir revu l'Europe, Colomb entreprit son second et son troisième voyage, une foule d'aventuriers de toutes les nations se précipita sur ses traces. Améric Vespuce dont le nom fut donné à ce Nouveau-Monde, qu'il n'avait point découvert (1); Alvarès Cabral, qui aborda le premier sur les côtes du Brésil; Fernand Cortès et Pizarre, conquérants du Mexique et du Pérou, furent les

---

(1) Cet Améric Vespuce, qui a donné son nom à l'Amérique, passa dans cette partie du Monde, en qualité d'aventurier, avec un certain Ojeda, qui y alla, sans l'agrément et sur les brisées de Colomb. Améric était Florentin. Il écrivit une relation de son voyage; et ce fut cette relation écrite avec élégance qui lui valut sa réputation. Colomb avec tous ses droits échoua devant cet adroit écrivain. L'injuste postérité n'appela point *Colombie*, comme elle le devait, la quatrième partie du Monde, que Colomb avait découverte, mais *Amérique*. Tout ce que peut faire à présent l'historien impartial, c'est, en parlant de l'hémisphère entier, de le nommer *hémisphère Colombique*, comme je fais.

plus fameux. Le bonheur ne suivit point leurs succès, auxquels la Providence n'avait pas pris part ; et la gloire même ne s'y attacha pas. Presque tous périrent misérablement, et Colomb lui-même, persécuté par un vil intrigant nommé *Bovadilla*, renvoyé de Haïti comme un criminel, arriva en Espagne chargé de chaînes. Le roi Ferdinand le fit mettre en liberté, mais sans lui rendre justice, ce qui irrita tellement Colomb, qu'étant mort de chagrin peu de temps après, il ordonna qu'on ensevelît avec lui dans son cercueil les fers dont il avait été chargé.

CHAPITRE VIII.

Quelle était la situation du Nouveau-Monde à l'époque de sa découverte. Révolutions qu'il avait éprouvées. Ile Atlantide.

Le nouvel hémisphère, dont Colomb avait plutôt occasionné la découverte qu'il ne l'avait faite lui-même, était un Monde assez nouveau, relativement à l'ancien; plus jeune, plus récemment sorti du sein des eaux, produisant, dans les trois règnes, des substances ou des êtres sur lesquels la nature imprimait visiblement tous les traits de la jeunesse. Les formes générales et géologiques y étalaient une magnificence remarquable; mais le principe vital, peu développé, y languissait encore. On y voyait des montagnes plus hautes que dans l'autre hémisphère, des fleuves plus grands, des lacs plus nombreux et plus vastes; et cependant le règne végétal y manquait de sève et de vigueur. On n'y rencontrait aucune espèce d'animaux qu'on pût comparer à celle de l'ancien Monde. Les lions même et les tigres, ou plutôt les pumas et les jaguars qu'on a qualifiés de ces noms, n'avaient ni l'intrépidité de ceux d'Afrique, ni leur voracité. Le climat lui-même ne répondait nullement à celui de l'autre hémisphère. Il était respectivement plus humide et plus froid. Les végétaux flexibles et latescents, les reptiles venimeux, les insectes importuns, s'y propageaient seuls en abondance, et avec une étonnante rapidité.

Le sol, peu productif, et comme frappé d'une impuissance native, ne comportait qu'une petite quantité d'habitants. A l'époque où les Européens mirent pour la première fois le pied dans cette immense région, il ne s'y trouvait que deux nations entièrement formées : celle du Mexique et celle du Pérou. Tout le reste du continent était peuplé de petites tribus indépendantes, souvent jetées à des distances énormes les unes des autres, dénuées de lois, d'art et d'industrie; et, ce qui est très remarquable, privées du secours des animaux domestiques. Les deux seules nations qui fussent entrées dans la carrière de la civilisation, n'y avaient fait encore que les premiers pas. Elles en étaient à peine aux premiers linéaments de l'État social. C'étaient des peuples enfants, qui, livrés à eux-mêmes, protégés par la Providence qu'ils commençaient à reconnaître, soumis à un Destin peu rigoureux, se seraient développés graduellement, et seraient parvenus à nous étonner peut-être par leur grandeur, si, trop tôt exposés au funeste mouvement de la Volonté européenne, ils n'avaient pas été écrasés dans leur fleur, et bien long-temps avant qu'ils pussent donner leurs fruits.

Ce cruel événement peut-il être expliqué ? sans doute. Je n'ai reculé jusqu'ici devant aucun, et celui-là ne peut pas plus que les autres échapper aux principes que j'ai posés. J'ai assez dit que la Volonté de l'homme, bonne ou mauvaise, est irréfragable, et que la Providence ne peut arrêter son action sans contrevenir elle-même à ses propres lois. Mais le Destin, qui entraîne avec lui une irrésistible nécessité, s'oppose, par son essence même, à cette action, et la combat. De quelque côté que reste la victoire, le résultat est toujours favorable au but que la Providence s'est proposé; car il ne peut jamais y avoir que perte de temps ou changement de formes. D'ailleurs, remarquez ceci : soit que le Destin triomphe, ou la Volonté, aucune de ces deux puissances ne peut triompher sans faire naître à l'instant son contraire; c'est-à-dire sans que la victoire de la Volonté ne jette le germe d'un événement fatidique qui se développera, ou sans que celle du Destin ne provoque une cause volitive, qui aura son effet.

Or, la Volonté, fortement comprimée en Europe par le Destin, s'échappe et se fraie une route vers l'Amérique; ce qu'elle ne peut faire sans employer des instruments parmi les hommes volitifs, dans le sein desquels fermentaient des passions plus ou moins violentes. Si ces hommes s'étaient trouvés éclairés et tempérants, ils auraient facilement senti que leur gloire comme leur intérêt les engageait à ménager les peuples doux et timides que le sort exposait à leurs armes; ils auraient vu qu'ils pouvaient les soumettre sans les détruire, et conquérir l'Amérique sans la ravager; mais malheureusement il en arriva tout autrement. Les Espagnols que le mouvement imprimé lança d'un hémisphère sur l'autre, se trouvèrent des hommes ignorants, avides et farouches, qui, long-temps courbés sous les chaînes qu'une adroite politique leur avait données, s'en vengèrent en les jetant avec fureur sur un peuple enfant, incapable de leur résister. Semblables à des loups qu'une longue faim à tourmentés, ils se précipitèrent sur ces faibles agneaux pour les dévorer. Ils agirent en corps de nation, comme agit un simple brigand, lorsque, rencontrant dans l'épaisseur d'un bois un voyageur, il l'égorge pour avoir son argent. La Providence ne peut point empêcher ce crime volontaire, quand le Destin du voyageur ne l'empêche pas, à moins de faire un miracle, ce qui répugne à ses lois; mais elle le venge en attachant la punition au crime, comme l'effet à sa cause. Ainsi les Espagnols, en massacrant les Américains, commirent un crime national, dont toute la nation espagnole devint reponsable, et qu'elle dut expier. Souvenez-vous ici de ce que j'ai dit en commençant ce livre, au sujet de la solidarité des peuples. Cette solidarité s'étend sur toutes les générations, et lie aussi-bien les enfants que les pères, parce que, dans ce cas, les pères ne diffèrent pas des enfants.

Mais peut-être un lecteur attentif et profondément explorateur m'arrêtera à ce point, pour me dire qu'en supposant en effet que le crime national soit puni comme le crime individuel, il ne voit pas quelle réparation, quel bien ce châtiment procure, soit au peuple détruit par des conquérants farouches, soit au voyageur égorgé par un brigand. A cela je lui réponds que je me serais bien gardé de mettre la main à la plume pour écrire sur des matières aussi ardues, si j'avais pu penser qu'un homme perdît tout en perdant la vie, et qu'un peuple pût être détruit. Je ne crois point cela du tout. Je crois que l'existence individuelle ou nationale est suspendue par la mort ou par la destruction, mais non point détruite. Il y a seulement, comme je le disais tout à l'heure, perte de temps ou changement de formes. Ce qui n'est qu'interrompu doit recommencer. Je prie le lecteur de rappeler à son esprit une comparaison que j'ai déjà faite (1). Je vois un gland qui germe et qui, si rien n'arrête son destin, va produire un chêne. Ma volonté s'oppose à cet effet; j'écrase le gland : le chêne est interrompu. Mais ai-je détruit, anéanti, le principe qui agissait dans le gland? Cela est absurde à penser. Un nouveau destin recommence pour lui. Il se décompose, rentre dans ses éléments, et, s'insinuant encore dans les racines de l'arbre, monte avec la sève, et va reproduire un gland semblable au premier et plus fort. Qu'ai-je fait par mon action destructive? rien du tout, par rapport au

---

(1) Dans la Dissertation introductive, §. 4, à la fin.

gland; mais peut-être beaucoup, par rapport à moi; surtout si j'ai mis de la malice, de l'envie, de l'impatience, ou tout autre mauvais sentiment dans mon action; car tandis que j'ai cru opérer sur le gland, c'est sur moi-même que j'ai opéré. Cette comparaison, bien comprise, peut résoudre une foule de difficultés.

Revenons aux Américains. Lorsque les Espagnols les rencontrèrent, ils étaient encore dans l'enfance de l'État social; aucune de leurs facultés n'était entièrement développée; ils étaient faibles au physique comme au moral : on voyait distinctement qu'ils appartenaient à une Race différente de la blanche et de la noire (1) : c'était à la Race rouge,

---

(1) Au moment où j'écris il y a plus de trois siècles que l'Amérique est connue et fréquentée des Européens, qui y ont opéré de grands changements, tant par le mélange qu'ils y ont fait de leur propre sang avec celui des Indigènes, que par celui des Peuples noirs qu'ils y ont importés. Ils y ont aussi beaucoup influé sur les deux règnes inférieurs, le végétal et l'animal, par la culture et le croisement des races. Ce n'est donc pas en Amérique même qu'on peut connaître ce qu'était cette contrée avant sa découverte, mais dans les descriptions qui en furent données à cette époque.

Les Indigènes de l'hémisphère Colombique avaient, en général, le teint d'un brun rougeâtre, tirant sur le cuivre. Ils étaient sans barbe, et sans autres poils que leurs cheveux noirs, longs, grossiers et faibles. Leur complexion était humide et sans force virile. On trouvait des hommes qui avaient du lait aux mamelles, comme les femmes, et

mais non point pure. Ils étaient le résultat d'un premier mélange effectué à une époque très reculée, lorsque la Race blanche n'existait pas encore, et d'un second mélange beaucoup moins ancien, lorsque cette Race existait déjà depuis long-temps. Ces peuples indigènes avaient perdu la trace de leur origine; seulement une vague tradition, survivant au

---

qui, dans un besoin, auraient pu allaiter leurs enfants. Ils mangeaient peu, supportaient difficilement la fatigue, et atteignaient rarement une vieillesse avancée. Leur vie courte et monotone n'était point exposée aux accès des passions violentes. L'ambition et l'amour avaient très peu de prise sur leur ame. Leurs vertus et leurs vices étaient également au berceau. Leurs facultés intellectuelles avaient à peine atteint un premier développement. On trouvait dans plusieurs peuplades des individus tellement dépourvus de prévoyance qu'ils ignoraient s'ils existeraient le lendemain. Les femmes étaient peu fécondes, peu considérées, et ne jouissaient d'aucun droit. Dans plusieurs cantons leur servitude était intolérable. A l'exception des deux nations dont la civilisation était ébauchée, les autres peuplades étaient encore dans l'état le plus sauvage, étrangères à l'industrie, et n'ayant que quelques idées confuses de la propriété. Parmi ces peuplades, celles qui vivaient de leur pêche étaient les plus stupides; ensuite venaient les chasseurs dont l'instinct était plus développé, mais qui, également paresseux, empoisonnaient leurs flèches pour chasser avec plus de facilité. Là où étaient les cultivateurs, là commençait la civilisation. L'hémisphère entier ne possédait pas un pasteur. On n'y connaissait aucun animal qu'on eût encore soumis au joug de la domesticité.

milieu d'eux, faisait descendre leurs ancêtres des monts les plus élevés de cet hémisphère. Les Mexicains disaient que leurs premiers législateurs étaient venus d'une contrée située au nord-est de leur empire. Si l'on veut y faire attention, on trouvera dans ces deux traditions les deux principales époques dont je viens de parler : la première remonte jusqu'au désastre de l'Atlantide, dont le souvenir s'est perpétué chez toutes les nations; la seconde s'attache seulement à une émigration de la Race boréenne, qui s'effectua de l'Islande sur le Groënland, et du Groënland sur le Labrador, jusqu'au Mexique, en traversant les contrées qui portent aujourd'hui le nom de *Canada* et de *Louisiane*. Cette seconde époque est séparée de l'autre par plusieurs milliers d'années.

Le récit le plus authentique que nous ayons du désastre de l'Atlantide nous a été conservé par Platon, qui l'attribue, dans son dialogue de *Timée*, à un prêtre égyptien, discourant à Saïs avec Solon. Ce prêtre fait remonter la catastrophe dont il parle à plus de neuf mille ans; ce qui lui donne pour nous une antiquité d'environ onze mille quatre cents années.

L'île Atlantide était, selon lui, plus grande que l'Afrique et l'Asie ensemble; elle était située dans la mer Atlantique, en face des Colonnes d'Hercule. Il y avait des rois célèbres par leur puissance qui, non seulement régnaient sur cette magnifique contrée, et sur toutes les îles adjacentes, mais encore sur une grande partie de l'Afrique jusqu'en Égypte, et sur toute l'Europe occidentale jusqu'à la Tyrrhénie. Ils cherchaient à asservir le reste de notre hémisphère, lorsqu'il survint d'affreux tremblements de terre suivis d'un déluge effroyable; les peuples opposés furent tous engloutis dans les abîmes, et dans l'espace d'un jour l'Atlantide disparut.

Il est difficile de ne pas reconnaître, dans la description que donne ce prêtre de Saïs, de cette île plus grande que l'Afrique et l'Asie, l'hémisphère Colombique, situé exactement comme il l'annonce, au sein de la mer que nous nommons encore, du nom de cette île fameuse, *mer Atlantique*, et en face des Colonnes d'Hercule : aussi est-il bien certain que le nouveau continent appelé aujourd'hui *Amérique*, n'est autre que cette île dont l'antiquité a raconté tant de merveilles; seulement elle n'était pas figurée alors comme nous la voyons de nos jours; elle s'étendait beaucoup plus vers le pôle austral, auquel elle tenait peut-être, et moins vers le pôle boréal. La Race austréenne y dominait comme la Race boréenne domine aujourd'hui sur notre hémisphère. Cette Race était rouge; elle avait civilisé la Race noire, et, comme le disait le prêtre égyptien, porté de nombreuses colonies sur l'Europe et sur l'Asie, qui lui appartenaient presque entières. A cette époque, c'est-à-dire il y a près de douze mille ans, le globe terrestre n'était pas dans la situation où nous le voyons; le pôle boréal, au lieu d'être élevé d'environ vingt-trois degrés, était abaissé, au contraire, dans la même proportion, et laissait dominer le pôle austral; de manière que la masse des mers qui pèse aujourd'hui sur ce pôle pesait sur le pôle opposé, et couvrait principalement la partie nord de l'hémisphère Colombique, peut-être jusqu'au cinquantième degré. Il est également présumable que, sur notre hémisphère, les mers s'étendaient jusqu'au soixantième, et couvraient toute la partie nord de l'ancien continent depuis la Norvége jusqu'au Kamtschatka.

Au moment le plus florissant de l'Empire atlantique, et lorsque cet Empire allait achever la conquête du Monde, une horrible catastrophe eut lieu. La profondeur des temps a pu nous en dérober les causes, mais elle n'a pas empêché le bruit d'en retentir jusqu'à nous. Il n'existe presque point de nations qui n'en aient perpétué le triste souvenir dans des cérémonies lugubres; on en trouve le récit dans tous les livres sacrés; et les traces mêmes qui en sont restées empreintes sur la surface du globe, et jusque dans son intérieur, annoncent partout un affreux bouleversement qui prouve assez aux yeux des hommes observateurs que ces récits ne sont pas illusoires.

Les philosophes et les naturalistes de tous les siècles, cherchant les causes physiques qui avaient pu amener ces crises de la nature appelées *déluges* ou *cataclysmes*, en ont trouvé, ou d'insuffisantes, ou de visiblement erronées. Les théosophes se sont tous accordés sur la cause métaphysique : ils ont dit que c'était la perversion absolue des peuples, et leur entier abandon de la Providence qui l'avait amenée. Moïse, qui en parle comme d'une funeste possibilité, est formel sur ce point. Pythagore et Platon ne diffèrent ni de Kong-tzée ni de Meng-tzée, et Krishnen s'accorde avec Odin. Mais quoique la cause primordiale métaphysique puisse être admise, il n'en reste pas moins de grandes difficultés touchant les causes secondaires et physiques.

Au reste, je dois dire ici une chose importante, dont je parlerai ailleurs plus au long; c'est qu'il existe deux espèces de déluges, qu'on ne doit pas confondre ensemble : le Déluge universel; celui dont parle Moïse sous le nom de *Maboul;* celui que les Brahmes connaissent sous le nom de *Dinapralayam,* est une crise de la nature qui met un terme à son action; c'est une reprise en dissolution absolue des êtres créés. La description de ce déluge, la connaissance de ses causes et de ses effets, appartiennent à la cosmogonie (1); ce n'est point ici le lieu d'en parler, puisqu'il n'influe pas seulement sur l'État social de l'homme en l'interrompant, mais en

---

(1) J'en parlerai dans le Commentaire que je médite sur le *Sépher* de Moïse, et principalement sur les dix premiers chapitres du *Bereshith.*

le détruisant tout-à-fait. Les déluges de la seconde espèce sont ceux qui n'occasionnent qu'une interruption dans la marche générale des choses, par des inondations partielles, plus ou moins considérables. Parmi ces cataclysmes, on peut considérer celui qui détruisit l'Altantide comme un des plus terribles, puisqu'il submergea un hémisphère tout entier, et qu'il fit passer sur l'autre un torrent dévastateur qui le ravagea. Les savants qui se sont occupés d'en chercher la cause, ne l'ont pas trouvée, comme je viens de le dire, parce qu'ils n'avaient pas les données nécessaires pour cela, et que la plupart, imbus de préjugés, portaient leur vue ou trop près, ou trop loin d'eux; comme quand ils se contentaient de l'irruption d'un volcan, d'un tremblement de terre, du débordement d'un lac ou d'une mer intérieure; ou bien qu'ils allaient accuser de cette catastrophe la queue d'une comète. Je suis entraîné à dévoiler entièrement cette cause naturelle, que j'ai laissé entrevoir tout à l'heure en parlant de la situation antérieure du globe. Je n'en pourrai point donner à présent les preuves géologiques, parce qu'elles m'entraîneraient dans des détails trop étrangers à cet ouvrage; mais si les géologues veulent examiner attentivement la configuration des côtes sur les deux hémisphères, et le mouvement que les courants des mers conservent encore, ils sentiront bien que j'expose la vérité.

L'épouvantable cataclysme qui submergea l'Atlantide, fut causé par un mouvement brusque du globe terrestre, qui élevant tout à coup le pôle boréal qui était abaissé, lui fit prendre une situation contraire à celle qu'il occupait auparavant. Dans ce mouvement, qui peut-être eut plusieurs oscillations, la masse des eaux qui se trouvaient sur ce pôle roula avec violence vers le pôle austral, revint sur le pôle boréal, et retourna à plusieurs reprises vers le pôle opposé, où elle se fixa enfin en l'accablant de son poids. La charpente terreuse céda en plusieurs endroits, là surtout où elle couvrait des cavernes et des anfractuosités profondes; et, en s'écroulant, ouvrit d'immenses abîmes où les ondes furieuses vinrent s'engloutir avec les débris qu'elles entraînaient, et la foule de victimes qu'elles avaient privées de la vie. L'hémisphère que nous habitons résista davantage, et ne fut que lavé, pour ainsi dire, par les vagues qui le traversèrent sans s'y arrêter ; mais l'autre fut partout enfoncé, décharné et couvert d'eaux stagnantes qui y séjournèrent long-temps. Toutes les terres australes, où se trouvait l'Atlantide proprement dite, disparurent. Au pôle opposé, les terres boréales sortirent du sein des eaux, et servirent de berceau à la Race blanche ou boréenne, d'où nous sommes issus. Ainsi c'est au désastre de l'Atlantide que nous devons en quelque sorte notre existence. La Race noire, que j'ai nommée *Sudéenne*, originaire de l'Afrique, née, comme je l'ai dit, aux environs de la ligne équinoxiale, souffrit beaucoup de cette catastrophe, mais infiniment moins que la Race rouge ou austréenne, qui périt presque entièrement. A peine quelques hommes, qu'un heureux destin fit rencontrer sur les monts Apalaches, les Cordilières ou les Tapayas, purent-ils échapper à la destruction. Les Mexicains, les Péruviens et les Brasiliens avaient pour ces montagnes une vénération particulière. Ils conservaient un vague souvenir qu'elles avaient servi d'asile à leurs ancêtres. On dit qu'encore de nos jours les sauvages des Florides vont quatre fois l'année en pèlerinage sur le mont Olaymi, l'un des plus élevés des Apalaches, pour offrir un sacrifice au Soleil, en mémoire de cet événement.

CHAPITRE IX.

Conquêtes des Espagnols, et leurs crimes en Amérique. Établissement des Portugais en Asie. Résultats généraux.

Bacon croyait comme moi que l'Amérique avait fait partie de l'antique Atlantide. Il le donne clairement à entendre dans son *Atlantida Nova*. Il dit que les habitants de cette partie du monde étaient autrefois très puissants, et qu'ils essayèrent de soumettre l'ancien continent par les armes. Après la submersion de leur Empire, quelques hommes épars purent se sauver sur les sommets des montagnes. Ces hommes, ajoute-t-il, s'abâtardirent rapidement, oublièrent tous les arts, et devinrent sauvages. Ils vécurent long-temps isolés et sans lois, et ne se réunirent que lorsque les plaines se découvrirent, et qu'ils purent les habiter. Boulanger, qui a fait de grandes recherches à cet égard, pense, avec juste raison, qu'après la perte de l'Atlantide, les peuples de notre hémisphère qui survécurent tombèrent dans la stupeur, et furent long-temps errants sans oser fonder d'établissement ; il croit que la vie sauvage naquit de la terreur imprimée par cet événement, et fut le fruit de l'isolement et de l'ignorance. Beaucoup de savants ont depuis étendu et commenté ces idées, qui ne sont qu'un renouvellement de celles que Platon avait reçues directement des Égyptiens, et dont il fait un admirable tableau dans son Livre des Lois. Les hommes, dit ce philosophe, qui échappèrent à la désolation universelle, étaient, pour la plupart, des pâtres habitants des montagnes, privés d'instruction, au milieu desquels toutes les découvertes dans les arts, dans la politique, dans les sciences, étaient inconnues : elles se perdirent sans qu'il en restât le moindre vestige. Les villes les plus florissantes, situées dans les plaines et sur le bord de la mer, avaient été entraînées avec leurs habitants. Partout s'offrait l'image d'une vaste solitude. Des pays immenses étaient sans habitants. Quand deux hommes venaient à se rencontrer sur ces mornes ruines, ils pleuraient d'attendrissement et de joie.

La Race sudéenne fut, ainsi que je l'ai annoncé, celle qui resta la plus forte sur notre hémisphère. Elle s'y propagea la première, et y saisit la domination, après avoir passé par toutes les phases de l'État social, et avoir renouvelé dans son entier la masse des connaissances humaines. J'ai dit comment elle rencontra la Race boréenne, encore dans l'enfance de la civilisation, et j'ai assez fortement exposé les raisons qui l'empêchèrent de la détruire. J'ai même touché, par occasion, quelque chose des raisons opposées qui causèrent plus tard la ruine de la Race austréenne, lorsque les Européens en rencontrèrent, sur l'hémisphère Colombique, les débris qui commençaient à se reformer. La principale de ces raisons fut que de grandes sociétés s'étaient déjà fixées, et avaient constitué des Empires considérables, avant d'avoir acquis les forces et les connaissances nécessaires pour les conserver en cas d'attaque. Je sais bien que si ces Empires, ainsi constitués, avaient pu s'élever à leur dernier degré de perfection, ils auraient offert au Monde un spectacle aussi nouveau qu'intéressant ; mais il aurait fallu qu'ils fussent restés encore inconnus pendant plusieurs siècles aux Européens. La Providence, qui avait fourni le principe de ces associations brillantes qui s'élevaient au Mexique et au Pérou, et le Destin qui les protégeait en silence, ne s'y opposaient pas : mais la Volonté de l'homme, pressée de chercher hors de l'ancien hémisphère un asile contre l'asservissement absolu dont elle était menacée, imagina le Nouveau-Monde, et le découvrit. Elle ne put mettre d'abord en avant que des hommes d'un caractère audacieux et passionné, dont la plupart, dépourvus de lumières et de véritable morale, se montrèrent aussi féroces qu'avides, et changèrent en un vil intérêt les motifs plus nobles qui les guidaient et qu'ils ne comprenaient pas.

Il est impossible de lire les détails des cruautés exercées en Amérique par les premiers Européens qui pénétrèrent dans cette contrée, sans éprouver un sentiment d'horreur. Dès leur entrée dans Haïti, et même sous Colomb, les Espagnols s'y comportèrent en tyrans. Ils osèrent bien associer à leurs fureurs des chiens dressés à combattre et à dévorer les malheureux Indigènes, et régler les grades de ces animaux, selon le plus ou moins de férocité qu'ils remarquaient en eux. Ils croyaient sans doute, par anticipation, ce que plusieurs écrivains, fanatiques ou menteurs, dirent ensuite pour les excuser, que les Américains n'étaient pas des hommes, et qu'on pouvait les massacrer impunément. Quand Colomb découvrit Haïti, il y avait un million d'habitans : quinze ans après on n'y en comptait que soixante mille ; et ce nombre, réduit à quinze mille, quelques années après disparut entièrement (1). Pour remédier à cette dépopulation, on trompa quarante mille malheureux des îles Lucayes, qu'on transporta à Haïti, pour les y livrer à la même mortalité. Las Casas, témoin de ces atrocités, après avoir fait quelques vains efforts pour s'y opposer,

---

(1) Les Espagnols joignirent à la force la perfidie la plus atroce pour réprimer les révoltes que leurs concussions faisaient naître. L'infortunée Anacoana qui régnait sur la partie occidentale de Haïti, fut saisie au milieu d'une fête que son aveugle bonté avait préparée à ces tigres, et conduite à la ville de Saint-Domingue pour y être pendue. C'est un nommé *Ovando* qui fut le scélérat chargé de cette lâcheté. Il est bon que son nom passe à la postérité, marqué du fer chaud de la réprobation. Je nommerai par le même motif l'infâme Velasquez, qui, ayant fait prisonnier

égaré par son humanité, conseilla d'acheter des Noirs en Afrique pour fournir aux colonies espagnoles en Amérique. Cette idée fut adoptée, et le fatal commerce établi par un édit de Charles-Quint.

On doit remarquer que les Génois, alors constitués en une sorte de république emporocratique, furent les premiers à se charger de cet odieux monopole. Ainsi ce ne fut point assez de l'oppression d'un hémisphère entier, il fallut que l'autre fournît aussi des esclaves, et qu'un peuple décrépit vînt partager l'infortune d'un peuple enfant ; mais dans le mouvement que les choses avaient pris en Amérique, cela était indispensable. Puisque la Volonté y méditait un établissement, et qu'elle y entraînait avec elle l'esprit d'emporocratie, qui n'est qu'un républicanisme dégénéré, il était nécessaire d'y faire naître l'esclavage, afin d'éviter la misère absolue d'une partie du peuple : car tenez ceci pour certain, que toute république emporocratique où l'esclavage ne sera point établi, devra fonder sa grandeur sur la misère absolue d'une partie de la popu-

---

dans l'île de Cuba le Cacique Hatuey, le condamna à être brûlé vif. Un moine fanatique s'approchant de l'infortuné Cacique, tandis qu'il était attaché au poteau, lui conseillait d'embrasser la religion chrétienne afin d'aller en paradis : « Y a-t-il quelque Espagnol ? dit Hatuey. — Oui, il y a « ceux qui ont été bons. — Cela suffit, ajouta le Cacique ; « je ne veux pas aller dans un lieu où je rencontrerai un « seul de ces brigands. »

lation. Ce n'est qu'à la faveur de l'esclavage que peut se soutenir la liberté. Les républiques sont oppressives de leur nature. Quand l'oppression, c'est-à-dire l'esclavage ou la misère, ne se manifeste pas dans son sein, comme cela est arrivé à la Hollande, elle se manifeste au loin, et cela revient au même. Il faut toujours des esclaves à une république, surtout si l'emporocratie y domine : que les esclaves soient dans son sein ou hors de son enceinte, il n'importe ; l'esclavage a toujours lieu, et avec lui tous les inconvénients qu'il entraîne.

Après que les Espagnols eurent assez ravagé les îles qui enveloppent l'hémisphère Colombique à l'Orient, ils tournèrent leurs efforts vers le continent lui-même, y découvrirent les deux seuls empires qui y existaient, et s'en emparèrent. Les conquêtes du Mexique et du Pérou paraissent des prodiges d'audace quand on considère les Mexicains et les Péruviens comme des peuples faits, capables de la même résistance ; mais cela n'était pas ainsi : c'étaient des peuples enfants, dont on pouvait facilement se rendre maître avec un peu de force et beaucoup de perfidie.

Le commencement de l'empire du Mexique ne remontait pas au-delà de six siècles avant l'arrivée des Espagnols. On ne peut douter, d'après l'examen de leurs lois et de leur culte, qu'ils n'eussent reçu leur législation religieuse et civile du nord de l'Europe. Dire à quelle époque, cela est impossible. Tous les documens sur lesquels on aurait pu fonder une chronologie ont été détruits (1). Il paraît probable que ce fut au moment où les Scandinaves, sous le nom de *Normands*, se montrèrent sur toutes les mers, qu'un de leurs navires, parti d'Islande, fut poussé par quelque tempête, et alla toucher les côtes du Canada ou de la Floride. Quoi qu'il en soit, la tradition rapportait à cette époque l'apparition d'un homme favorisé du ciel, qui engagea plusieurs tribus errantes à se fixer dans le pays d'Anabac, le plus fertile et le plus agréable de la contrée, et à s'y établir sous un gouvernement régulier. Cet état, d'abord assez borné, s'étendit peu à peu par l'agglomération de plusieurs peuplades qui s'y réunirent, et forma enfin un empire florissant, dont Montézuma, détrôné par Fernand Cortès, était le neuvième empereur. La ville de Mexico, qui devint le centre de cet empire, fut fondée vers le treizième siècle. Cette ville était assez grande et fort bien peuplée; mais les constructions, même les plus considérables, telles que les temples et les palais, y étaient mal bâties et annonçaient une architecture encore dans l'enfance. La religion, sombre et féroce comme celle des anciens Celtes, admettait les sacrifices humains. On retrouvait dans le gouvernement mexicain

---

(1) Ce fut un nommé *Jean de Zumaraga*, moine franciscain, premier évêque de Mexico, qui ordonna que toutes les archives des Mexicains, consistant en tableaux hiéroglyphiques, fussent livrées aux flammes.

les formes du système féodal. L'empereur avait sous sa domination trente nobles du premier rang, dont chacun avait dans son territoire environ cent mille citoyens, parmi lesquels on comptait trois cents nobles d'une classe inférieure. La caste des Mayéques était assez semblable à celle de nos anciens serfs. Dans les villes, comme dans les campagnes, on distinguait les rangs, et chacun y avait sa profession affectée.

Les Mexicains avaient ébauché presque tous les arts sans en perfectionner aucun. Leur écriture ne consistait qu'en tableaux hiéroglyphiques. Ils avaient néanmoins une sorte de poste, au moyen de laquelle on faisait parvenir rapidement, du centre aux extrémités de l'empire, les ordres de l'empereur, ou les nouvelles importantes. Leur année était divisée en dix-huit mois de vingt jours chacun, auxquels ils ajoutaient cinq jours complémentaires, ce qui annonçait quelques connaissances astronomiques. Cependant leur agriculture était imparfaite. Comme ils ne connaissaient pas la monnaie, les impôts se payaient en nature. Chaque chose, de quelque espèce qu'elle fût, était rangée dans des magasins, d'où on les tirait pour le service de l'État. Le droit de propriété territoriale était connu au Mexique; tout homme libre y possédait une certaine étendue de terre; mais les liens sociaux, encore mal assurés, annonçaient, comme je l'ai dit, un État social à son aurore.

L'empire du Pérou, également dans l'enfance,

offrait cependant des formes plus agréables que celui du Mexique. La religion plus douce, et le culte plus brillant, donnaient plus de douceur et plus d'éclat au gouvernement. Les Péruviens adoraient le Soleil et la Lune, et rendaient de certains honneurs aux Ancêtres, ce qui indiquait dans leur législateur une origine asiatique. Selon les traditions péruviennes, ce législateur, nommé *Manco-Capac*, parut avec sa femme Mama-Ocollo, sur les bords du lac Titia, et s'annonça comme le fils du Soleil. Il rassembla les peuplades errantes, et leur persuada de s'adonner à l'agriculture, qu'il leur enseigna. Après ce premier pas, le plus difficile de tous, il les initia dans les arts utiles, leur donna des lois, et se fit reconnaître pour leur souverain théocratique. Ce fut sur la religion qu'il fonda tout l'édifice social. L'Inca péruvien n'était pas seulement législateur et monarque, il était révéré comme le fils du Soleil. Sa personne et sa famille étaient sacrées. Les princes de la famille théocratique épousaient leur propre sœur pour éviter le mélange avec tout autre sang, comme faisaient autrefois les monarques égyptiens.

A l'arrivée des Espagnols, le douzième monarque, après Manco-Capac, était sur le trône. Il se nommait *Huana-Capac*; il mourut, et laissa un fils nommé *Ata-hualpa*, auquel il ne voulut donner que la moitié de son empire, le royaume de Quito, déclarant son frère Huascar, qu'il affectionnait beaucoup, héritier du royaume de Cuzco. Ce partage, inusité, causa un mécontentement général, et alluma une guerre civile dont le perfide Pizarre profita pour offrir ses secours à Ata-hualpa, s'approcher de lui, et l'enlever du milieu de ses sujets, ce qui fut exécuté avec des formes tellement odieuses qu'on ne peut les retracer sans indignation. Un prêtre, nommé *Valverde*, prêta son ministère à cet acte exécrable, et osa bien confirmer la sentence mortelle prononcée par le féroce Espagnol contre ce malheureux monarque. Atahualpa fut étranglé au Pérou, par grâce spéciale, au lieu d'être brûlé vif, comme le portait sa sentence. Au Mexique, Fernand Cortès, après avoir forcé les propres sujets de Montezuma à massacrer cet infortuné monarque, fit mettre son successeur Guatimozin sur des charbons ardents, pour l'obliger à découvrir le lieu où étaient cachés ses trésors. (1)

Les empires du Mexique et du Pérou furent ainsi conquis et soumis à la couronne d'Espagne ; mais des conquêtes achetées par de tels crimes ne pouvaient porter avec elles ni gloire ni bonheur.

Les Portugais, aussi cruels que les Espagnols, ne furent pas plus heureux. Leurs immenses découvertes en Asie ne leur donnèrent un moment d'éclat

---

(1) Ce fut dans cette cruelle situation que Guatimozin dit à son ministre, qui souffrait le même tourment que lui, et auquel la douleur arrachait des gémissements, ce mot qui peint une grande ame : « Et moi, suis-je sur un lit de « roses? »

et de force que pour leur faire sentir un peu plus tard leur faiblesse et leur obscurité. Les conquêtes dont le seul amour des richesses est le mobile, ne produisent aucune gloire. J'ai déjà dit comment les Portugais avaient été poussés à chercher une nouvelle route vers les Indes, celle que Venise suivait auparavant étant entièrement obstruée par les succès des Ottomans. Après avoir passé la ligne équinoxiale, et observé les étoiles du pôle austral (1), ils doublèrent enfin le cap des Tempêtes qu'ils nommèrent *Cap de Bonne-Espérance*. Commandés par Vasco de Gama et par Alfonse d'Albuquerque, ils combattirent successivement les rois de Calicut, d'Ormus, de Siam, et défirent la flotte du Soudan d'Égypte. Ils prirent la ville de Goa; et bientôt après ils s'emparèrent de Malaca, d'Aden et d'Ormus. Ils s'établirent sur toutes les côtes de l'île de Ceylan, poussèrent leurs Colonies dans le Bengale, trafiquèrent dans tout l'Archipel indien, et fondèrent la ville de Macao sur les frontières de la Chine. En moins de cinquante ans ils découvrirent plus de cinq mille

---

(1) C'est une chose bien remarquable que le fameux poète italien, Dante, eût parlé plus d'un siècle auparavant de ces étoiles qui dominent sur ce pôle : « Je me tournai à « main droite, dit-il dans le premier Chant de son *Purga-* « *toire*, et considérant l'autre pôle, je vis quatre étoiles qui « n'avaient jamais été connues que dans les premiers âges « du Monde. » C'est-à-dire à l'époque où le pôle austral dominait sur l'horizon, avant le désastre de l'Atlantide.

lieues de côtes, furent les maîtres du commerce, depuis l'océan Atlantique jusqu'à la mer d'Éthiopie, et disposèrent de tout ce que la nature terrestre produit d'utile et de rare, d'agréable et de brillant. Ils renversèrent la fortune de Venise, en répandant en Europe, à bien moins de frais, tous les objets nécessaires ou précieux, et éclipsèrent la gloire de cette Aristocratie emporocratique, dont la puissance fut anéantie pour jamais. La route du Tage au Gange devint fréquentée, et la découverte du Japon sembla mettre le comble à la grandeur du Portugal. Tout ceci se passa dans la première moitié du seizième siècle.

Ces découvertes, ces conquêtes faites dans l'un et dans l'autre hémisphère, les richesses immenses qu'elles procurèrent, loin d'enrichir les Espagnols et les Portugais, finirent par les appauvrir; car en exploitant au loin les mines d'or et d'argent, en allant à la recherche des diamants et des perles, ils négligèrent les véritables mines et les véritables trésors de l'industrie, qui sont l'agriculture et le travail manufacturier. Les colonies d'Asie, celles du Mexique, du Pérou et du Brésil, dépeuplèrent les Espagnes; en sorte qu'après la mort de Sébastien, et celle du vieux cardinal qui lui avait succédé au trône de Portugal, lorsque ce royaume, tombé entre les mains du roi d'Espagne, Philippe II, à la fin du seizième siècle, en faisait en apparence le monarque le plus puissant du globe, puisqu'il dominait sur les deux hémisphères, et que le soleil, suivant son orgueilleuse expression, ne se couchait jamais sur ses États, on dut voir que cette grandeur était illusoire, et n'avait pas été élevée pour lui; c'est ce que j'ai assez donné à entendre. Ce n'était nullement la grandeur de l'Espagne, qu'avait eue en vue la Volonté de l'homme dans le mouvement qu'elle y avait excité. Cela devint, je pense, tout-à-fait clair, lorsque le mouvement coïncidant dans le moral s'étant opéré en Allemagne, au moyen de Luther, on vit quelques misérables provinces révoltées résister à ce formidable colosse, et consolider leur révolte par une confédération emporocratique qui brava tous ses efforts. La Hollande, ainsi constituée, s'empara avec une facilité remarquable de toutes les conquêtes des Portugais. L'Angleterre, étant entrée peu de temps après dans le même mouvement, domina l'Espagne après lui avoir résisté, et alla jeter dans l'Amérique septentrionale un germe d'emporocratie, destiné à envahir l'hémisphère entier, réagir vivement sur sa métropole, et menacer l'Europe d'un entier bouleversement. Ainsi la Volonté de l'homme réussit dans la profondeur de ses desseins, échappa au Destin, qui croyait l'avoir accablée, et, toujours indomptable, s'apprêta à de nouveaux combats.

CHAPITRE X.

Schisme de Luther. Comment Charles-Quint pouvait l'arrêter.

Tous ceux qui ont écrit l'histoire des nations modernes ont été frappés du grand spectacle que présenta l'Europe au commencement du seizième siècle; mais aucun n'a songé à expliquer pourquoi ce grand spectacle se termina presque partout par des catastrophes. Le Nouveau-Monde, il est vrai, fut découvert et conquis; mais il fut dévasté. L'ancien continent vit naître des hommes extraordinaires presque dans tous les genres; mais ces hommes l'ébranlèrent au lieu de le raffermir, et l'embrasèrent au lieu de l'éclairer. L'Italie se glorifia de Léon x; et ce souverain Pontife vit un schisme redoutable naître sous son pontificat, et déchirer l'Église chrétienne, Charles-Quint, François 1er, furent de grands princes; et ils n'entraînèrent après eux que des malheurs sur les états qu'ils avaient gouvernés. Luther, Calvin, furent des hommes de génie; et leur génie ne produisit que des divisions funestes, des guerres, des massacres et des persécutions. D'où vint cette contradiction? De la lutte sans cesse renaissante entre la Volonté et le Destin, la Liberté et la Nécessité, en l'absence de la Providence, qu'aucun des deux partis ne voulait reconnaître.

Avant que Colomb eût découvert le Nouveau-Monde, on ne croyait pas à la possibilité de sa découverte; on niait l'existence de ce Nouveau-Monde; on allait même jusqu'à anathématiser ceux qui l'admettaient. Avant que Luther eût entraîné la moitié de l'Europe dans son schisme, on était si loin de prévoir une pareille révolution, qu'on se moquait de ses prédications; on ne le croyait pas même digne du bûcher où avaient péri Savonarole, Jean Huss, Jérôme de Prague, Arnauld de Bresce, Dulcin et beaucoup d'autres. Le pape Léon x, qui venait d'être élevé au pontificat à l'âge de trente-six ans, promettait à l'Europe un magnifique règne : descendant des Médicis de Florence, il en avait toutes les vertus et tous les défauts : il aimait les sciences et les arts; il protégeait les artistes et les savants; il était généreux, noble, ami sincère; il pouvait être un prince accompli; mais il ne croyait pas aux dogmes de son culte; et dès lors c'était un mauvais Pontife. Sa magnificence fut le prétexte plutôt que la cause du schisme qui se manifesta : il voulut achever la Basilique de Saint-Pierre commencée par Jules II, et n'ayant pas assez d'argent pour subvenir à cette dépense, il s'imagina qu'il pouvait mettre un petit impôt sur les consciences, et faire vendre dans la chrétienté des indulgences, comme on en avait déjà vendu. Il aurait sans doute bien mieux fait de prendre une voie plus franche, et de dire ouvertement aux chrétiens, que leur souverain Pontife, ayant besoin d'une certaine somme pour élever un magnifique palais au Prince des apôtres, leur demandait à chacun une légère contribution; mais cette voie aurait été contraire à l'esprit d'un culte qui prêche l'humilité. A quoi bon, aurait-on dit, élever un palais au pauvre pêcheur Céphas? Il fallait donc prendre un biais, et user de ruse, selon la méthode de la cour de Rome, forcée par sa position d'être toujours en contradiction avec elle-même. Cette ruse, qui n'aurait pas été même aperçue dans un autre temps, ou qui l'ayant été, eût passé pour une peccadille, fut taxée de crime énorme, et traitée avec une rigueur sans exemple.

Il est vrai que Jean Huss, et surtout Wiclef, avaient préparé les esprits à cette incartade : on avait entendu les hussites en Bohême et les Lollars en Angleterre, déclamer contre l'autorité des Papes, déclarer que ni les Patriarches, ni les Archevêques, ni les Évêques, n'ont, d'après l'Évangile, aucune prééminence sur les autres prêtres, aucun pouvoir différent; que les biens qu'ils possèdent sont des usurpations dont la justice veut qu'ils soient dépouillés; que les rois ne doivent rien au saint-siége, et que le saint-siége ne peut exercer aucune juridiction sur eux ni sur leurs royaumes; et, quant aux dogmes, qu'il est indubitable que la substance du pain et du vin demeure après la consécration, et que le corps de Jésus-Christ n'est dans cette substance consacrée que comme le feu dans le fer enflammé ; l'un et l'autre subsistant ensemble sans aucune transsubstantiation du fer par le feu.

Luther donc, en prêchant cette doctrine, ne disait rien de nouveau. En attaquant l'autorité des Papes, les formes du culte, les vœux monastiques, l'intégrité des dogmes, il ne faisait que répéter ce que d'autres avaient dit avant lui; mais il le répétait dans des circonstances bien différentes. Ce n'était pas lui qui créait le mouvement, c'était le mouvement qui le créait. Remarquez bien ce point décisif, lecteur judicieux, et vous vous rendrez compte, pour la première fois peut-être, de ce qu'il arrive si souvent qu'un homme très ordinaire réussit là où des hommes supérieurs se perdent. Luther ne valait pas assurément Jean Huss, ni Jérôme de Prague. Il n'avait ni l'austère vertu du premier, ni les talents remarquables du second (1). C'était un homme d'un caractère passionné, ardent, d'un génie assez élevé, mais sans dignité ; parlant assez bien par entraînement, mais écrivant sans méthode et sans talent; ce qui indique qu'il sentait vivement, et pensait avec difficulté. Il causa une forte émotion; mais les esprits

---

(1) On dit que Jérôme de Prague déploya devant le Concile de Constance, où il fut condamné avec son ami Jean Huss, une éloquence inconnue jusque alors. Il parla comme Socrate, et mourut avec la même fermeté.

étaient déjà émus. Lui-même, en considérant les effets qu'il produisait, était le premier étonné. Combien de fois, jugeant qu'il allait trop avant, n'aurait-il pas voulu s'arrêter! Mais une fois lancé dans la carrière, il n'était plus temps de réfléchir aux suites. Tout le fruit qu'il retirait de ses combats intérieurs était des fatigues mentales très grandes, qu'il attribuait ensuite à l'Esprit infernal.

Dès l'an 1516, et avant la publication des indulgences en Allemagne, Luther avait énoncé ses opinions, conformes à celles de Jean Huss; cette publication ne fit que lui servir de prétexte pour les répandre avec plus d'éclat. Cependant Léon x, indifférent aux attaques de ce moine obscur, qu'il regardait comme un fanatique ignorant et peu dangereux, méprisait ses prédications; il continuait ses travaux, et détournait les yeux du scandale trop manifeste que causait le corps sacerdotal, par le luxe qu'il étalait, et la mollesse dans laquelle il était tombé. Il n'y avait qu'une révolution violente qui pût lui rendre un peu de son énergie. Luther provoque cette révolution. Appuyé de la protection de Frédéric, électeur de Saxe (1), il va en avant; il fait retomber sur les prodigalités et les délices de Léon de Médicis, les crimes d'Alexandre Borgia, et les

---

(1) Ce prince s'étant trouvé en concurrence avec Charles-Quint et François 1er, avait été élu empereur, et avait refusé cette dignité.

emportements de Jules de La Rovère. Le Pape le condamne, il en appelle au futur concile; le Pape le frappe d'anathème, il fait brûler publiquement la bulle d'excommunication à Wittemberg. Dès lors Luther devient un homme puissant et redoutable; ses maximes se répandent. Zuingle, curé de Zurich, en Suisse, les adopte, et en déduit de nouvelles conséquences. Il change entièrement les formes du culte, abolit le sacrifice de la messe, et ne voit plus dans le sacrement de l'Eucharistie qu'une cérémonie commémorative. Le sénat de Zurich s'assemble, et se prononce pour la réforme. Autant en fait celui de Berne. Bientôt la majorité de la Suisse est entraînée, et donne la main à la Saxe, au Wittemberg, et aux autres parties de l'Allemagne déjà schismatiques.

L'Empereur Charles-Quint somme Luther de venir rendre compte de sa conduite, en sa présence, à la diète impériale de Weimar. Luther ose s'exposer au sort de Jean Huss; il obéit; muni d'un semblable sauf-conduit, mais plus valable, parce que Charles-Quint n'avait pas la pusillanimité de Sigismond, et que d'ailleurs la diète n'était pas un concile : elle ne pouvait juger l'hérésiarque que sous des rapports purement politiques. Luther, condamné sous ces rapports, n'en continue pas moins son mouvement. Docile à la Volonté qui le guide, il adhère, malgré l'Empereur et la diète, aux idées de Zuingle sur l'inutilité de la messe; l'abolit, ainsi que l'exorcisme; nie l'existence du purgatoire et la nécessité de la confession, de l'absolution et des indulgences; fait ouvrir les cloîtres; délie les religieux des deux sexes de leurs vœux, et lui-même donne l'exemple du mariage des prêtres, en épousant une religieuse. Quel plus grand triomphe la Volonté de l'homme pouvait-elle remporter sur le Destin!

Sur ces entrefaites le Pape meurt. La circonstance était admirable pour Charles. On dit que son prédécesseur Maximilien avait eu le dessein de joindre la tiare à la couronne impériale; cela n'était pas un bon parti, quand même il eût réussi; mais rien n'empêchait de changer les formes de la papauté. Un homme dont le génie n'aurait pas été médiocre l'aurait facilement senti. Il aurait vu que dans l'état des choses il n'y avait pas d'autre moyen d'anéantir le schisme qui allait ensanglanter et déchirer l'Église, qu'en le consacrant. Il fallait appeler Luther au suprême sacerdoce. Le coup était hardi : c'était le seul qui pût sauver l'Europe du péril qui la menaçait. Luther, devenu Pape, était capable de soumettre la Volonté de l'homme au joug de la Providence, et je suis certain qu'il l'aurait fait. Jusquelà il n'avait été qu'entraîné, alors son inspiration aurait commencé. Charles, en le reconnaissant, en aurait été reconnu, et l'Empire universel aurait daté de son règne. Le Turc, à peine entré en Europe, en aurait été chassé; Jérusalem aurait été conquise, et l'Ancien comme le Nouveau-Monde auraient vu dans cette ville la ville sacrée, vers laquelle tous les peuples de l'Univers devaient se tourner en priant.

Charles ne sentit rien de tout cela. Cédant à de petits intérêts, il fit élever sur le trône pontifical son précepteur, sous le nom d'Adrien vi; homme probe, mais faible, incapable de soutenir un fardeau comme celui qui tombait sur sa tête. Cet Adrien fut suivi de Clément vii, Jules de Médicis, lequel possédant tous les défauts de sa famille, sans en avoir les vertus, acheva, par un orgueil déplacé, et une roideur intempestive, d'exaspérer le schisme, et de livrer l'Europe aux dissensions qui l'attendaient.

CHAPITRE XI.

Suites du schisme de Luther. Anabaptistes. Législation de Calvin à Genève.

Luther, considéré comme réformateur de culte, par l'impéritie de Charles-Quint, qui ne sut ni généraliser sa réforme ni l'arrêter; audacieux novateur, parce qu'il ne pouvait pas être davantage, et apôtre de la Volonté quand on ne lui permettait pas de l'être de la Providence; Luther connut du moins sa position, et profita des circonstances en habile homme. Il porta au Destin trois coups terribles, qui n'ont pas été assez remarqués, parce que les historiens, assez exacts à retracer les effets, ne remontent presque jamais aux causes. Moine chrétien, il se délia de ses vœux, et épousa publiquement une religieuse; il approuva le divorce de Henri VIII, roi d'Angleterre, avec Catherine d'Aragon, et permit la polygamie au landgrave de Hesse. C'était briser hardiment ce que le culte chrétien avait alors de plus austère, et soumettre sans restriction la nécessité à la liberté. Le divorce de Henri VIII, auquel s'opposait le Pape Clément VII, qui ne connaissait ni les hommes ni les temps, entraîna plusieurs conséquences très graves : la première fut de rendre toute alliance impossible entre l'Espagne et l'Angleterre, ce qui fit pour long-temps la sécurité de la France, empêcha son envahissement par Philippe II, du temps de la Ligue, et permit à Henri IV de monter sur le trône : la seconde fut de produire le règne d'Élisabeth, qui vint, après le règne désastreux de Marie, donner à l'Angleterre un essor extraordinaire qui pouvait conduire ce royaume à de hautes destinées, si un événement funeste n'en avait pas troublé le cours. Cet événement que je vais indiquer à présent, quoiqu'il intervertisse un peu l'ordre des temps, est le meurtre juridique de Marie Stuart. Ce meurtre, qui souilla la vie d'Élisabeth, opéra un effet tout contraire à celui que prétendait cette princesse aveuglée par la jalousie et l'orgueil. Au lieu d'affermir l'autorité royale, comme elle le croyait, il l'ébranla au contraire jusque dans ses bases les plus sacrées, et rendit à la Volonté de l'homme tout ce qu'elle pensait lui ravir par son despotisme passager. L'Angleterre apprit, par les formes qu'on suivit dans cet exécrable régicide, que les têtes couronnées pouvaient tomber sous le glaive des lois, et que les peuples avaient un droit à ce glaive. Il ne faut pas confondre ici le meurtre d'Anne de Bouleyn, ni celui des autres femmes de Henri VIII, avec celui de Marie Stuart. Ces forfaits, quoique semblables dans leurs résultats, ne se ressemblent pas du tout dans leurs principes. Henri était un tyran farouche, qui assassinait ses femmes, si elles étaient innocentes, ou qui les punissait d'une manière atroce, si elles étaient coupables. Le crime ne pesait que sur lui seul; mais Élisabeth n'avait aucun droit sur Marie, reine son égale, et reine d'un autre royaume. Ce ne fut pas elle qui l'assassina ; elle la fit assassiner par son peuple même, auquel elle déféra cette malheureuse princesse, en reconnaissant dans ce peuple un droit compétent pour la juger. Or, si le peuple anglais, au dire d'Élisabeth, avait le droit de juger une reine d'Écosse, et celui de la condamner à mort, à plus forte raison avait-il le droit de juger un roi ou une reine d'Angleterre, et de les envoyer à l'échafaud. Il aurait pu exercer ce droit funeste sur Élisabeth elle-même, si les circonstances le lui eussent permis. Il ne tarda guère à en faire usage, puisque environ soixante ans après, l'infortuné Charles 1er, livré à la merci d'une populace fanatique et séditieuse, fut immolé à l'ambition de Cromwell, par un parlement régicide. Ce fut au crime d'Élisabeth que ce monarque dut son supplice; et ce crime, qui était l'ouvrage de la royauté, pouvait seul avoir un pareil résultat : car pour que la royauté pût être légitimement soumise à la sentence du peuple, il fallait que la royauté l'eût voulu, autrement cela aurait été impossible.

Voilà, pour revenir de cette digression, quelles furent les principales conséquences qu'entraîna le divorce de Henri VIII : ce furent d'une part la sécurité et la grandeur de la France sous les règnes de Henri IV et de Louis XIV ; et de l'autre la gloire et la souveraineté du peuple anglais, et les malheurs dont cette souveraineté fut la source : malheurs qui doivent être imputés principalement au caractère d'Élisabeth, comme je viens de le dire.

Quant aux conséquences qui suivirent la permission accordée par Luther au landgrave de Hesse, de prendre deux femmes, elles furent également considérables. Les princes du Nord, toujours peu attachés au pouvoir pontifical de Rome, dont la rigueur paraissait croître à mesure qu'on s'éloignait du centre, virent naître avec plaisir une occasion d'en secouer le joug. Eux et leurs peuples, malgré leur conversion au christianisme, retenaient au fond de leur cœur un levain secret du culte d'Odin (1). Les condescendances de Luther, et l'esprit de liberté qui faisait le fond de sa doctrine, leur plurent singulièrement. Ils y retrouvèrent quelque chose de leurs anciennes idées, et s'y réunirent volontiers. Ils protestèrent donc contre les décisions des diverses diètes qui avaient condamné Luther et ses adhérents (2), et formèrent à Smalkalde cette fameuse

---

(1) Le culte d'Odin persista long-temps dans le Nord, et ne s'éteignit entièrement qu'à la mort de Sweynon, le dernier roi de Danemarck qui le professa, au commencement du onzième siècle.

(2) C'est à cause de cette protestation que les sectateurs de Luther ont été nommés *Protestants*. Le nom de *Huguenots* leur vient de la corruption du mot allemand *Eingenossen*, qui signifie *les Réunis*. Ce nom leur fut donné à

ligue qui consolida le schisme, et fit un corps politique des différents membres qui le composaient. Ce ne fut que depuis cette ligue, et à mesure qu'elles y entrèrent, que les puissances du Nord commencèrent à compter dans le système politique de l'Europe. La Suède, séparée du Danemarck par la valeur de Gustave Wasa, se montra même redoutable quelque temps après, domina l'Empire d'Allemagne, sous le règne de Gustave Adolphe; et sous celui de Charles XII balança la puissance des czars de Russie. On sait assez comment le monarque suédois, malgré le génie de son rival, Pierre 1er, mit un moment en question si l'Empire russe se fonderait. Le Danemarck, après avoir échappé à la tyrannie de Christiern II, forma un état respectable. La Saxe, la Hesse, le Hanovre, le Brandebourg, élevé au rang de royaume avec la Prusse, prirent tour à tour une influence remarquable. La Hollande, après avoir secoué le joug des Espagnols, domina sur les mers, s'empara de la puissance des Portugais en Asie, et fit le commerce du Monde. L'Angleterre, livrée d'abord à de violentes convulsions, en étant sortie victorieuse, saisit cette prépondérance, que sa posi-

---

cause de leur réunion à Smalkalde. Charles-Quint, ayant convoqué une nouvelle Diète à Augsbourg, y reçut des princes confédérés une profession de foi, rédigée par Melanchton, disciple de Luther; cette profession de foi, appelée la *Confession d'Augsbourg*, contient les principaux points de leur doctrine.

tion et sa force relative devaient lui donner nécessairement; et, dominant sur les deux hémisphères, les rendit également tributaires de sa vaste marine. La Suisse même ne resta pas sans quelque éclat, à cause de Genève, qui se fit l'une des métropoles de la réforme.

Enfin, tels avaient été les succès de la doctrine de Luther, qu'avant la mort de ce puissant hérésiarque, arrivée l'an 1546, et en moins de trente ans, plus de la moitié de l'Europe, auparavant catholique, s'y était soumise. L'autre moitié ébranlée aurait infailliblement suivi la même route; et dès lors la Volonté de l'homme, triomphante sur cette partie du Monde, y aurait amené un moment le fantôme politique après lequel elle court sans cesse sans l'atteindre jamais, la liberté absolue. Mais il est de l'essence de cette volonté de se diviser au moment où la Providence méconnue l'abandonne. Si cela n'était pas ainsi, c'est-à-dire si elle pouvait conserver son unité de mouvement, en se servant à elle-même de point d'appui, elle triompherait toujours; car elle est irréfragable de sa nature, et rien dans l'Univers ne peut résister à son action. Cependant si cette action est perverse, doit-elle mettre l'Univers en danger? Non; le décret divin qui a doué cette Volonté de cette action irrésistible, a voulu qu'elle ne pût persister que dans son unité, et que son unité ne subsistât jamais que dans le bien, ou, ce qui est la même chose, que dans l'harmonie providentielle.

Dès que cette harmonie est rompue, l'unité se détruit, l'action se divise, et la Volonté de l'homme, opposée à elle-même, se combat et se dévore.

Luther pouvait être un homme providentiel, mais il fallait pour cela qu'il se reconnût lui-même comme l'instrument de la Providence, afin que la Providence fût reconnue en lui ; mais il se considéra seulement comme un réformateur du culte, et l'on s'accoutuma à considérer sa réforme, et non pas lui ; et dans sa réforme, ce qu'elle avait de plus ou moins conforme aux idées qu'on avait : en sorte qu'en adoptant la réforme de Luther, ce ne fut point Luther qu'on adopta comme chef ou comme régulateur de cette réforme, mais seulement comme premier moteur d'un mouvement dont chacun s'appropria le centre, se réservant d'en étendre ou d'en restreindre pour soi la circonférence, selon son inspiration particulière ; en convenant néanmoins de certaines bases, dont la principale était qu'on ne devait reconnaître que les saintes Écritures pour règle de la foi : ainsi il n'y eut, à proprement parler, dans le culte nouveau aucun chef investi d'aucune puissance spirituelle. Chacun, la Bible ou l'Évangile à la main, pouvait dogmatiser à son aise.

Dans les états qui embrassèrent ce culte, les souverains temporels s'en déclarèrent les chefs ; et, sans aucune mission apostolique, sans aucun droit au souverain pontificat, agirent en souverains Pontifes dans tout ce qui avait rapport à la discipline de l'Église. L'Europe vit avec étonnement, surtout en Angleterre, des femmes exercer les droits de la papauté, et s'arroger sur le sacerdoce une funeste influence (1); ce qui était assurément ce qu'on pouvait voir de plus contraire à l'esprit du christianisme.

Ce défaut d'unité, qui se fit remarquer dès la naissance de la Réforme, dut faire augurer que ses suites seraient orageuses : elles le furent, en effet, plus qu'on ne pouvait jamais l'imaginer. A peine Luther avait-il commencé ses prédications, que Zuingle paraît en Suisse, et tire des conséquences nouvelles de sa doctrine : la guerre s'allume entre les cantons; elle se poursuit avec différents succès. Zuingle y est tué. Les cantons, justement fatigués de leurs dissensions, déposent les armes, et s'accordent à garder chacun la doctrine qui lui convient, et à se tolérer mutuellement. Avant cette époque, deux hommes nommés *Stork* et *Muncer*, enthousiastes ignorants et fanatiques, s'étaient élevés sur les traces de Luther ; et, renchérissant sur les idées de ce réformateur, s'étaient prétendus inspirés pour achever ce qu'il n'avait fait qu'ébaucher. Il fallait, selon eux, renouveler l'édifice du christianisme jusque dans ses fondements, et rebaptiser tous les enfants. Sous le

---

(1) Bodin disait plaisamment à ce sujet, en revenant d'Angleterre, qu'il avait vu dans ce pays une chose des plus extraordinaires : et quand on lui demandait quoi? il répondait, J'ai vu danser le chef de l'Église réformée.

nom d'*Anabaptistes*, ils commettent d'affreux ravages; ils jettent dans les esprits une sorte d'ivresse religieuse qui les exalte jusqu'au délire; chacun de leurs sectateurs se croit inspiré par le Saint-Esprit, et prend pour des lumières certaines, pour des ordres sacrés, les rêves de son imagination égarée. Celui-ci croit recevoir l'ordre de tuer son frère; il part du fond de l'Allemagne, et vient froidement le massacrer à Paris ou à Rome. Cet autre entend l'Esprit lui dire de se pendre, il se pend. L'amant tue sa maîtresse; l'ami immole son ami. On reçoit les histoires allégoriques comme des faits avérés; on ne parle que d'imiter Abraham, qui sacrifie son fils; Jephté, qui sacrifie sa fille; Judith, qui égorge Holopherne. L'Allemagne tombe dans une effroyable confusion. On est obligé de combattre ces forcenés. On les cerne comme des bêtes féroces. Ils se renferment dans Munster, où l'un des plus audacieux, Jean de Leyde, se fait reconnaître pour roi. Le sang coule à torrents. On les extermine partout où l'on les trouve. Muncer périt sur un échafaud à Mulhouse avec son disciple Pfeiffer. Jean de Leyde, saisi dans Munster, est déchiré avec des tenailles ardentes. On leur rend fureur pour fureur.

Tandis que ceci se passe, Calvin paraît; Calvin, d'un caractère austère et dur, d'une humeur atrabilaire, sans reconnaître ni Luther, ni Muncer, ni Zuingle, ni Mélanchton, ni Æcolampade, ni aucun de leurs adhérents, se trace une route nouvelle au milieu de la Réforme. Il renonce au système vague et relâché de Luther, blâme ses condescendances envers les souverains, son attachement aux choses temporelles; et, s'éloignant également de la frénésie des anabaptistes, qui, s'érigeant leurs propres maîtres, ne voulaient ni prêtres ni magistrats, annonce ouvertement son intention d'attacher la doctrine évangélique aux formes républicaines. Genève, qui d'abord avait dédaigné ses propositions, finit par les accueillir.

Genève avait été d'abord une ville impériale dans laquelle l'évêque avait usurpé l'autorité, comme dans Cologne, Mayence, Lyon, Reims, etc. Cet évêque avait ensuite cédé une partie de son autorité au duc de Savoie. Les Genevois attaquèrent la validité de cette cession, se révoltèrent contre les Savoyards, chassèrent leur évêque catholique, et nommèrent Calvin leur législateur. Calvin ne manquait ni de force ni de talent; il écrivait mieux que Luther, quoiqu'il parlât avec moins de facilité. Sa législation porta l'empreinte de son caractère; elle eut de la fermeté sans grandeur, de la régularité sans aucune espèce d'élégance. Les mœurs en furent sages, mais tristes; les lois justes, mais dures. Les beaux-arts en furent bannis. Pendant plus d'un siècle, on n'entendit pas dans Genève un seul instrument de musique. Les jeux, les spectacles, tous les arts aimables, y furent regardés comme impies, et les sciences mêmes comme corruptrices. L'industrie mercantile d'une part, l'argutie religieuse de l'autre, envahirent toutes les facultés. Ce fut une théocratie emporocratique. Genève fut, à proprement dire, un couvent de marchands, comme Sparte avait été un couvent de guerriers. Lycurgue et Calvin ne manquent pas de quelques traits de ressemblance : mais Lycurgue, les armes à la main, ne livra personne au tranchant du glaive ; et Calvin, courbé sur l'Évangile, déclaré hérétique par l'Église catholique, avec laquelle il avait rompu, fit brûler juridiquement son ami Servet, qu'il accusa d'hérésie, d'après les lettres confidentielles que celui-ci lui avait écrites à lui-même. Quel plus épouvantable abus de la force de la Volonté momentanément réunie au Destin !

Voilà l'école remarquable d'où sortit naguère un homme doué d'une sensibilité rare, d'un penchant décidé pour les beaux-arts, musicien, romancier, poète, écrivain de la plus grande distinction, qui, imbu dès le berceau d'idées entièrement opposées à ses penchants, se plaça, par ses étranges paradoxes, dans une contradiction perpétuelle avec lui-même, dit anathème aux sciences et aux arts, proclama la souveraineté du peuple, et cosmopolite par l'esprit, et Genevois par l'instinct, crut mettre tout en harmonie en généralisant Genève dans l'Univers. Que cet homme ait cru bon ce qu'il disait, il n'y a rien là que de très ordinaire; mais qu'une grande partie de l'Europe l'ait cru, cela demande attention. Il fallait, pour en arriver là, que Rousseau fût l'interprète d'une puissance qui le faisait mouvoir à son insu; ce qui deviendra de plus en plus évident par tout ce qui me reste à dire.

CHAPITRE XII.

Récapitulation.

J'ai marché lentement dans ce dernier Livre, et je me suis arrêté sur les détails plus que dans aucun autre. Cela était nécessaire. Mon ouvrage peut être considéré comme un vaste tableau que je déroule aux yeux de mes lecteurs, en même temps que j'en explique le sujet, et que j'en fais distinguer les effets et les groupes. J'ai commencé d'abord par les fonds vaporeux et les sommités presque perdues dans les nuages. Les traits étaient alors peu arrêtés, les formes indécises, et les jours et les ombres également éteints; mais à mesure que nous sommes passés d'un plan à l'autre, les couleurs ont acquis de la fermeté, et les personnages sont devenus saillants : il a fallu plus d'espace pour en contenir moins, parce que nous les voyions de plus près, et que la perspective ne me permettait plus de les présenter en masse. Nous voici arrivés au premier plan. Je serai obligé de supprimer beaucoup de détails que je pourrais dire, pour ne pas trop allonger mon discours, et ne pas dépasser les bornes que je me suis prescrites.

FIN DU LIVRE CINQUIÈME.

LIVRE SIXIÈME.

Nous avons examiné de nouveau, dans le dernier Livre, plusieurs objets que nous avions déjà vus, afin d'en mieux apprécier les rapports avec ceux qui allaient suivre. Nous avons considéré les diverses nations de l'Europe, et avons jeté un coup d'œil rapide sur leur marche pour sortir du régime féodal, et sur leur situation diverse après en être sorties. I était important d'arrêter notre attention sur le double mouvement qui s'est opéré ensuite, et sur les deux grands événements qui en sont résultés : la découverte de l'Amérique et le schisme de Luther. Nous allons continuer à présent notre exploration historique, pour arriver enfin à l'application des principes que nous aurons recueillis.

CHAPITRE PREMIER.

Invention de la Poudre à canon et de l'art de l'Imprimerie. Causes et effets de ces deux inventions. Beaux-arts. Arts utiles. Commodités de la vie.

Au moment où s'opéraient les deux grands mouvements dont j'ai retracé les principales circonstances, plusieurs choses importantes concouraient à donner à la Volonté qui les avait provoqués les moyens nécessaires d'en tirer tous les avantages qu'elle s'en était promis. Parmi ces moyens, il en est deux surtout, qui, ayant exercé une grande influence sur l'esprit humain et sur les destinées du Monde, méritent une attention particulière : ce sont l'invention de la poudre à canon et celle de l'imprimerie. Ces deux inventions, qui précédèrent de peu la découverte de l'Amérique et le schisme de Luther, furent destinées à seconder ces deux mouvements qui, sans elles, auraient éprouvé de beaucoup plus grandes difficultés. Elles agirent fortement sur le physique et sur le moral de la société, et changèrent en peu de temps toutes ses habitudes militaires et civiles. (1)

---

(1) L'invention de la poudre à canon est attribuée à un moine nommé Berthold Schwartz, originaire de Fribourg, en Allemagne, qui trouva, dit-on, cette composition fulminante en mêlant ensemble du soufre, du salpêtre et du mercure, pour arriver à la poudre aurifique d'Hermès. L'art de l'imprimerie fut inventé un peu après cette époque, à Mayence, par Guttemberg, Fust, et Schœffer, commis ou domestique de Fust, qui la réalisa en imaginant les lettres mobiles et l'encre propre à imprimer. On chercha à arrêter l'effet de ces deux inventions en les faisant passer pour l'œuvre du Diable, et en dénonçant leurs inventeurs comme des sorciers. Schwartz fut mis en prison ; Fust et Schœffer furent vivement persécutés ; mais heureusement les accusations de magie, intentées contre eux, n'eurent point de suite.

Au moyen de la poudre à canon on arriva facilement à l'invention des armes à feu, à celle de l'artillerie et de la mousqueterie, qui, en ôtant aux anciens chevaliers la ressource des armures défensives, mirent dans les combats une égalité inconnue jusqu'alors. L'infanterie, méprisée, devint redoutable, et les hommes d'armes ne purent plus la massacrer impunément (1). La chevalerie, rendue inutile par cette invention, perdit peu à peu son importance, et disparut bientôt entièrement, du moins quant au fond, car quant à la forme, elle subsista comme institution honorifique ainsi qu'elle subsiste encore. Le systême féodal, déjà ébranlé, trouva dans les armes nouvelles et dans la tactique militaire qu'elles firent naître, un obstacle insurmontable à

---

(1) La bataille de Bovines, gagnée par Philippe Auguste, en 1215, fournit une preuve que les chevaliers armés de toutes pièces étaient invulnérables. On raconte que le Roi de France ayant été renversé de son cheval, fut long-temps entouré d'ennemis, et reçut des coups de toute espèce d'armes sans verser une goutte de sang. Tandis qu'il était couché par terre, un soldat allemand voulut lui enfoncer dans la gorge un javelot à double crochet, et n'en put jamais venir à bout. Aucun chevalier ne périt dans la bataille, sinon Guillaume de Longchamp, qui malheureusement mourut d'un coup dans l'œil, adressé par la visière de son casque. L'empereur Othon perdit la bataille. On dit qu'il y mourut trente mille Allemands; c'étaient sans doute des fantassins, dont l'armure n'était ni aussi complète ni d'une aussi fine trempe que celles des chevaliers.

son raffermissement. Ces armes, terribles dans la main de tous les hommes, effacèrent les différences de force individuelle et d'armure, et donnèrent au talent du général, et à la véritable valeur du soldat, un ascendant irrésistible. Ainsi fut armée la Volonté.

L'art de l'imprimerie, en multipliant les copies des ouvrages d'esprit, répandit l'instruction dans toutes les classes de la Société, et donna à la pensée un essor qu'elle n'avait pas encore connu. Les lumières intellectuelles purent se propager rapidement. Les hommes, grâce à cette admirable invention, se trouvèrent placés dans une sorte de communication spirituelle, qui leur permit de participer aux idées les uns des autres. Les affaires politiques, les événements qui pouvaient intéresser la Société en particulier ou en général, furent plus facilement divulgués. On put en imposer beaucoup moins sur la réalité des choses. L'ignorance ne fut plus un état forcé. L'opinion publique se forma, et cette opinion devint un des plus puissants ressorts de la politique. Ainsi fut éclairée la Volonté.

Les armes à feu contribuèrent puissamment aux succès des Portugais en Asie et des Espagnols en Amérique. Les faibles Américains, surtout, ne pouvaient envisager qu'avec terreur ces hommes farouches qu'ils voyaient possesseurs de la foudre, lancer la mort à des distances énormes. L'imprimerie donna aux sectateurs de Luther une force qu'ils n'auraient jamais obtenue sans cela; elle éclaira sur leurs véritables intentions, détruisit les calomnies qu'on pouvait ourdir contre eux, et, pénétrant les masses à de grandes distances, montra, dès son origine, quel puissant levier cette belle invention fournissait pour les remuer. Son action était d'autant plus forte à cette première époque de son existence, qu'on possédait peu de livres, et que les peuples ne se trouvaient pas enveloppés, comme de nos jours, d'une foule de feuilles éphémères qui absorbent leur attention et les accablent d'un fatras d'inutilités.

Ces deux moyens ne furent pas l'ouvrage du hasard, comme des écrivains superficiels ont voulu le faire entendre; ils furent, au contraire, le fruit d'une Volonté réfléchie. C'est ce qu'on ne doit pas oublier. Jamais, peut-être, l'esprit humain n'avait fait un effort aussi grand. Mais qu'on y prenne garde; ce n'est ni le Destin ni la Providence qui les a amenés; c'est la Volonté de l'homme toute seule, et pour servir ses passions. S'ils ne sauvent pas le Genre humain en le soumettant à l'action providentielle qui l'attend, ils le perdront. En même temps que ces choses se passaient, le Génie des arts s'était réveillé en Italie et en Espagne (1). Les troubadours oscitaniques, chassés de leur patrie par la sanglante

---

(1) Déjà, dès le treizième siècle, les Vénitiens avaient trouvé le secret des miroirs de cristal. On avait inventé la faïence dans une ville d'Italie nommée Faenza. Un nommé Alexandre Spina avait trouvé l'usage des lunettes. En gé-

Croisade de Simon de Montfort contre les Albigeois, s'étaient divisés; et tandis qu'une partie avait franchi les Alpes, l'autre partie avait franchi les Pyrénées. C'est là qu'ils avaient porté la connaissance des vers prosodiques qu'ils improvisaient en chantant, et naturalisé la rime qu'ils avaient apprise des Arabes. Ces poètes avaient aussi composé des comédies, que les Espagnols et les Italiens avaient imitées. Les Anglais eurent un théâtre quelque temps après, ainsi que les Français, qui, d'abord inférieurs aux autres nations, finirent par les surpasser toutes.

La peinture, la sculpture, l'architecture, la musique, prirent un essor très élevé, surtout en Italie (1).

---

néral, c'était en Italie que l'industrie faisait les plus grands efforts. On y avait vu les premiers moulins à vent et les premières horloges à roues. L'horloge de Bologne était déjà fameuse au treizième siècle. La Flandre était, après l'Italie, la contrée la plus industrieuse de l'Europe. Bruges était l'entrepôt de toutes les marchandises qui passaient par mer de la Méditerranée dans la Baltique. Ce fut Édouard III, roi d'Angleterre, qui songea le premier à naturaliser le commerce dans ce royaume, en y attirant des ouvriers flamands en 1326. Les contrées de l'Europe où l'emporocratie a dominé, ont été successivement l'Italie, les Pays-Bas et l'Angleterre.

(1) La peinture fut comme réinventée au treizième siècle par un Florentin nommé Cimabué. Il s'acquit une si grande réputation que Charles 1er, roi de Naples, lui alla rendre visite. Le Giotto le suivit. Il reste de Cimabué quelques fresques qui prouvent son génie; et de Giotto, quelques

Le seizième siècle vit éclore une foule de talents. Ce fut, en général, le siècle des beaux-arts. Le dix-septième fut celui de l'érudition. On multiplia dans ce siècle les exemplaires des ouvrages grecs et latins; on les étudia, on les commenta, on chercha à imiter ces modèles; on les imita surtout en France, où la poésie rimée atteignit à son plus haut degré de perfection sous le règne de Louis xiv.

Les Espagnols qui avaient donné le ton à l'Europe durant le seizième siècle, ne le donnèrent plus dans le dix-septième. Ce fut le tour des Français, qui leur succédèrent comme ils avaient eux-mêmes succédé aux Italiens. Ce ne fut que dans ce siècle où la délicatesse et le goût se réunirent au luxe pour embellir la vie, et joindre l'utilité à la magnificence. Jusque-là on n'avait connu qu'un luxe d'ostentation, dénué d'agrément (1). Sous le règne même de François 1ᵉʳ, le

---

tableaux qu'on voit avec plaisir. Ce Giotto était un jeune pâtre, que Cimabué rencontra à la campagne gardant ses moutons, et les dessinant sur une brique en les regardant paître.

Le rénovateur de l'architecture grecque dans ces temps modernes fut un nommé Brunelleschi, qui bâtit le dôme de la cathédrale de Florence, en 1294. Il fut le premier qui abandonna le genre gothique.

L'invention du papier fait avec du linge pilé date du commencement du quatorzième siècle. On parle d'un certain Pax qui en établit une manufacture à Padoue.

(1) Le luxe de ces temps-là consistait principalement dans

père des arts en France, on était dépourvu des plus simples commodités de la vie. Tandis que ce prince recevait à Ardres le roi d'Angleterre, Henri VIII, sous une tente de drap d'or, il n'avait pas un carrosse pour voyager à l'abri de la pluie. Les deux seuls coches qu'il y eût alors à Paris étaient pour la reine et pour Diane de Poitiers. Un siècle après, la cour de Henri IV n'était guère mieux fournie. Les plus grands seigneurs de ces temps-là voyageaient à cheval; et lorsqu'ils menaient leurs femmes à la campagne, ils les prenaient en croupe, couvertes d'une cape de toile cirée si la saison était pluvieuse. Cet état de dénûment augmentait encore à mesure qu'on s'avançait vers le Nord. En Russie, par exemple, il

---

le cortége que l'on traînait après soi; les évêques eux-mêmes ne marchaient qu'avec un nombre prodigieux de domestiques et de chevaux. Cet usage remontait jusqu'aux anciens Celtes. Encore au milieu du quatorzième siècle, presque toutes les maisons, dans les villes de France, d'Allemagne et d'Angleterre, étaient couvertes de chaume. On ne connaissait point l'usage des cheminées. Un foyer commun s'élevait au milieu de la chambre principale, et perçait le plafond. Le vin était rare, même en Italie. On ne mangeait de la viande dans les plus grandes villes que trois fois par semaine. La bougie était inconnue. La chandelle était un grand luxe. On s'éclairait à l'aide de morceaux de bois secs. Les maisons des particuliers étaient construites d'une grossière charpente recouverte d'une espèce de mortier appelé *torchis*. Les portes en étaient basses et étroites; et les fenêtres petites, presque sans jour.

était très rare de trouver un lit au milieu du dix-septième siècle. Tout le monde, et les plus grands boyards eux-mêmes couchaient sur des planches. Le reste était en proportion.

En général, les efforts de l'esprit humain, après ceux qu'il avait dû faire pour la conservation de son existence et de l'État social également compromis après l'irruption des Barbares, avaient été dirigés vers l'ensemble des choses. Avant de songer à vivre bien, il avait dû songer à vivre. Ce ne fut que lorsque l'ensemble fut assuré qu'il s'inquiéta des détails. Les Italiens s'étaient occupés de la magnificence des arts; les Espagnols, de l'ostentation du luxe; les Français songèrent aux agréments de la vie, et peut-être aux jouissances de la vanité. Le siècle de Louis XIV fut un siècle éminemment vaniteux. Si l'on prise tant les Lettres de madame de Sévigné, c'est parce que ces Lettres en offrent une parfaite image. Les Français d'alors aimaient toutes choses comme madame de Sévigné aimait sa fille.

CHAPITRE II.

Institution des Jésuites : à quel but. Quel était Ignace de Loyola. Nouvelles réflexions sur la conduite de Charles VII; sur celle de François Ier; sur celle de Philippe II, roi d'Espagne; sur celle de Henri IV, roi de France. Assassinat de ce monarque.

Pendant ces siècles la religion éprouva diverses vicissitudes. D'abord, elle se divisa, comme je l'ai dit, par le schisme de Luther; et ce schisme, que nul n'eut la force de consolider, se subdivisa presque dès l'instant de sa naissance. La Volonté de l'homme qui l'avait fait naître ne pouvait en empêcher la division, puisque cette division tenait à son essence même, qui est la liberté. Mais le Destin, comme effrayé du péril qu'il venait de courir, suscita dans l'orthodoxie un homme d'une force extraordinaire, d'un caractère inflexible et capable d'un dévouement sans bornes : cet homme s'appelait Ignace de Loyola. Le culte chrétien n'en a pas produit un plus dévoué à ses intérêts. Comme il devait être opposé à Luther, il était en tout son contraire. Luther était un moine allemand qui rompait ses vœux, qui sortait de la solitude du cloître pour entrer dans la carrière des dissensions et des armes. Ignace était un soldat espagnol qui jetait au loin l'épée pour revêtir le cilice, et sortait du corps-de-garde pour entrer dans le sanctuaire. Le premier, formé aux sciences dès sa jeunesse, était éloquent et érudit. Le second, qui savait à peine lire, qui parlait mal, entra au collége à l'âge de trente-trois ans, se soumit à tous les devoirs de l'enfance, voulut en recevoir les corrections; et triomphant d'une nature ingrate, fit toutes ses classes, prit tous ses degrés, et fut enfin reçu maître ès-arts de l'Université de Paris, environ dix à douze ans après sa vocation (1). Parvenu à ce point, il réalisa le projet qu'il avait conçu de fonder une société d'hommes savants, dévoués à l'instruction de la jeunesse, et s'occupant sans relâche du soin d'éclairer les infidèles et de combattre les hérétiques. Ignace ajouta un quatrième vœu à ceux qui étaient déjà en usage: celui d'obéissance au Pape. Il renonça, par la règle qu'il établit, à toutes les dignités ecclésiastiques. Le pape Paul III, auquel il soumit son projet, en fut vivement frappé (2); il en promulgua la bulle d'institution, avec la condition expresse que les membres de cette société, qu'on appela *Société de Jésus,* ne passeraient jamais le nombre de soixante. Mais c'eût été bien en vain que le Pape aurait voulu res-

---

(1) En 1533.
(2) On raconte qu'après avoir lu le projet, il posa la main dessus, et s'écria avec enthousiasme: *Spiritus Domini est hic!* Ceci est l'esprit de Dieu!

treindre le zèle qui amenait auprès d'Ignace une foule de sectateurs, pressentant de loin quelle importance pouvait prendre le nouvel ordre religieux qui s'établissait. Ce fondateur eut avant de mourir plus de mille Jésuites à ses ordres; et sans la moindre idée de politique, sans la moindre ambition personnelle, donna naissance à l'ordre le plus politique et le plus ambitieux qui eût encore existé dans le christianisme. Cela devait être ainsi : le soldat espagnol n'était qu'un instrument du Destin, comme le moine allemand l'était de la Volonté. L'un tirait sa force de la nécessité, et l'autre de la liberté. Ils devaient se chercher et se combattre partout. C'est ce qu'ils firent avec des succès partagés.

La réforme de Luther ne s'étant pas généralisée par la faute de Charles-Quint, et l'ordre des Jésuites ayant eu le temps de prendre des forces, l'Europe se trouva livrée à des dissensions interminables; car les deux partis eurent dès lors des chefs incapables de fléchir les uns devant les autres. Au milieu des débats sanglants que produisirent ces dissensions, et dont la France fut principalement le théâtre, à cause des deux partis qu'elle recélait dans son sein, on dut voir que le catholicisme l'emportait sur la réforme, ce qui venait surtout de la force de concentration qu'il opposait, grâce aux Jésuites, au seul enthousiasme de quelques sectaires privés de chef sacerdotal et tendant toujours à se diviser. La conduite de François 1er, dans l'origine même du schisme, parut ridicule et contradictoire; elle ne pouvait pourtant pas être différente dans la fausse position où il se trouvait placé. Tout le mal venait de plus loin. Il prenait sa source dans le fol aveuglement et l'ingratitude de Charles VII. Si ce monarque eût voulu reconnaître dans la personne de Jeanne d'Arc, la Providence qui se dévoilait pour sauver la France, les choses auraient marché tout autrement; il aurait entièrement chassé les Anglais du continent. Élevé au-dessus de la terreur que lui inspira un fils dénaturé, il ne serait pas mort de faim à l'âge de cinquante-huit ans, de peur d'en être empoisonné; en prolongeant sa vie seulement de quinze ou vingt années, il aurait épargné à la France le règne funeste de Louis XI; les Flamands, irrités de la tyrannie de Louis, n'auraient pas à leur tour tyrannisé leur jeune princesse, Marie de Bourgogne, pour lui faire épouser, contre toute raison et toute convenance, Maximilien d'Autriche (1); les querelles dont cette union fut la suite entre la France et l'Autriche, n'auraient pas eu lieu. Charles VIII, fort de son alliance avec

---

(1) Ce furent principalement les Gantois qui formèrent cette alliance. Ces insolents citadins firent couper la tête au chancelier et au chambellan de Marie, qui négociaient pour la France. Ils eurent l'audace de faire mettre plus tard en prison Maximilien, époux de leur princesse, pour avoir violé leurs priviléges, en 1488. Ce peuple, imitateur des Vénitiens, tendait déjà à l'emporocratie, que la Hollande atteignit enfin en s'étayant du schisme de Luther.

Marie, aurait pu facilement garder ses conquêtes en Italie; Louis xii, moins pressé par les circonstances, n'eût point été forcé d'approuver les horribles perfidies de César Borgia, de plier devant le génie impérieux de Jules ii; il aurait pu, en toute liberté, exercer pour le bien de la France le caractère de bonté qui lui était propre. François 1ᵉʳ, arrivé au trône sous les plus heureux auspices, n'eût point vainement concouru avec Charles d'Autriche pour la couronne impériale; il l'aurait obtenue d'emblée, et la France serait ainsi rentrée dans tous les droits de Charlemagne. Maîtresse de tout le Pays-Bas et de l'Italie entière, rien n'aurait résisté à ses mouvements. François 1ᵉʳ aurait déployé à l'aise ce génie noble et magnifique dont il était doué. Il aurait vu ce qu'il fallait faire à l'apparition de Luther, et il l'aurait fait. Le culte chrétien aurait été réformé sans secousse, et la Providence, assise sur le trône de Saint-Pierre, aurait conduit la France à l'Empire du Monde. (1)

Mais rien de tout cela ne se fit; et le temps qui devait être employé à faire naître des merveilles ne fut pas seulement perdu, il fut employé à produire mille calamités. Dans la situation où étaient les choses, François 1ᵉʳ ne pouvait pas admettre la réforme de Luther dans son royaume sans le perdre.

---

(1) Considérez, à l'appui de tout cela, que le schisme papal qui existait alors favorisait cet événement.

Il ne pouvait pas disposer de la papauté comme Charles-Quint aurait pu le faire à la mort de Léon x, ni régulariser un mouvement qui, entre ses mains, serait resté ce qu'il était; c'est-à-dire, schismatique. Forcé de persister dans la communion catholique, il était donc obligé de laisser persécuter les protestants chez lui pour les empêcher de le soumettre à l'influence de l'Angleterre, tandis qu'il les protégeait en dehors pour les opposer à l'ambition de son rival. Lorsqu'il fut bien décidé que l'empereur n'embrasserait pas la réforme, François la favorisa encore davantage. Ce fut lui qui donna à Genève les facilités nécessaires pour se mettre en liberté, et qui laissa cette ville, voisine de ses états, devenir comme la capitale d'une secte dont il avait besoin. Sans ce coup de politique il était perdu. Charles-Quint et le roi d'Angleterre, Henri viii, s'étant réunis malgré les diversités d'opinion, entrèrent tous les deux en France. Déjà Charles était à Soissons, et Henri avait pris Boulogne. On tremblait pour Paris. La situation de François le sauva. Les princes protestants qu'il avait protégés se réunirent contre l'empereur et le forcèrent d'abandonner ses conquêtes; le parti catholique tout-puissant en France fournit au Roi les moyens nécessaires pour renvoyer les Anglais, en lui procurant l'argent dont il avait besoin pour cela.

François 1er étant mort, Charles-Quint soutint encore la lutte dans laquelle il était engagé pendant dix ans; mais enfin lassé de tant de secousses, trompé dans toutes ses espérances, vieilli avant le temps, il laissa tomber de ses mains un gouvernail qu'il ne pouvait plus tenir, et abdiqua l'Empire (1). Son frère Ferdinand 1ᵉʳ devint empereur, et son fils, Philippe II, roi d'Espagne.

Après Charles-Quint il n'y eut rien qui approchât de la grandeur que Henri IV et Louis XIV, Charles XII et Pierre-le-Grand. L'Espagne semblait, par l'étendue de ses États, par les richesses du Nouveau-Monde, devoir dominer l'Europe. Elle ne domina pas même la Hollande, qui lui échappa, et qui finit par la dépouiller de presque tout ce qu'elle possédait aux Indes. Philippe II ayant épousé Marie, reine d'Angleterre, voulait en saisir la couronne après la mort de cette princesse; il avait préparé contre ce royaume une flotte qu'on appelait l'*Invincible*. Il désirait faire reconnaître sa fille Eugénie reine de France, et lui-même prendre le titre de protecteur; il tenait l'Italie sous sa main; il se flattait d'envahir l'Allemagne. Du fond de son cabinet, il faisait trembler tous les souverains du Monde. Sa flotte, réunie à celle du Pape et des Vénitiens, et commandée par don Juan d'Autriche, fils naturel de Charles-Quint, avait gagné sur les Ottomans la fameuse bataille de Lépanthe; il paraissait au comble de la puissance : il n'en était rien. La flotte invincible

---

(1) En 1556; il n'avait alors que cinquante-six ans.

qu'il avait envoyée contre l'Angleterre fut combattue par les orages, et brisée sur des écueils. Les Anglais ravagèrent ses possessions en Amérique; et, après avoir brûlé ses galions, jetèrent l'épouvante dans sa ville de Cadix. La France qu'il agita pendant un demi-siècle, durant les règnes faibles ou funestes des descendants de François 1er, sortit victorieuse de toutes les crises où il la jeta. Les factions qu'il excita dans son sein s'y déchirèrent à l'envi; il fit rendre à Madrid des actions de grâce de l'exécrable massacre qui eut lieu le jour de la Saint-Barthélemi; il arma les mains d'un Roi contre son peuple, et tourna les armes du peuple contre son Roi; il soutint sourdement l'ambition des Guises, fomenta la Ligue, et persécuta long-temps le roi de Navarre, héritier présomptif de la couronne de France. Cependant quel fruit retira-t-il de tant d'efforts? aucun. Son pouvoir s'éclipsa devant le génie de Henri IV, qui, en allant à la messe, lui fit perdre en une demi-heure le prix de près de quarante ans de travaux.

On a demandé souvent si Henri IV pouvait se dispenser d'abandonner la réforme qu'il avait soutenue jusque-là? Non, il ne le pouvait pas. S'il l'avait pu, François 1er aurait pu, à plus juste titre, l'embrasser. Mais, pour faire un pareil mouvement en France, il fallait posséder l'Italie, et avoir la force d'y créer un Pape. Henri IV n'était pas dans cette position. Ce prince, pauvre et sans armée, était proscrit par les parlements, anathématisé par la Sorbonne unie au Sacerdoce, et rejeté par la majorité de la nation. On employait contre lui les armes de la politique et celles de la superstition. Les réformés d'ailleurs le soutenaient mal, leur zèle commençait à s'affaiblir. Henri IV dut abandonner une volonté faible et chancelante, pour entrer dans la carrière fatidique qui s'ouvrait devant lui (1). Si l'on compare ce monarque à tous les princes ses contemporains, on verra qu'il était le plus grand ; mais les circonstances furent au-dessus de lui. On attenta plus de cinquante fois à sa vie. Ravaillac, qui parvint au bout de sa cruelle entreprise, était un maître d'école fanatique, sans complices directs, mais inspiré par la faction jalouse, qui, redoutant toujours le génie de ce prince, avait résolu sa mort.

Henri IV pouvait-il l'éviter? Oui, il le pouvait. Son génie l'avait prévenu de son danger ; mais le coup suspendu, n'en serait pas moins resté menaçant. Ce n'est qu'en triomphant de l'Italie qu'il aurait assuré son salut, si toutefois il avait pu en triompher. Il avait bien dans Sully un habile administrateur ; mais qui aurait guidé ses armées sous ses ordres ? Les catholiques s'opposaient à ses desseins, et les réformés non seulement manquaient de force,

---

(1) Paris lui ouvrit ses portes en 1594; et il affermit sa puissance en 1598, par la paix de Vervins, en forçant Philippe II à le reconnaître, et à lui restituer toutes les villes qu'il lui retenait encore.

mais n'étaient pas, en général, portés à le servir. A sa mort arrivée en 1610, la Volonté européenne perdit tout ce qu'elle avait conservé d'espoir. Ce prince avait été sa dernière ressource pour faire entrer la France dans le mouvement religieux qu'elle avait excité en Europe. L'Allemagne trop divisée, et d'ailleurs tenue en respect par l'Autriche appuyée par l'Italie et par l'Espagne, et l'Angleterre, trop isolée du continent, ne lui offraient pas une garantie suffisante. Ses regards se tournèrent vers l'Amérique dont elle avait à dessein ménagé la découverte, et elle résolut d'y passer par l'Angleterre, de s'y concentrer, afin de pouvoir de là réagir sur l'Europe quand le temps en serait venu.

CHAPITRE III.

Mouvement de la Volonté européenne vers l'Amérique. Moyens de ce mouvement. Règne de Jacques 1er en Angleterre. Malheurs de son fils Charles 1er. Quel était Cromwell. Fondation de la secte des Quakers par Fox et Penn. Transplantation de cette secte en Amérique.

Déjà l'idée de transporter la réforme en Amérique avait été conçue par l'amiral Coligni, qui, sous le règne de Henri II, avait fait une tentative sur le Brésil. Un chevalier de Villegagnon y fut envoyé. Calvin lui-même s'intéressa à l'entreprise ; mais les pasteurs qu'il y fit passer l'empêchèrent de réussir. Ils divisèrent par leurs controverses et leur ambition la colonie naissante qui fut détruite par les Portugais. Coligni ne perdit pas courage, et comme s'il eût prévu le sort funeste qui attendait les réformés quelques années plus tard, il fit un nouvel effort vers la Floride ; mais la colonie qu'il y envoya en 1564 fut exterminée par les Espagnols. La France n'avait pas le mouvement nécessaire pour ces expéditions. D'ailleurs, ce n'étaient point les sectateurs de Calvin qu'il fallait là. La Prédestination que ce chef des réformés adoptait, et les formes rigides de sa législation les soumettaient trop au Destin. Ce fut au milieu des plus véhéments et des plus enthousiastes disciples de Luther, au milieu des anabaptistes, que la Volonté européenne alla choisir le germe de liberté qu'elle voulait propager dans le Nouveau-Monde. Il est vrai de dire que ces anabaptistes, qui s'étaient d'abord conduits en furieux et qu'on avait massacrés partout où on les avait rencontrés, déposant tout à coup leurs fureurs, et cédant à un nouvel esprit, étaient devenus les plus pacifiques des hommes. C'est d'eux que sont sortis d'un côté les hernutes, ou frères moraves; et de l'autre les quakers, ou frères-unis. Ces derniers ont eu leur principal foyer en Angleterre, mais ils ont poussé des essaims sur l'ancien et le nouveau continent.

Déjà les Anglais s'étaient établis dans l'Amérique septentrionale, et y avaient posé plusieurs colonies, lorsque Jacques Ier succéda à la reine Élisabeth, et porta sur le trône l'esprit de controverse dont il était rempli. Un événement malheureux, la conspiration des poudres, l'aigrit violemment contre le parti catholique; on accusa ce parti d'avoir conçu le coupable projet de faire sauter la salle du parlement avec tous les membres de cette asemblée, et le Roi même. Ce prince, irrité, se livra à des persécutions qui déplurent aux réformés plus qu'aux catholiques mêmes, par la manière arbitraire dont il les exerça. Les prérogatives dont il voulut renforcer la puissance royale, et dont il arracha la concession au parlement, indisposa ce corps, et fit naître dans la nation deux factions opposées, celle des *Torys* et celles de *Wigs*, l'une attachée à la cause du Roi, l'autre à celle du Peuple. Au milieu de ces dissensions, les esprits également agités s'ouvrirent aux idées les plus exagérées. C'est dans ce moment que les anabaptistes exercèrent leur influence. Ils parurent d'abord sous le nom de *puritains*, et dissimulèrent sous une sorte d'austérité religieuse leurs idées républicaines. Jacques mourut avec la réputation d'un adroit controversiste, et d'un faible monarque. Son fils, Charles 1er, qui lui succéda, parut arriver au trône dans des circonstances favorables, tandis qu'au contraire il y arriva dans des circonstances éminemment difficiles. Les partis formés par son père étaient en présence, et n'attendaient qu'une occasion pour éclater. Cette occasion s'offre dans la personne du vice-roi d'Irlande, Stafford, qui déplaît aux Wigs, et dont la chambre des communes demande la mort. Tout son crime était d'avoir trop bien servi son maître. Charles, au lieu de soutenir son ministre et de dissoudre l'assemblée factieuse qui voulait lui faire la loi, croit céder à une nécessité cruelle; il a la faiblesse de signer l'arrêt de mort d'un serviteur zélé qui l'avait aidé de sa propre fortune; mais c'est à une volonté rebelle qu'il cède, et cet arrêt est le précurseur du sien propre.

Le puritanisme avait fait des progrès en Irlande, et déjà quelques quakers s'y montraient. Soit que les manières de ces novateurs, plus extraordinaires encore que celles de tous les autres reformés, déplussent davantage aux catholiques, ou que l'esprit de parti les eût encore plus exaspérés là qu'ailleurs, les catholiques, ne pouvant s'armer ouvertement contre leurs antagonistes, méditent contre eux un forfait atroce, et les assassinent. On évalue à quarante mille le nombre de ceux qui furent massacrés. La nouvelle de cet horrible attentat soulève l'Angleterre. On accuse Charles d'avoir provoqué ces meurtres, et la nation indignée s'arme contre lui. Ce prince était sans doute innocent, mais le peuple, incapable de réfléchir, était entraîné par un aveugle délire. Le parlement, devenu l'instrument d'une irrésistible Volonté, force le Roi de sortir de Londres. Il a recours à la force, la force le trahit. Un homme doué de talents extraordinaires, et comme politique et comme guerrier, enthousiaste et froid, prudent et capable de tout entreprendre, Cromwell, sort des rangs des derniers citoyens, et monte en un instant au rang des premiers de l'État. Il s'empare de l'opinion et de l'armée, et commande à l'une et à l'autre. Les troupes du Roi sont battues, ses partisans sont paralysés. Le parlement d'Angleterre, encouragé par le succès, ne garde plus de mesure; il se lie à celui d'Écosse par un acte solennel qui proclame tous les principes de la république. Le malheureux Charles, qui avait cru trouver un asile en Écosse, y est saisi et livré aux parlementaires anglais. Son infortune paraît les toucher un moment. La sombre et farouche austérité de ces puritains va céder à l'illusion de la royauté que toute la fureur de la guerre civile n'avait pas encore dissipée. Cromwell le voit ; il casse le parlement trop peu docile à ses ordres, et en nomme un autre, que l'armée parlementaire domine. Maître alors des trois royaumes, il en saisit le monarque, et le défère au parlement, qui lui fait son procès. Le funeste exemple donné par Élisabeth est suivi, et le sang de la malheureuse famille de Stuart coule pour la seconde fois sur l'échafaud. (1)

Le coup fatal qui fait tomber la tête d'un roi sous le tranchant de la hache populaire, retentit dans l'Europe et ne la glace pas d'horreur ; les monarques, livrés à de petites intrigues de cabinets, à de petites guerres, ne s'arrêtent pas frappés d'épouvante. Voyent-ils seulement à quoi peut aboutir un pareil événement ? Non, ils ne le voient pas. Ils ne voient dans le cercueil ensanglanté d'un roi d'Angleterre, qu'un prince assassiné ; ils ne voient pas que la royauté, immolée à la souveraineté du peuple, y est ensevelie avec lui.

Je fais ici la même réflexion que j'ai faite à l'égard d'Élisabeth. Si Cromwell avait immolé lui-même son souverain, le crime aurait été pour lui. C'eût été un attentat individuel, qui n'aurait point attaqué l'uni-

---

(1) La maison de Stuart régnait sur l'Écosse depuis 1370. Jamais race n'a été plus infortunée. Presque tous les rejetons en sont morts de mort violente.

versalité des choses, et qui surtout n'aurait point livré une puissance à l'autre; mais Cromwell n'aurait pas plus assassiné le Roi, qu'Élisabeth n'aurait assassiné Marie. Le crime se commettait pour eux, mais non pas par eux. Les conséquences en étaient bien différentes et bien plus terribles.

Mais au reste, Cromwell, tout puissant qu'il paraissait être, tout protecteur de trois royaumes qu'il s'intitulait, n'était qu'un instrument déterminé par une puissance invisible à servir un mouvement qu'elle imprimait. Le véritable chef de ce mouvement était un cordonnier de Dreton, appelé George Fox, homme ignorant et simple, mais doué d'une grande force d'exaltation et de ténacité dans les idées. A peine la royauté fut détruite en Angleterre et la république proclamée, qu'il sortit de sa boutique, et répandit ses opinions. Cromwell pressentit, en l'écoutant, qu'il avait un maître; il le fit arrêter, et défendit à ses sectateurs de tenir aucune assemblée; mais toute sa puissance échoua. Cette main terrible qui avait ébranlé l'Angleterre et précipité son prince au tombeau, ne put rien contre un cordonnier. Son faible protectorat, qui n'avait pas été le but du mouvement, s'éteignit avec lui, et son fils Richard conserva à peine quelques mois l'ombre de puissance qu'il lui avait laissée. Le fils de Charles 1ᵉʳ fut rappelé; la monarchie se rétablit en Angleterre ; et cependant le cordonnier Fox, sorti de sa prison, s'empara facilement de l'esprit d'un nombre infini de mécontents, auxquels il donna sa doctrine, et se forma un parti considérable. Au nombre de ses disciples se trouva un homme d'un génie distingué, profondément méditatif, et susceptible de devenir législateur. Cet homme, appelé Guillaume Penn, a été célèbre. Ayant adopté dans leur ensemble les idées de Fox sur la liberté et l'égalité de tous les hommes, sur l'aptitude qu'ils ont tous d'être leur propre Pontife et leur propre magistrat, sans se devoir les uns aux autres ni aucune déférence ni aucune marque de respect, il forma le projet d'établir cette doctrine en Amérique. Il voyagea avec Fox dans toute l'Angleterre, en Hollande et en Allemagne pour faire des prosélytes. Quand il en eut un nombre suffisant, il obtint de Charles II, en 1681, pour lui et pour ses successeurs, cette province de l'Amérique septentrionale, qui, de son nom et des forêts qui l'environnent, a été appelée Pensylvanie; y envoya plusieurs colonies de quakers, et y fonda la ville de Philadelphie, à laquelle il donna ses lois. (1)

Ainsi s'accomplirent, après les plus violentes secousses, les desseins de la Volonté. Les germes de liberté et d'égalité qu'elle avait transplantés en Amérique s'y développèrent en silence, s'y multiplièrent,

---

(1) En 1699; environ vingt ans après, plus de trente mille familles allemandes y passèrent; de sorte qu'en peu de temps le nombre des autres Européens y surpassa celui des Anglais.

et acquirent une force assez considérable pour envahir le Monde, quand le temps en serait venu. Toutes les colonies anglaises et hollandaises en furent pénétrées, et devinrent des emporocraties d'une certaine forme, où toutes les idées politiques et religieuses se fondirent dans une indifférence absolue, excepté une seule qui avait été dominante dans la tête créatrice de Fox, et dans celle de son disciple législateur Penn, l'idée d'égalité et d'indépendance.

CHAPITRE IV.

Établissement des Jésuites au Paraguai. Vue sur l'Asie. Révolution en Chine et au Japon. Antique histoire du Japon. Mission de Sin-mou; sa doctrine et forme de son gouvernement. Mission de Soctotaïs, sectateur de Foë. Doctrine des disciples de Kong-tzée. Fautes commises par les missionnaires chrétiens.

Cependant l'esprit de liberté ne pouvait point agir sans que celui de nécessité n'agît également, et toujours d'une manière opposée. Le mouvement que les disciples de Luther faisaient en Amérique fut imité à l'instant par ceux de Loyola. Tandis que Fox et Penn donnaient dans l'Amérique septentrionale un asile à la Volonté, les Jésuites espagnols en donnaient un au Destin dans la méridionale : ils y fondaient parmi les sauvages du Paraguai ce qu'ils ont appelé le Pays des Missions; établissement extraordinaire dont les lois, tout-à-fait opposées à celles de la Pensylvanie, étaient destinées à en balancer les inconvénients. Il est inévitable que les puissances du Nord et du Midi de l'hémisphère Colombique ne viennent pas à se heurter un jour. C'est alors que Luther et Loyola mesureront leurs forces, se surmonteront réciproquement, ou se confondront ensemble : ils se confondront nécessairement si l'Europe prend, au moyen de la Providence, qui ne cesse de le lui offrir, la domination qui lui est due sur l'Univers, et qu'elle ne perdra, si elle la perd, que par sa faute.

L'Asie n'est point du tout en état de disputer à l'Europe cette prééminence, si l'Europe se présente jamais dans la carrière, en consentant à soumettre sa Volonté à la Providence, ce qu'elle n'a pas voulu entièrement faire depuis l'origine de la Race boréenne qui y domine. L'Afrique n'y a plus aucun droit; et l'Amérique n'en jouira qu'autant que l'Europe s'en montrera indigne.

Après les conquêtes de Gengis-khan et celles de ses enfants, Octaï et Coblaï-khan, l'Asie n'avait plus offert que l'image d'une mer agitée, dont des vents opposés élevaient les vagues et les abaissaient tour à tour; rien n'y était stable; tout y changeait à chaque instant de forme, selon que l'ordonnait le Destin : ses peuples, vieillis, sans volonté propre, obéissaient à ses lois inconstantes, en les modifiant néanmoins par un reste de l'influence providentielle qu'ils avaient autrefois possédée. Parmi les descendants de Gengis, Batou-khan, fils de Toushi, auquel était échu le Turquestan, la Bactriane, le royaume d'Astracan et le pays des Usbecks, était venu porter ses armes en Europe, et ravager, dans le courant du treizième siècle, tout l'orient de cette contrée jusqu'en Hongrie. D'un autre côté, Houla-Kou, fils de Tuli, qui avait hérité de la Perse, avait passé l'Euphrate à la même époque, et mis un terme au califat de Bagdad ; tandis qu'un fils même de Gengis, nommé *Zagataï*, avait possédé la Transoxane, Kandahar, l'Inde septentrionale et le Thibet. Toutes ces conquêtes durèrent peu. Il est de l'essence des choses soumises au Destin seul ou à la Volonté, de varier de formes et de changer souvent de maître ; le fond reste seul, à cause du Principe providentiel qui y est. La principale erreur de la Volonté est de croire pouvoir suppléer à ce principe, en dominant le Destin.

La Chine, en passant sous la domination des enfants de Gengis, ne fit que changer de dynastie. Telle est la force des institutions de cet antique Empire, qu'aucune révolution n'a jamais pu y porter atteinte. Cela dépend principalement de ce que ces institutions, reposant toutes sur la masse du peuple, restent inébranlables au milieu de l'orage qui n'en agite que les sommités. L'armée n'étant là que l'enveloppe du trône, et non son seul appui, sa destruction n'entraîne pas, comme dans les gouvernements purement militaires, la chute de l'édifice, mais seulement son envahissement : le monarque se place à la tête de l'État, l'armée se reforme autour de lui, et la nation, qui souvent n'a pas éprouvé le moindre ébranlement, ne s'aperçoit pas qu'elle ait un autre maître : ce maître, quel qu'il soit, ne peut se soutenir qu'autant qu'il possède assez de génie pour en imposer à ses rivaux. Le peuple, qui sent par instinct que sa masse le met à l'abri de tout danger, ne s'émeut que très difficilement au bruit d'un danger qui ne peut pas l'atteindre. Les descendants de Gengis négligèrent trop leur armée : aussi suffit-il d'un aventurier audacieux pour les renverser du trône. Cet aventurier avait été, dit-on, valet dans un couvent de bonzes ; il devint empereur vers le milieu du quatorzième siècle. La Chine conserva comme à son ordinaire ses lois, son culte et ses mœurs. C'est ce qu'elle fit encore au commencement du dix-septième, lorsque les Tâtars Mantchoux, s'en étant rendus maîtres, y fondèrent une des plus nobles dynasties qu'elle ait possédées. C'est du sein de cette dynastie qu'est sorti le célèbre Kang-hi, qui, pendant un règne glorieux de plus de soixante années, a fait fleurir dans cet Empire les sciences et les arts. (1)

Ce prince protégea dans ses vastes États l'établissement des missionnaires chrétiens, à cause des sciences physiques et mathématiques qu'ils y enseignaient, et permit l'exercice de leur culte. Ce culte y fit en peu de temps de rapides progrès ; et sans doute il aurait fini par tenir en Chine un rang très

---

(1) On peut juger de la promptitude avec laquelle s'effectua la fusion du peuple vainqueur dans le peuple vaincu, par la difficulté qu'éprouva l'empereur Kang-hi, seulement cinquante ans après la victoire, pour faire dresser un vocabulaire de la langue Mantchoue, qui déjà tendait à se perdre entièrement.

distingué parmi les différents cultes qu'on y pratique, si les moines qu'on y envoya avaient voulu renoncer à leur intolérance, et se plier davantage à l'esprit pacifique du gouvernement; mais les dissensions que firent naître leurs disputes, leur arrogance et leurs folles prétentions, obligèrent You-tchin, successeur de Kang-hi, de les éloigner; et Kien-long les proscrivit tout-à-fait, et leur interdit à jamais l'entrée de son empire.

Ces missionnaires qui furent éconduits en Chine avec des formes polies et des ménagements dont les seuls Chinois sont capables, n'éprouvèrent pas tant de douceur au Japon. Il est vrai qu'ils s'étaient conduits dans cette contrée d'une manière encore moins tolérable. A peine y avaient-ils obtenu quelque crédit qu'ils avaient engagé leurs néophytes à jeter au feu les statues des Ancêtres de la Nation, et à renverser leurs temples. Ces actes, aussi intempestifs qu'impolitiques, avaient soulevé contre eux un partie du peuple. Avant l'arrivée des Chrétiens au Japon, les autres sectes, au nombre de douze, existaient comme des sœurs qui se jalousent et se surveillent mutuellement sans s'exclure; qui cherchent à dominer dans la maison paternelle sans se chasser réciproquement, et surtout sans songer à se donner la mort. Mais tel est le caractère du sacerdoce chrétien qu'il ne saurait vivre en paix avec aucun autre sacerdoce. Reçu quelque part, il faut qu'il y domine, qu'il y renverse tout ce qui lui est opposé, ou que persécuté à son tour, il y soit enseveli sous les débris des autels qu'il a voulu détruire.

Lorsque les Portugais découvrirent le Japon au milieu du seizième siècle, ce pays jouissait d'une tranquillité parfaite. Il conservait dans son gouvernement toutes les formes du gouvernement antique, théocratique et royal. Le Daïri qui occupait le trône pontifical résidait dans la ville sacrée de Méaco ; et le Cubo-sama, qui tenait le sceptre royal, avait établi sa résidence dans la ville de Jesso. On voyait à travers l'obscurité des annales Japonaises que cette forme de gouvernement remontait jusqu'aux temps les plus reculés, et s'attachait non seulement à l'Empire universel de Ram, mais encore peut-être à celui des Atlantes. (1)

Les Japonais se disaient autochtones, et se donnaient, pour premiers législateurs et pour premiers souverains, des Dieux au nombre de sept, qui pendant une longue suite de siècles les avaient gouvernés. Ils disaient que le dernier de ces Dieux eut pour fils un demi-Dieu, nommé *Tensio-Daï-Dsin*, qui fut le père des hommes, ainsi que l'exprime son nom en langue japonaise. Après un grand nombre de

---

(1) La mémoire du désastre de l'Atlantide avait survécu au Japon, et s'y conservait encore dans une fête solennelle qu'on célébrait avec beaucoup de pompe. C'était la fête des lampes ou des lanternes, qu'on célèbre encore en Chine, et dans l'Inde, telle qu'on la célébrait autrefois en Égypte.

siècles écoulés encore dans la prospérité et dans la paix, il survint de grandes dissensions sur la terre, et de longues guerres qui y occasionnèrent de grands changements. Le Japon, comme tout le reste du Monde, fut en proie à mille calamités. Enfin la colère du ciel s'étant apaisée, un homme divin naquit. Cet homme, que les annales Japonaises appellent *Sin-mou*, parut vers l'an 660 avant notre ère. La peste, la famine et la guerre venaient de ravager sa patrie. Ces terribles fléaux, en ébranlant vivement l'imagination des Japonais, avaient en quelque sorte préparé les voies à la législation et à la réforme. Un peuple est toujours plus docile lorsque, échappé au naufrage, il se rappelle les maux qu'il a soufferts, et sent le besoin d'un pilote courageux et d'une Divinité protectrice.

Sin-mou, attribuant les dissensions qui avaient ébranlé le Monde à la séparation des deux puissances sacerdotale et royale, conçut le projet hardi de réunir dans la même main le sceptre et l'encensoir ; et ce projet lui réussit. Pendant dix-huit siècles, cette institution se maintint au Japon, sans la moindre altération, dans la famille de ce grand homme. Cet exemple est peut-être unique ; car, comme je l'ai dit en parlant de Mahomed, il est trop rare de trouver une suite d'hommes capables de soutenir à la fois la tiare et le sceptre, pour oser les charger d'un pareil fardeau. Les Japonais, favorisés par leur situation géographique, qui les isole au milieu des mers, nés avec une imagination vive, un cœur droit, une ame grande et forte, et surtout remplis du sentiment de leur propre dignité et de leur haute destination, les Japonais étaient seuls propres à recevoir et à conserver aussi long-temps cette forme de gouvernement.

Avant Sin-mou il ne subsistait d'autre culte au Japon que celui des Ancêtres, qui avait survécu au naufrage de tous les autres. Ce Théocrate ajouta à la région céleste où on les plaçait, une suite de régions semblables, habitées par les esprits supérieurs, dont l'essence allait toujours en s'épurant, jusqu'au point de se confondre avec le Principe universel, dont l'élévation infinie ne permettait de connaître ni le nom ni les attributs. Ces esprits supérieurs furent nommés *Camis*. Répandus en foule dans toutes les parties de l'Univers, ils habitaient, selon leurs perfections, le ciel éthéré, le soleil, la lune, les astres lumineux, la terre et les autres éléments. Chacun, libre d'adresser ses vœux à l'une de ces hiérarchies spirituelles, choisissait celle qui lui paraissait le plus analogue à ses goûts, à son caractère; tâchait d'imiter ses vertus, et se préparait d'avance l'Élysée qui lui plaisait davantage.

Le Théocrate japonais avait établi comme un dogme fondamental l'immortalité de l'ame, et son état futur de bonheur ou de peine, selon ses vertus ou ses vices; mais par suite d'une doctrine qui ne se trouve que dans son culte, il laissait à chacun la faculté de se créer, par le genre de ses vertus, l'espèce de bonheur qui lui agréait le mieux. Sin-mou avait connu l'esprit particulier de son peuple, et y avait conformé son enseignement. Les méchants devaient, selon lui, errer dans le vague des airs, repoussés des esprits célestes de toutes les régions, pour y souffrir mille tourments, jusqu'à l'expiation de leurs crimes. Sans leur dire positivement que ces ames perverses seraient, à la fin de leurs souffrances, appelées à recommencer une autre vie, et viendraient animer des corps terrestres, il leur inspira une forte horreur pour les animaux malfaisants, et leur défendit de tuer et de manger les espèces domestiques, et celles qui rendent à l'homme des services journaliers.

A ces dogmes simples et clairs, Sin-mou ajouta quelques cérémonies légales, pour entretenir la pureté et la santé du corps, quelques fêtes solennelles, qui, en réunissant les citoyens, fissent disparaître l'inégalité des rangs, et resserrassent les liens sociaux; et enfin un pèlerinage indispensable vers la cabane d'Isje, monument respectable et sacré, où le vieux Tensio-Daï-Dsin avait donné des lois aux premiers habitants du Japon.

Les temples dédiés aux *Camis*, ou esprits immortels, étaient de la plus grande simplicité ; ils n'offraient guère qu'un sanctuaire dénué de décoration, et le plus souvent privé de simulacre. Des guirlandes et des bandelettes blanches, suspendues à la voûte, peignaient la pureté du lieu; et un grand miroir, placé sur une espèce d'autel, était là pour indiquer aux adorateurs des Esprits immortels que, comme ils voyaient distinctement dans cette glace l'image des beautés ou des défauts du corps, ainsi la Divinité pouvait voir dans leur ame l'image empreinte de leurs vertus ou de leurs vices (1). Ces temples s'appelaient *Mia*. Depuis l'introduction du culte de Foë dans leur île, les Japonais ont des temples beaucoup plus magnifiques, appelés *Tira*, dans lesquels ils ont admis les divinités des nations étrangères, et principalement celles des Chinois et des Indiens. L'intérieur de ces nouveaux temples renferme souvent plus de mille statues, placées autour de la statue principale, élevée sur un trône superbe. Le marbre et l'or y rivalisent de magnificence. Le puissant Théosophe qui fit bâtir les premiers *Tira* s'appelait *Soctotaïs*; il parut vers la fin du sixième siècle de notre ère, et connut parfaitement qu'après les révolutions arrivées aux Indes et à la Chine, la simplicité du culte de Sin-mou ne convenait plus aux Japonais, et n'offrait plus à la vivacité de leur imagination qu'un frein usé qu'il fallait renforcer. Ses disciples, en grand nombre, n'ont pas man-

---

(1) Il est digne de remarque que les plus antiques Égyptiens admettaient le même symbole dans leur temple; ce qui porte à croire que cet usage remonte jusques aux Atlantes primitifs.

qué d'entourer son berceau de beaucoup de prodiges. Selon leurs récits, il apparut à sa mère avant sa naissance, et lui annonça qu'il serait saint (1). Dès l'âge de quatre ans il possédait déjà toute la science de Foë. On dit qu'étant sur une haute montagne il y reçut l'inspiration divine, qui lui fut communiquée en songe par un ancien prophète indien, appelé *Darma*. Les conversations qu'il eut avec Darma touchant le culte de Foë furent mises en vers, et rencontrèrent dès leur publication des enthousiastes et de violents adversaires. Soctotaïs triompha de tous les obstacles, et fut enfin reconnu par le Daïri Jò-Mei, dont le fils, âgé seulement de sept ans, expliqua dans les temples la nouvelle doctrine. Ce culte ranima le génie d'un peuple naturellement porté à la vertu et à l'enthousiasme. Le Japon, jusqu'alors tributaire de la Chine, cessa de l'être; il échangea son industrie contre les richesses des nations voisines.

Outre l'ancien culte de Sin-mou, appelé *Sintos*, et celui de Soctotaïs, appelé *Budso*, à cause de Boudha, un des surnoms de Foë (2); les Japonais en reçurent quelque temps après un troisième, d'un

---

(1) Tandis que la mère de Soctotaïs avait cette vision au Japon, Émine, mère de Mahomed, en avait une semblable en Arabie.

(2) Foë est appelé au Japon *Amida*, et en Chine *O-mi-to*. Ce nom samscrit signifie l'*Immense*.

disciple de Kong-tzée, qu'ils appelèrent *Siuto*, la Voie des sages. Les sectateurs de cette dernière doctrine, s'élevant au-dessus de tous les préjugés populaires, placent la perfection et le souverain bien dans une vie tranquille et vertueuse. Ils ne connaissent d'autres récompenses ni d'autres châtiments que les suites nécessaires de la vertu ou du vice : c'est-à-dire que la satisfaction que l'on goûte en faisant le bien, et les remords qui accompagnent les mauvaises actions. Ils croient les ames émanées de l'Esprit universel, ame du monde, être suprême, immortel ; ils pensent qu'elles se réuniront à leur principe quand elles ne seront plus arrêtées par les liens du corps. Selon eux, il n'y a point d'autre divinité que le *Tien* ou le ciel. La nature, qu'ils personnifient, gouverne le monde sans l'avoir créé. Elle-même a été produite par *In* et *Jo* (1), deux puissances, l'une active, l'autre passive ; l'une principe de génération, l'autre de mort. Tout ce qui existe dans le monde découle d'elles, et le monde est éternel. Les seuls actes extérieurs de religion que se permettent les sintoïstes, peu différents des lettrés chinois, se réduisent à quelques cérémonies en l'honneur des ancêtres.

Ces trois sectes principales se subdivisaient encore et s'élevaient jusqu'à douze, lorsque les missionnaires chrétiens arrivant au Japon, la treizième

---

(1) *Yn* et *Yang* en chinois.

place leur fut offerte. Ils pouvaient la prendre sans causer aucun trouble, et parvenir peut-être à dominer insensiblement toutes les autres. Mais ce n'est pas ce qu'ils firent. A peine installé, leur évêque, sans aucun égard pour le Daïri, que toutes les autres sectes reconnaissaient, proclama la souveraineté du pape, prétendit ne dépendre que de lui, et voulut prendre le pas sur les rois. Ces prétentions extravagantes révoltèrent les Japonais, encore plus fiers qu'indulgens, et l'évêque fut chassé; les missionnaires cabalèrent, ils furent bannis; leurs prosélytes, déjà nombreux, s'armèrent; on les combattit; ils furent vaincus; ils conspirèrent; la conspiration fut découverte, elle entraîna une guerre civile affreuse, dans laquelle les chrétiens furent tous exterminés. Enfin, il parut en 1637 un édit formel portant interdiction à tout chrétien, de quelque nation, rang et condition qu'il fût, de paraître au Japon, sous peine de mort.

Les Hollandais profitèrent quelque temps de ces désastres, en faisant abjuration publique du christianisme, et en foulant aux pieds les symboles de ce culte; mais leur triomphe fut passager et eut des suites très désagréables. On leur ferma tous les ports et on les relégua dans une île malsaine, où ils restèrent prisonniers tant que dura leur commerce.

La révolution qui sépara la puissance royale de la théocratique arriva l'an 1118 de notre ère, à la mort du Daïri Takacura. Cette révolution, préparée d'avance, s'exécuta avec la plus grande tranquillité. Le Séogon, sorte d'officier militaire chargé depuis long-temps de tout ce qui était du ressort de l'administration civile, se rendit indépendant sous le titre de *Cubo-sama*. Il saisit la couronne royale qu'il détacha sans effort de la tiare; mais il n'en voua pas moins au Daïri un respect religieux sans bornes. Il sentit bien qu'il ne pouvait être rien qu'autant qu'il reconnaîtrait un chef suprême. Il le reconnut, et celui-ci, ayant sanctionné une usurpation devenue indispensable, on vit au Japon deux monarques distincts, l'un sacerdotal, exerçant les fonctions de Pontife suprême, et l'autre royal, remplissant celles de magistrat civil et de chef des armées. Ces deux monarques se sont assez facilement renfermés dans leurs attributions respectives, et n'ont occasionné par leurs prétentions opposées que peu de troubles, assez promptement dissipés. Le Cubo-sama possède, il est vrai, une force matérielle imposante; il est craint et obéi; mais le Daïri jouit d'une vénération, d'un respect tellement profond, que cette force s'est toujours trouvée nulle quand il s'est agi de la tourner contre lui. Il y a eu, au Japon, plus de possibilité au Daïri de s'emparer de la puissance royale, qu'au Cubo-sama de saisir la religieuse, et cela a dépendu de l'opinion du peuple, et de l'influence que la Religion, en général, quoique divisée en plusieurs sectes, n'a pas cessé d'exercer sur lui. Cela ne s'est pas passé ainsi dans d'autres contrées, et surtout en

Syrie, où les Turcs ont dépouillé sans peine les Califes de Mahomed ; mais ces Califes, par des raisons qui peuvent être facilement déduites de tout ce que j'ai dit, ne croyaient plus eux-mêmes à leur apostolat, et n'avaient par conséquent aucune force. Une maxime que je ne puis me lasser de répéter est celle-ci : Tout souverain Pontife qui peut douter de lui-même ne doit point espérer que les autres y ajouteront foi. En fait de culte, la politique ne sert de rien : la vérité seule est la base de la vérité.

CHAPITRE V.

Continuation de la vue sur l'Asie. Puissance des Ottomans. État de leur Empire, et son déclin. Vue rapide sur la Perse et sur l'Inde.

Depuis que l'Empire de Ram a perdu son Unité, les divisions et les subdivisions s'y sont succédées avec une rapidité de plus en plus croissante; l'Asie est devenue le théâtre d'une foule de révolutions continuelles qui, roulant les unes sur les autres, n'ont laissé que des traces confuses, difficiles à distinguer, et disparaissant toujours sous celles de la plus récente. Les Tâtars, principaux moteurs de ces révolutions, sont devenus les instruments du Destin : quelque nom qu'ils portent, quelque culte qu'ils suivent, on peut les regarder toujours comme poussés par une aveugle nécessité. Ce n'est pas en vain que la doctrine de Mahomed, qui leur était destinée, a fait un dogme de la fatalité; ils sont en cela entièrement opposés aux Goths, quoique peut-être également barbares. Les Goths avaient reçu d'Odin le mouvement arbitraire; ce mouvement doit sans cesse heurter l'autre ou en être heurté, jusqu'au moment où la Providence les confondra.

Ce fut vers le milieu du quatorzième siècle que finit le royaume de Kashmire, alors le plus ancien de toute l'Inde, et le seul fragment de l'Empire indien qui fût resté intact jusque là. Il durait depuis l'an 3100 avant Jésus-Christ, et avait eu cent cinquante-trois rois. Un prince musulman, nommé *Shems-heddin*, fit cette importante conquête. Environ à la même époque, les Turcs, dont j'ai parlé plusieurs fois, s'étant avancés jusque sur les bords du détroit des Dardanelles, après avoir arraché la puissance civile au Calife de Bagdad, avaient franchi ce détroit, et s'étaient venus établir en Europe.

On dit que ce furent les Génois, alors possesseurs du faubourg de Galata, qui, pour quelques marcs d'or, favorisèrent ce passage, en fournissant les vaisseaux nécessaires. Ainsi l'esprit emporocratique, indifférent sur toutes choses, excepté sur celles qui gênent son indépendance ou qui touchent ses intérêts du moment, donna lui-même les moyens de poser entre l'Europe et l'Asie cette barrière qui faillit l'anéantir, et qui l'eût anéanti, si le cap des Tempêtes n'eût pas été doublé. L'expédition de Timour-lenk au commencement du quinzième siècle, et les victoires que ce fameux conquérant remporta sur les Ottomans, retardèrent un peu cet événement, mais ne l'empêchèrent pas. Timour-lenk, ou Timour-le-Boiteux, était un prince tâtare doué d'une grande audace, et plus policé que ne l'étaient ordinairement ceux de cette nation. On dit que parmi les peuples européens, il estimait particulièrement les Français; et qu'il envoya même une ambassade au roi

Charles VI. Il étendit ses conquêtes sur la Perse entière, soumit la plus grande partie des Indes, força la grande muraille de la Chine, et domina sur l'Asie-Mineure et sur l'Égypte; c'est à un de ses successeurs, nommé *Ouloug-beg*, qu'on doit la première Académie des sciences, fondée à Samarcande vers le commencement du quinzième siècle. Ce monarque fit mesurer la terre, et eut part à la composition des Tables astronomiques qui portent son nom. Il méritait des enfants plus dignes de lui : l'un d'eux, pressé par la soif de régner, le fit assassiner.

Les Turcs, après avoir renversé l'Empire d'Orient, comme je l'ai dit, et posé cette forte barrière destinée à contenir l'Europe du côté de l'Asie, poursuivirent leurs conquêtes. Profitant des dissensions qui s'élevèrent parmi les descendants de Timour-lenk, ils s'emparèrent encore de la Syrie, de la Mésopotamie, et subjuguèrent l'Égypte. Sélim Ier, Soliman et Sélim II, qui se succédèrent dans le seizième siècle, furent les plus grands monarques des Ottomans : ils enlevèrent aux chevaliers de Saint-Jean-de-Jérusalem l'île de Rhodes, regardée comme le boulevard de la chrétienté (1), envahirent la Moldavie, la Valachie, une partie de la Hongrie, et mirent le siége devant Vienne. L'Europe occidentale et méridionale était menacée; l'île de Chypre venait

---

(1) Charles-Quint donna quelque temps après, en 1525, l'île de Malte à ces chevaliers.

d'être conquise; lorsque le pape Pie v, jugeant avec juste raison que le temps des Croisades était passé, et qu'il fallait agir par soi-même, eut le courage de faire la guerre; il se ligua avec les Vénitiens et le roi d'Espagne Philippe II, et coopéra à la fameuse bataille de Lépanthe en 1571. Ce fut la première fois que l'on vit l'étendard des deux clefs déployé contre le croissant. L'étendard papal triompha, et cela devait être ainsi, parce qu'il n'avait pas été donné au destin de Mahomed de surmonter celui du christianisme, mais seulement d'en arrêter les envahissements sur l'Asie. Toutes les fois que Rome a été menacée par les Musulmans, elle l'a été vainement. On remarqua que ce fut même à dater de cette époque où les deux destins se heurtèrent de front, que la puissance ottomane commença à décliner.

Cette puissance n'était plus aussi nécessaire depuis que la Volonté européenne s'était ouvert deux routes à l'occident : aussi la vit-on dégénérer rapidement dans le dix-septième siècle, et n'être plus que l'ombre d'elle-même dans le dix-huitième. Son dernier exploit remarquable fut le siége de Candie. Le visir Achmet-Cuproli s'empara de cette place après un des siéges les plus opiniâtres dont l'histoire fasse mention (1). La barrière existait toujours, mais elle était seulement gardée. Ceux qui l'avaient posée ne pouvaient pas étendre plus loin leurs ravages.

---

(1) Ce siége dura vingt ans, et ne se termina qu'en 1669.

La plupart des politiques systématiques ont considéré le gouvernement des Turcs comme despotique; mais ils se sont trompés sous plusieurs rapports. Ce gouvernement n'est point despotique quant à l'essence, il ne l'est que quant à la forme. C'est la corruption d'une théocratie, et son usurpation par la force militaire. Ce gouvernement est le plus fatidique de tous; c'est-à-dire celui où la nécessité du Destin se fait sentir avec plus de force. La puissance du sultan paraît illimitée, et rien n'est plus contraint que cette puissance, à chaque instant pressée entre la religion qui retient ce prince, et la force militaire qui le pousse. La tiare qu'il a usurpée le gêne dans ses mouvements, et le glaive qui est dans ses mains est une arme à deux tranchants, qui le blesse quand il l'emploie maladroitement, et le terrasse quand il est assez faible pour la craindre. Le corps des Janissaires est celui dans lequel réside cette force redoutable. Sous un prince que ses talents et son courage rendent digne de commander, les Janissaires (1) sont des instruments dociles, animés de tout l'enthousiasme militaire, enivrés de l'amour de la gloire et du sentiment de leur supériorité; mais sous des sultans faibles ou malheureux, ces instruments, devenus rebelles, se refusent à la main qui prétend les

---

(1) Le véritable nom des Janissaires est *Yengi-Cheri*, c'est-à-dire nouveaux Guerriers; ce sont de jeunes esclaves chrétiens, instruits et disciplinés dès l'enfance.

saisir, et se rendent maîtres de la couronne qu'ils ravissent ou donnent à leur gré.

Le sultan, considéré comme le délégué de Dieu même, est vénéré tandis qu'il est heureux, et sa personne est sacrée, parce qu'on le croit favorisé du ciel. Il peut alors beaucoup de choses. Mais si la fortune l'abandonne, l'illusion se dissipe, et chacun, le regardant comme réprouvé, précipite sa chute au lieu de la retarder. Le Destin, qui faisait sa force, l'accable dès qu'il ne le soutient plus.

Durant le cours du quinzième et du seizième siècle, ce Destin, favorable aux Ottomans, était dans toute sa force. Aussi ceux des écrivains de ce temps, recommandables par leurs lumières et leur impartialité, reconnaissent-ils les Turcs comme fort supérieurs aux Chrétiens dans la connaissance et dans la pratique de l'art militaire. Guichardin va même jusqu'à dire que c'est d'eux que les Italiens ont appris l'art de fortifier les places. Mais cette supériorité ne persista pas dans les siècles suivants, et leur puissance diminua beaucoup, lorsque le Destin ayant achevé son mouvement ne les excita plus de la même manière.

Depuis la conquête de la Perse par les Arabes, cette contrée envahie deux fois par les Tâtares, conduits par Gengis-khan et Timour-lenk, respirait enfin sous les lois plus douces des Sophis, dont la race issue d'Arménie y avait porté avec les mœurs de cette contrée, le goût des arts et de la magnificence. Il est très remarquable qu'au moment où Luther jetait en Europe les premiers germes du schisme qui a divisé l'Occident, un Persan, d'un caractère également entreprenant, donnait naissance à la secte qui divise aujourd'hui les Persans et les Turcs. Cet homme, appelé *Eidar*, et surnommé *Sophi-le-Sage*, se rendit tellement puissant en dogmatisant en faveur des sectateurs d'Aly contre ceux d'Omar, que Shah-Rustan, encore mal affermi sur le trône qu'il venait d'usurper, le fit assassiner. Ismayl-Sophi, fils d'Eidar, se trouva doué d'un génie assez courageux pour soutenir, les armes à la main, les opinions de son père, et continuer à propager sa doctrine (1). Ses disciples devinrent ses soldats. Il convertit et conquit l'Arménie, dont les forces lui donnèrent les moyens de subjuguer la Perse entière, et jusqu'aux Tâtares de Samarcande. La couronne de Perse, qu'il laissa à son fils Thamas, passa à ses descendants, qui la gardèrent pendant plusieurs générations. Leur royaume devint sur la fin du seizième siècle, et sous le règne du grand Shah-Abas, arrière-

---

(1) On appelle *Sunnytes* les sectateurs d'Omar, et *Shyïtes* les sectateurs d'Aly. La différence qui existe entre ces deux sectes, est que la dernière regarde Omar et les quatre Khalifes qui supplantèrent Aly, comme des usurpateurs, ne mettant presque point de différence entre Aly et le Prophète. Les Turcs sont Sunnytes; les Persans, Shyïtes : ces deux sectes se haïssent, et se vouent à l'anathème mutuellement.

petit-fils d'Ismayl, un des plus florissants et des plus heureux pays du monde. Ce monarque combattit les Turcs avec avantage, et fit sur eux d'assez grandes conquêtes pour affaiblir leur puissance et la pousser vers le déclin où elle tendait. Il reprit sur les Portugais l'île et la ville d'Ormus, et diminua considérablement leur influence en Asie. Il bâtit plusieurs villes, embellit beaucoup Ispahan qu'il choisit pour capitale de ses états (1), et fit partout d'utiles établissements. Après sa mort, arrivée en 1629, son fils Shah-Sophi qui monta sur le trône ne répondit pas aux talents de son père. Il se laissa dominer par la mollesse, et livra le gouvernement de l'État à de vils favoris qui causèrent sa ruine. La faiblesse de Shah-Hussein acheva de tout perdre. Les factions des Eunuques blancs et noirs troublèrent tellement l'Empire, et y jetèrent une telle confusion, qu'il suffit de quelques aventuriers connus sous le nom

---

(1) On dit qu'Ispahan, avant d'avoir été ravagée par les Afghans, au commencement du dix-huitième siècle, était une des plus belles et des plus agréables villes du monde. On faisait monter le nombre de ses habitants à plus d'un million avant le siége qu'elle soutint en 1722. Il y avait un nombre prodigieux de palais magnifiques, entre lesquels dominait celui du Sophi qui avait plus d'une lieue de tour, cent soixante belles mosquées, dix-huit cents caravansérails, deux cent soixante bains publics, un nombre considérable de cafés, de bazars, de colléges, de promenades, etc. etc.

d'*Afghans* ou *Agwans* pour le renverser (1). Ces Afghans détruisirent facilement une puissance énervée, qui se serait détruite elle-même quand même elle n'aurait pas été en butte à leurs attaques. Maghmoud, successeur de Miriveys, le premier chef de ces barbares, assiégea Ispahan, et reçut les clefs de cette immense capitale des mains mêmes du faible Hussein, qui n'ayant pas la force de se défendre, le reconnut pour son maître, et se trouva trop heureux de lui donner sa fille.

Cependant un fils de ce Hussein nommé *Thamas*,

---

(1) Il existe une tradition singulière sur les Afghans. On prétend que cette peuplade, dont la guerre et le pillage sont l'unique métier, est un reste des dix tribus d'Israël, dispersées en Asie par les Assyriens. Eux-mêmes se font descendre des Juifs; mais ils se donnent Saül pour ancêtre. A l'apparition de Mahomed ils s'attachèrent à l'Islamisme, et combattirent vaillamment pour le faire triompher. D'abord ils s'enrôlèrent sous les drapeaux de Mahmoud le Ghazvanide, qui monta sur le trône de l'Indostan l'an 387 de l'hégire (993 de Jésus-Christ); et ensuite, au sultan Khehal Al-Dyn Gaury, sous les ordres duquel ils s'emparèrent de la ville de Dehly.

Les Afghans firent pour leur propre compte la conquête de la montagne de Salomon, *Kouh-Soleyman*, et y formèrent une sorte d'établissement régulier. Le grand-moghol Akbar fit bâtir pour eux la ville de Peishour, située sur la route d'Astok à Kaboul. Ces peuples jouissent d'une haute réputation de bravoure, mais on les accuse d'y mêler beaucoup de férocité et de barbarie.

ayant survécu au désastre de sa famille, fut sauvé par le fils d'un pâtre nommé *Nadir*, qui prit quelque temps après sa défense. Ce Nadir, étant devenu par la suite un redoutable guerrier, se plaça sur le trône de Perse sous le nom de *Thamas Kouli-Khan*, et fit la conquête de l'Inde où il renversa l'Empire des Mogols en 1739. Depuis cette époque l'Inde n'a pas cessé un moment d'être agitée. Une foule de souverains éphémères, presque tous Tâtares, se sont succédés dans son intérieur; et ses côtes, d'abord exposées aux ravages et aux querelles des Portugais et des Hollandais, l'ont été plus tard aux entreprises semblables des Français et des Anglais. Ces derniers, restés seuls maîtres, y ont déployé toute l'arrogance de leur emporocratie exclusive, et fait reconnaître les droits de leur monopole depuis le cap des Tempêtes jusqu'aux mers du Japon. Au milieu de ces révolutions réitérées, on ne doit point croire que les peuples asiatiques aient été malheureux au même degré que l'auraient été des Européens placés dans les mêmes circonstances, qu'ils aient éprouvé les mêmes angoisses, et souffert les mêmes douleurs. Soumis au Destin qui les a captivés, ils ne se rebellent pas contre lui; ils plient sous les coups de l'orage, et sont exempts des peines morales que donne la volonté froissée et l'amour-propre blessé. Les révolutions qui changent là la forme des gouvernements n'atteignent pas la masse du peuple, qui reste indifférente aux succès de ses maîtres, presque tous étrangers. Les richesses qui leur sont apportées de toutes les contrées de la terre les touchent peu. Ils les laissent saisir par les avides marchands, obligés d'en céder la plus grande partie aux Nabads, encore plus avides qu'eux. L'extrême fertilité de la terre et la chaleur du climat laisse peu de prise aux besoins. La nourriture et le vêtement s'acquièrent avec une si grande facilité, que l'homme n'est jamais embarrassé pour les obtenir. L'inquiétude de l'avenir qui dévore les peuples européens, est à peine connue des Indiens. Ils vivent de si peu, que nulle part la peine des hommes n'est moins payée qu'aux Indes. L'ouvrier qui pêche les perles dans les mers du Bengale, ou qui cherche les diamants dans les mines de Golconde, coûte dix fois moins que celui qui enlève les boues des rues de Londres ou de Paris.

CHAPITRE VI.

Considérations sur la Russie et sur la Suède. Pierre 1er. Charles XII. Lutte entre ces deux Monarques. La Victoire demeure à la Russie. Pourquoi.

CE fut au moment où la puissance des Ottomans commençait à décliner que l'on vit s'élever sur les limites orientales de l'Europe et vers le nord de cette contrée une puissance formidable qu'on avait à peine remarquée jusqu'alors. Cette puissance à laquelle on donne le nom de *Russie*, à cause de la partie de l'Europe qu'elle habite, anciennement appelée *Rosland*, se compose de divers peuples, dont les principaux sont les Slaves, les Finois et les Varaighes. Il n'y a que peu de siècles qu'on ne connaissait les Russes que sous le nom de *Moscovites*, à cause de leur ville capitale appelée *Moscou*.

Avant le czar Pierre 1er, dont le règne commença en 1689, la Russie était restée presque entièrement inconnue aux nations de l'Europe occidentale et australe. On ignore ce que devint cette contrée après la législation d'Odin. Les Finois, qui l'habitaient seuls, envahis par les Slaves venus du côté de l'Orient, furent forcés de leur céder le terrain. La ville de Slavensk, bâtie sur les bords du Volkoff, à peu de distance du lac Imen, fut la première capitale de ces conquérants. Une contagion l'ayant dépeuplée, Novogorod fut bâtie à peu de distance. La nouvelle ville commençait à prospérer, lorsque des pirates, désignés seulement par le nom de *Varaighes*, c'est-à-dire les Occidentaux, vinrent sous la conduite de leur chef Rouric (1), s'établir dans les environs. Ils profitèrent de quelques troubles élevés dans Novogorod, alors gouvernée en république, pour offrir leur service à l'un des partis qui les ayant acceptés, ne se trouva vainqueur qu'à condition de devenir tributaire. Cependant les trois peuples finirent par se mêler et se confondre, au moyen de la religion chrétienne qu'ils reçurent également à la fin du dixième siècle. (2)

(1) Je suppose qu'on devait écrire Rolrich; ce nom, équivalant à celui de Rolland ou de Raoul, signifie le Régulateur de l'Empire, et indique une origine scandinave. Les Varaighes étaient une division des Scandinaves, qui se portèrent à l'Orient, tandis que les autres se portaient à l'Occident et au Midi. Ils reçurent des Slaves le nom d'*Occidentaux*, par la même raison que nous les appelâmes *Normands*.

(2) On dit que ce fut une princesse nommée Olga, qui, ayant été baptisée à Constantinople, porta en Russie la religion grecque. Son petit-fils, nommé Valodimer, fut le premier Grand-Knès de la Russie qui fut chrétien. Assez long-temps l'archevêque de Novogorod dépendit du Patriarche de Constantinople; mais enfin il fut sacré patriarche en 1588, et prit rang après celui de Jérusalem.

Depuis le onzième siècle les Knès russes étaient tributaires des Tzars tâtares de Casan. Ce fut Ivan Basilowitz qui parvint à secouer tout-à-fait ce joug honteux, et qui donna un commencement de forme à l'empire de Russie, vers le milieu du seizième siècle. Il fit la conquête de Casan, d'Astracan, et changea son titre de *Knès*, qui signifiait Prince, en celui de *Tzar*, qui voulait dire Souverain autocrate. Ce mot qui a été écrit depuis *Czar*, s'est confondu avec le nom de *César*, que prenaient les souverains féodaux d'Allemagne, et a été plus justement traduit par celui d'Empereur; car du moins le czar de Russie était revêtu d'une puissance réelle, et dominait sur un Empire immense, le plus étendu qui eût encore existé depuis celui de Ram. Il est vrai que cette étendue ne renfermait encore, surtout en Asie, que des déserts privés de culture et d'habitants; mais on pouvait fixer avec le temps les peuplades sauvages qui les parcouraient au nord et à l'orient, leur apprendre l'agriculture et les arts, et les multiplier au moyen d'une bonne législation. La population ne manque jamais là où se réunissent des lois douces et protectrices, et une terre fertile.

Le czar Pierre, justement surnommé *le Grand*, entreprit d'achever ce qu'Ivan Basilowitz avait commencé, et parvint, à force de génie, à vaincre les obstacles que les choses et les hommes opposaient à ses efforts, et à porter la Russie au rang des premières puissances de l'Europe. Il y eut entre cet

Ivan et Pierre une funeste ressemblance : tous deux firent mourir leur fils. Ivan, soupçonnant le sien de tramer une conspiration pendant le siége de Pleskou, le tua d'un coup de pique ; et Pierre, jugeant que son fils Alexis renverserait son ouvrage par incapacité, l'ayant fait condamner à mort pour l'éloigner du trône, ce jeune prince ne survécut pas à sa condamnation et à sa grâce.

Les ancêtres de Pierre avaient occupé le trône dès l'an 1613. Ils y avaient été appelés à la suite des plus cruelles révolutions, par une assemblée composée des principaux Boyards, qui ayant à se donner un souverain après l'assassinat du jeune Démétri, dernier rejeton des princes de Volodimer, élut Michel Romanow, fils de l'archevêque de Rostou et d'une religieuse, allié par les femmes aux anciens czars. Le jeune Romanow, après avoir reçu la couronne, racheta son père, qui était prisonnier chez les Polonais, et le créa patriarche. Les circonstances étaient extrêmement heureuses pour fonder un empire régulier, théocratique et royal. Elles furent manquées. Alexis, fils de Michel Romanow, loin de souffrir que le Patriarche continuât à surveiller la moralité de ses actions, comme l'avait permis son père, s'indigna de cette sujétion qu'il trouvait humiliante, et voulut réduire le sacerdoce à la même nullité où il était avant la révolution qui avait placé sa famille sur le trône. Le patriarche Nicon, qui se trouvait doué d'un caractère hautain, résista; non seulement il voulut conserver ce qu'on prétendait lui ôter, mais acquérir des prérogatives nouvelles qui ne lui étaient pas dues ; la lutte s'engagea entre les deux puissances, et l'Empereur profitant des fautes que commettait son antagoniste, tournant contre lui la constitution de son propre culte, ayant convoqué un synode national, le fit déposer solennellement et confiner dans un cloître pour le reste de ses jours.

Dès ce moment toute puissance théocratique fut anéantie; le gouvernement russe devint, à très peu de chose près, semblable à celui des Turcs. La milice des Strelitz, fort ressemblante à celle des Janissaires, commença à prendre le même ascendant, et se montra aussi disposée à regarder les empereurs comme ses créatures, et l'empire comme son patrimoine. C'est ce que connut parfaitement Pierre, qui faillit en être victime à son avénement à la couronne. Après avoir heureusement échappé aux piéges de ses ennemis, déjoué les intrigues sanglantes de sa sœur Sophie, et relégué cette femme artificieuse dans un monastère, se voyant affermi sur le trône, il conçut le projet indispensable, mais dangereux, d'abolir la milice des Strelitz. Mais avant de porter ce coup décisif, sans lequel la réforme qu'il méditait dans son Empire n'aurait pas pu s'effectuer, il voulut se rendre recommandable aux yeux de ses sujets par ses lumières et par ses victoires.

Il s'instruisit dans tous les arts, et principalement

dans celui de la navigation, pour lequel la nature lui avait donné une aversion presque invincible; mais il triompha de son aversion, et vainquit même la nature en se faisant jeter dans l'eau malgré son horreur pour cet élément. Il devint, à force d'étude et de travail, le meilleur marin de ses états. Il voulut aussi connaître l'art militaire dans ses moindres détails, et remplit les devoirs de soldat, depuis le grade de caporal jusqu'à celui de général, dans un régiment qu'il avait créé. Ensuite, ayant assuré pour un certain temps la tranquillité de son empire, et donné sa confiance à un habile étranger, nommé Le Fort, il voyagea dans tous les états de l'Europe en simple particulier, et comme à la suite de son propre ambassadeur. Il vit dans ce voyage extraordinaire tout ce qu'il lui importait de voir, s'instruisit de tout ce qui pouvait lui être utile, et travailla de ses propres mains, dans les ports de la Hollande, à la construction des navires, pour ne rien ignorer de ce qu'il voulait faire apprendre à ses sujets. Cependant il avait apaisé plusieurs séditions, combattu avec avantage les Tâtares de la Crimée, fait respecter ses frontières aux Chinois, assuré son commerce sur la mer Noire, et conquis l'importante place d'Azoph.

Tant de prévoyance et d'activité étonnait l'Europe. Son caractère la frappa de terreur. Pierre, étant encore à Vienne, apprend qu'une conspiration a éclaté en son absence à Moscou, et que les Strelitz ont manifesté le dessein de replacer sa sœur

Sophie sur le trône; il y vole. Il arrive au milieu du tumulte; il comprime les factieux, et frappe le coup qu'il avait dès long-temps médité. La redoutable milice est cassée. Deux mille de ces malheureux Strelitz, convaincus d'avoir trempé dans la conspiration, sont pendus aux créneaux; leurs chefs, plusieurs officiers, quelques prêtres, ont la tête tranchée; on enterre deux femmes vivantes; tout le reste est dispersé dans la Sibérie et dans les contrées limitrophes. Après cet événement, où le Czar déploya un mélange de grandeur et de cruauté remarquable, rien ne lui résista plus dans l'intérieur de son empire. Il put y faire à loisir tous les changements qu'il voulut, et même supprimer tout-à-fait la dignité de Patriarche qui l'inquiétait. Mais un ennemi, ou plutôt un rival redoutable, se montra à l'extérieur. C'était le terrible roi de Suède, Charles XII.

Depuis l'élévation de Gustave Wasa au trône de Suède, et son adhésion au schisme de Luther, ce royaume avait acquis une grande prépondérance parmi les puissances septentrionales. Cette prépondérance s'accrut encore sous le faible règne de l'empereur d'Allemagne, Rodolphe II, lorsqu'une ligue protestante s'étant formée contre une ligue catholique, cette contrée se vit plongée dans une guerre civile de trente années, qui la réduisit à l'état le plus déplorable. Après des succès partagés, où les deux partis, alternativement vainqueurs ou vaincus, avaient entassé les ruines sur les ruines, et versé le sang sur le sang, les protestants, autant affaiblis par leurs victoires que par leurs revers, fléchissaient presque partout; lorsque le roi de Suède, Gustave Adolphe, vint changer la face des choses, et ôter à l'empereur Ferdinand II tous les avantages qu'il espérait retirer de ces désastres pour accroître son autorité et peut-être anéantir pour jamais le schisme. Ce prince, partout victorieux, devint l'arbitre de l'Allemagne. La France s'allia avec lui, et lui fournit des forces, afin d'abaisser par son moyen la puissance de la maison d'Autriche. Malheureusement le roi de Suède fut tué à la bataille de Lutzen, mais il laissa après lui de très bons généraux qu'il avait formés, et qui achevèrent son ouvrage; tandis que l'Empereur, s'étant privé lui-même du seul homme habile qu'il pût leur opposer, en faisant assassiner le fameux duc de Walstein, dont il redoutait l'ambition et les talents, se trouva sans appui, obligé de renoncer à toutes ses espérances. Après la mort de Gustave Adolphe, sa fille Christine monta sur le trône. Les victoires de son père et le génie de son chancelier, Oxenstiern, faisaient de la Suède la première puissance de l'Europe. Elle ne fut point éblouie par tant de grandeur. Après avoir, de concert avec la France, pacifié l'Allemagne par la paix de Westphalie, dont le fameux traité forme encore la base du droit public, cette femme extraordinaire étonna le monde par l'abdication volontaire d'un trône où elle était assise avec tant de gloire. A l'âge de vingt-sept ans, elle quitta une cour dont elle faisait l'ornement, et, renonçant à la réforme de Luther, alla à Rome se vouer à la culture des sciences. Il paraît que cette Reine sentit que, dans la situation singulière où se trouvait la Suède, ce royaume, jouissant d'une grande considération militaire avec de très faibles moyens dans tous les autres genres, avait besoin d'un monarque guerrier. Charles Gustave, duc des Deux-Ponts, qu'elle choisit, était parfaitement convenable à la circonstance. Il avait la force qui était nécessaire pour soutenir une couronne sur laquelle la Volonté européenne fondait son espérance. Cette Volonté, après avoir tout préparé en Angleterre pour effectuer vers l'Amérique le mouvement dont j'ai parlé, faisait encore un effort sur l'Allemagne au moyen du schisme, dont la Suède était déclarée le chef. Si les monarques qui succédèrent à Charles Gustave eussent aussi bien senti leur position que Christine sentit la sienne; si, au lieu de tourner les forces que la Volonté de l'homme leur donnait contre cette même volonté, et de viser au despotisme au lieu de viser à la puissance populaire, ils eussent favorisé le mouvement qui les avait élevés ; il est difficile de dire jusqu'à quel point la Suède aurait pu monter. Elle aurait facilement acquis la Pologne, conquis le Danemarck, dominé sur l'Allemagne entière, et peut-être fait reculer jusqu'en Asie ces mêmes Russes qui la brisèrent. Mais il fallait pour cela vouloir ce que les circonstances voulaient. Christine, qui ne le voulut pas, sentit du moins son insuffisance, et se retira non seulement du schisme, mais du trône; tandis que Charles xi y apportant un esprit tout-à-fait opposé à celui qu'il aurait fallu, perdit tout et prépara la chute de son fils. Il voulut régner en despote sur des provinces qui ne se donnaient à lui que dans l'espoir de conserver leur liberté, et eut bien la haute sottise de condamner à perdre l'honneur et la vie, l'infortuné Patkul, gentilhomme livonien, dont tout le crime était d'avoir porté au pied du trône les plaintes respectueuses et fortes de sa patrie. Ce même Patkul, qui avait eu le bonheur de s'évader, ayant été saisi quelques années après par Charles xii, et accusé d'avoir excité le roi de Pologne, Auguste, à rentrer dans la possession de la Livonie, fut livré au plus cruel supplice par l'implacable roi de Suède. Mais cet acte déshonorant arrêta ce prince au milieu de ses triomphes, et rendit inutiles toutes les vertus guerrières, et mêmes civiles, dont il avait été doué au suprême degré.

La victoire de Nerva, qui avait donné en un moment à ce jeune monarque la réputation d'un héros et la force d'un conquérant, n'eut que des conséquences éphémères : ce fut un éclair brillant, mais passager, qui s'évanouit dans les ténèbres. Après avoir été un moment l'arbitre de l'Allemagne, maître de la Pologne et de la Saxe, vainqueur en tous lieux, il vint perdre à Pultava le fruit de tant de travaux, et paraître n'avoir acquis tant de gloire que pour en décorer son rival. La fortune de Pierre l'emporta sur la sienne, précisément parce que le czar de Russie était ce qu'il devait être, l'instrument du Destin; tandis que lui, qui aurait dû être celui de la Volonté européenne, n'avait voulu être, comme son père, que le sien propre. Jeté après sa défaite dans la possession du sultan des Turcs, il eut tout le temps de faire sur l'inconséquence de sa conduite des réflexions qu'il ne fit pas : il ne songea qu'à y fomenter contre la Russie une guerre qui éclata en effet entre cette puissance et la Porte ottomane, mais qui n'eut enfin d'autres résultats que celui de montrer à l'Europe le génie de Pierre-le-Grand dans tout son éclat, et de lui faire pressentir ce que pouvait devenir un empire nouveau qui, dès les premiers moments de sa fondation, luttait déjà avec tant d'avantage contre un empire affermi par la victoire et par le temps.

A partir de cette époque, la Suède perdit tous ses droits à la primauté; elle ne fut plus que ce que lui permettaient d'être ses forces propres et l'étendue de son territoire. L'Empire russe, constitué et civilisé par Pierre 1er, se consolida, se polit sous les règnes successifs de quatre femmes douées de qualités différentes, mais toutes appropriées aux circonstances; tantôt douces, tantôt sévères, mais toujours brillantes. Le Destin, dont cet empire était l'ouvrage, en amenant ces quatre princesses sur le trône, confirma une chose dont l'histoire du Monde offre partout l'exemple; savoir : que c'est par les femmes que commence toute civilisation, tout mouvement intellectuel, de quelque nature qu'il soit; et que, plus précoces que les hommes, tant en général qu'en particulier, elles doivent paraître là où le Destin, la Providence ou la Volonté de l'homme déterminent une production hâtive : or, l'Empire russe est au nombre des créations politiques, une création extrêmement hâtive, et qui devait l'être pour remplir son objet.

CHAPITRE VII.

Élévation de la Prusse sous Frédéric II. Fautes que commet ce prince. Démembrement de la Pologne. Vue sur la Pologne, sur le Danemarck, et sur les autres puissances de l'Europe. Quelques réflexions sur le Ministère du cardinal de Richelieu.

Ainsi, par la faute des monarques suédois, Charles XI et Charles XII, la Suède n'atteignit pas le but qu'elle aurait dû atteindre, et le schisme de Luther manqua encore une fois de point d'appui. La Volonté européenne tenta un nouvel effort, et détermina l'électeur de Brandebourg, Frédéric Ier, à prendre le titre de roi de Prusse en 1701. Ce nouveau royaume, d'abord peu considérable, prit un ascendant remarquable dès l'avénement de Frédéric II, surnommé *le Grand*, domina l'Allemagne, et lui servit de sauve-garde contre les attaques de la Russie. Si Frédéric eût possédé autant de sagacité que de valeur et de bel esprit, il eût encore saisi l'occasion qui se présentait de donner une base à sa puissance ; et il se serait bien gardé de s'allier avec ses deux ennemis naturels, l'Autriche et la Russie, pour déchirer la Pologne et en partager avec eux les lambeaux ; car ce n'était pas avec quelques lieues carrées de plus ajoutées à ses états qu'il pouvait espérer que ses successeurs résisteraient plus tard à un colosse tel que la Russie. Il fallait conquérir, et non partager la Pologne; en changer la forme, et non en détruire l'existence politique; ce qui était facile en gagnant l'affection des peuples et en y méritant le titre de Roi. Frédéric était destiné à cela. Le mouvement imprimé par la Volonté l'y poussait; et, s'il l'eût voulu, tous les obstacles qui paraissaient s'y opposer se seraient aplanis. Il préféra suivre un autre mouvement, et ce fut, malheureusement pour lui, celui de la Russie qu'il suivit.

La Pologne, qui fut ainsi démembrée par les trois puissances que je viens de nommer, était l'état le plus extraordinairement constitué de l'Europe : ce n'était ni une monarchie, ni une république, ni un état féodal, ni une aristocratie; c'était tout cela ensemble. Elle s'intitulait république, et avait un Roi; elle avait un Roi, et nul ne voulait lui obéir. Ce Roi était presque toujours étranger. Les Palatins, qui ôtaient la liberté aux peuples, et qui accablaient leurs sujets, ou plutôt leurs esclaves, du joug le plus injurieux et le plus dur, n'étaient occupés qu'à défendre leur liberté contre les entreprises du Roi. L'État était toujours en combustion, et les Diètes y ressemblaient moins à un sénat qu'à une arène de gladiateurs; il suffisait du véto d'un seul noble polonais pour arrêter les discussions les plus importantes. On avait eu la folle prétention de réunir sans lien médiane, dans ce royaume, le Destin à la Volonté, et de prétendre faire marcher ensemble les lois de la nécessité et de la liberté : aussi cet État fut-il en butte à des révolutions continuelles. On y compte néanmoins quelques Rois distingués, et entre autres, Jean Sobieski, qui gagna sur les Turcs la fameuse bataille de Cokzim, et les força à lever le siége de Vienne. Le plus sage fut peut-être le cardinal Casimir, qui suivit l'exemple de Christine, et abdiqua le trône en 1668, pour venir mourir à Paris, abbé de Saint-Germain-des-Prés. Le royaume de Pologne fit dans toutes les circonstances beaucoup moins qu'il ne pouvait faire; aussi tout ce qu'il perdit en différents temps eût-il suffi pour constituer un état florissant. Il fut contraint, en 1671, de se rendre tributaire du Turc; et un siècle après, il fut démembré et perdit son existence politique.

Le Danemarck, depuis l'action infâme de Christiern II, qui fit égorger le Sénat suédois dans une fête solennelle, avec un nombre considérable des principaux citoyens, en 1520, n'a plus exercé aucune influence directe sur l'Europe. La séparation absolue de la Suède l'a trop affaibli pour que la démarche extraordinaire que firent les États du royaume en 1660 ait pu avoir quelques résultats. Ces États déférèrent au roi Frédéric III le droit héréditaire et la souveraineté absolue. Dans toute autre circonstance, un pareil acte eût perdu les Danois, ou les aurait rendus redoutables à leurs voisins. Il ne fit rien de cela ; ce qui est une preuve que ces peuples n'avaient ni la force qui fait consentir à un pareil acte quand il est libre, ni celle qui fait qu'on le refuse quand il est forcé.

La Hongrie et la Bohême n'ont pas plus exercé d'influence sur l'Europe que le Danemarck, mais ces deux royaumes ont éprouvé de bien plus grandes infortunes ; la Hongrie surtout, qui parut jouir d'un moment d'éclat sous les règnes de Carobert et de son fils Louis. Ce Carobert avait été porté au trône par le choix du pape Boniface VIII, l'un des Pontifes les plus entreprenants qu'ait possédés le saint-siége. Il était fils d'un neveu de Saint-Louis, appelé Charles Martel. Il réunit à son royaume la Dalmatie, la Servie, la Transylvanie et la Valachie, et rendit la Hongrie l'état le plus puissant de l'Allemagne ; mais cette puissance ne fut que passagère. Deux reines adultères et régicides furent la cause de sa perte : Jeanne de Naples et Élisabeth de Bosnie (1). Louis, fils de Carobert, fut un grand prince, pour le temps

---

(1) L'une de ces reines, Jeanne de Naples, ayant épousé le malheureux André de Hongrie, eut la cruauté de le faire étrangler sous ses yeux avec un lacet qu'elle avait tissu elle-même. A la nouvelle de cet attentat, le roi de Hongrie Louis, frère de cet André, leva une armée, et courut en Italie pour venger la mort de son frère. Il s'empara du royaume de Naples, et pouvant le garder, l'abandonna au Pape, se contentant d'en chasser la Reine. Cet acte de clémence était trop grand. La Providence ne l'approuva pas. Jeanne, surprise quelque

où il vivait ; il fut chéri de ses peuples, admiré des étrangers, et choisi sur la fin de sa vie pour être roi de Pologne. On le surnomma *le Grand*. Malheureusement il ne laissa point d'enfant mâle. Sa veuve, Élisabeth de Bosnie, ayant fait assassiner Charles

---

temps après par son fils adoptif, que le pape Urbain VI avait fait roi de Naples, fut étouffée entre deux matelas.

La seconde de ces Reines fut Élisabeth de Bosnie, femme de ce même Louis, dont la Providence s'était servie pour punir le crime de Jeanne. A la mort de ce Prince, arrivée en 1382, les États de Hongrie élurent d'abord sa fille Marie, qui n'était pas encore nubile, et peu après choisirent pour roi Charles Durazzo, descendant en ligne directe d'un frère de Saint-Louis. Ce choix ayant déplu à Élisabeth, veuve de Louis et mère de Marie, elle fit assassiner devant elle ce malheureux monarque. Cet exécrable régicide révolta tellement les Hongrois, que, peu de temps après, Élisabeth et Marie, voyageant dans la Basse-Hongrie, furent saisies par un seigneur de Croatie, qui, se croyant autorisé à venger la mort du Roi, fit faire le procès aux deux Reines. Élisabeth ayant été reconnue criminelle, fut noyée. Quant à Marie, il se contenta de la retenir en prison, et ne fit aucune difficulté de la remettre entre les mains de l'empereur Sigismond, qui avait formé le dessein de l'épouser, afin de réunir la Hongrie à ses autres États. Ce seigneur croyait n'avoir fait qu'un acte de justice ; mais l'Empereur le jugeant autrement, le fit arrêter, et condamner à mort comme régicide. Cette action ayant soulevé toute la noblesse, lui suscita une guerre civile des plus opiniâtres. Les Turcs, survenus au milieu de ces dissensions, battirent les troupes de Sigismond, et l'ayant surpris lui-même, le retinrent en prison.

Durazzo, élu Roi par les états de Hongrie, afin de conserver le trône à sa fille Marie, entraîna ce royaume dans des dissensions sanglantes, dont elle fut la première victime, vers le milieu du quatorzième siècle. Depuis ce temps, la Hongrie, incessamment ravagée, tantôt par les Turcs, tantôt par les Autrichiens, qui voulaient l'asservir, et dont elle ne voulait pas souffrir la domination, ne jouit pas d'un moment de tranquillité. Au commencement du seizième siècle, son roi, Louis II, fut tué à la bataille de Mohats, livrée contre les Turcs; et son armée fut taillée en pièces. Soliman emmena avec lui plus de deux cent mille captifs. Tout fut anéanti par le fer et par le feu. Ce qui resta de Hongrois fut obligé de se creuser des habitations souterraines, pour échapper à la rapacité du vainqueur.

J'ai assez parlé de l'Allemagne, sous le rapport de la puissance impériale; et de l'Italie, sous celui de la puissance pontificale; il est inutile de revenir sur des choses semblables, où les noms seulement seraient changés. On doit savoir assez que si depuis Charles-Quint les empereurs d'Allemagne possédèrent quelque puissance, ils la dûrent à leurs propres États, et non point du tout à leur titre. Comme souverains de l'Autriche, de la Hongrie, de la Bohême, d'une partie de la Flandre, ou d'autres contrées, ils tenaient sans doute le premier rang en Allemagne, et un rang très distingué en Europe; mais ce n'était pas, je le répète, comme empereurs, c'était comme monarques. Si l'Empire avait existé un moment sous Charlemagne, il y avait long-temps qu'il n'existait plus.

La puissance pontificale, qui n'avait guère plus existé que l'impériale, se trouva entièrement anéantie au commencement du dix-septième siècle, par la résistance de la République de Venise au pape Paul v. Ce Pape ayant mis cette république en interdit, et excommunié le Doge et le Sénat, l'interdit ne fut publié nulle part, et l'excommunication fut méprisée. Ce qu'il y eut de plus extraordinaire dans cette affaire, c'est que ce fut Henri iv qui se porta médiateur entre les deux puissances, et qui les raccommoda. On vit en cette occasion combien les temps étaient changés. Les Papes, sans force sur l'opinion, et réduits à de vaines cérémonies, devinrent alors ce qu'on avait tant desiré qu'ils fussent; mais aussi les Empereurs ne jouirent d'aucune puissance au-delà de leurs forces réelles, comme on le vit plusieurs fois, et surtout en 1740, lorsque Marie-Thérèse, reine de Hongrie et de Bohême par le testament de son père, disputa l'empire à Charles vii, le dépouilla de son duché de Bavière, et eut la force de faire élire son mari François i^{er}, pour régner sous son nom, comme elle régna ensuite sous le nom de son fils Joseph ii. Ce fut en cette occasion où la puissance impériale fut réellement éteinte dans la personne de Charles vii, et où l'élection des empereurs d'Allemagne ne fut plus qu'une vaine formalité.

Ainsi que je l'ai dit, l'Espagne, parvenue au plus haut point de grandeur dans le seizième siècle, déclina rapidement dans le dix-septième, et finit par n'avoir aucune puissance dans le dix-huitième. La cour de Philippe III ne fut qu'un chaos d'intrigues, comme celle de Louis XIII. Le duc de Lerme régna en Espagne sous le nom de son maître, comme le cardinal de Richelieu en France ; mais il s'en faut bien que ce fût avec le même génie. Le duc d'Olivarès, qui lui succéda sous Philippe IV, fut cause que le Portugal se sépara encore une fois de la monarchie espagnole, et que toutes les possessions des Portugais aux Indes devinrent la proie des Hollandais. La régence de Marie d'Autriche, et le faible règne de Charles II, achevèrent de tout perdre.

Grâce au génie de Henri IV, la France allait prendre en Europe une position plus ferme, et renoncer à la politique tergiversante et faible qu'elle avait été obligée de suivre depuis François Ier, lorsque ce Monarque fut assassiné. On vit alors combien un seul homme peut influer sur le sort des nations. Tout était en harmonie sous son administration ; tout fut discorde sous la régence de sa veuve, Marie de Médicis. Les factions assoupies se réveillèrent ; la paix religieuse, rétablie avec tant de peine, fut troublée de nouveau ; le peuple qui vivait dans l'abondance retomba dans la misère. La guerre civile se ralluma, les meurtres recommencèrent, les préjugés les plus hideux renaquirent. Le premier ministre de la Régente, Concini, fut assassiné, et son cadavre, traîné dans les rues, fut déchiré par des brigands qui dévorèrent son cœur ; sa femme Galigaï fut brûlée comme sorcière ; le parlement, ridicule instrument des plus ridicules opinions, défendit, sous peine de mort, de rien enseigner de contraire à la doctrine d'Aristote. Le roi Louis XIII, entraîné contre son goût dans une guerre funeste, n'y éprouva que des désastres ; tout penchait vers sa ruine totale, lorsque le cardinal de Richelieu, entrant au conseil, se crut assez fort pour soutenir l'édifice prêt à s'écrouler. Il le fut en effet. Cet homme dont on a dit autant de mal que de bien, et beaucoup de l'un et de l'autre, ne méritait ni l'excès de blâme ni l'excès de louange qu'on lui a prodigué. Voguant sur une mer orageuse, et toujours prêt à faire naufrage, son mérite fut de n'avoir jamais douté de lui. Souple autant que violent, ses amis furent ses instruments, et ses ennemis ses victimes. Il ne changea pas la politique de la France, qui était mauvaise, mais il y mit une suite et une vigueur qui la firent réussir. Tandis qu'il persécutait les protestants en France, qu'il y écrasait pour jamais leur puissance, il s'allia avec ceux de Hollande et d'Allemagne, et protégea leurs prétentions ; tandis qu'il outrageait en France la mère et la tutrice de son Roi, sa Reine et sa bienfaitrice, il s'humiliait devant la reine de Suède, et offrait à l'Europe le singulier spectacle d'un cardinal se réunissant à une reine protestante. Il raffermit la royauté en France, et la laissa ébranler en Angleterre. Il fonda l'Académie Française, et restreignit la liberté de la presse; il fut esprit fort, et fit brûler Urbain Grandier comme sorcier. Enfin ce ne fut qu'en humiliant son Roi qu'il parvint à le rendre puissant, et qu'en tyrannisant la France qu'il parvint à le rendre respectable. Cet homme extraordinaire mourut en 1642. La veuve de Henri IV l'avait précédé de cinq mois, et Louis XIII le suivit cinq mois après. On a demandé lequel des trois fut le plus malheureux. Si quelques jouissances d'orgueil et de vengeance s'effacent devant la haine qu'on inspire et la terreur continuelle qu'on éprouve, il est évident que ce fut Richelieu, dont le funeste destin ne lui permit jamais d'aller au bien général ou particulier que par des routes dangereuses ou sanglantes.

CHAPITRE VIII.

État de la France sous Louis XIV. *Sa grandeur. Son déclin causé par madame de Maintenon. Révocation de l'édit de Nantes. Réflexions à cet égard. Minorité de Louis* XV. *Naissance du philosophisme. La Volonté triomphe du Destin. Voltaire. Rousseau. Influence de ces deux hommes.*

Le règne de Louis XIII fut, pour la France, un temps de conspirations et de supplices. La minorité de Louis XIV en fut un de troubles et d'anarchie. Le cardinal Mazarin n'était que la pâle copie d'un caractère original dont tous les traits étaient fermes et décidés. Il vogua néanmoins au milieu des orages; mais ce fut en cédant aux vents contraires, et en louvoyant sans cesse, qu'il parvint au port. Son mérite principal fut de se connaître et de connaître les autres hommes. Cependant la nation française s'était policée au milieu des troubles et des embarras de son gouvernement ; elle avait saisi partout l'influence morale. Le siècle qu'on a appelé *le siècle de Louis* XIV, s'était ouvert dès le ministère du cardinal de Richelieu, par la tragédie du *Cid*, que Corneille fit représenter en 1636. La poésie et généralement tous les beaux-arts avaient pris un grand essor. Le commerce était bien loin sans doute de rivaliser celui des Hollandais ou des Anglais ; la France n'avait pas des colonies nombreuses qui pussent verser dans son sein l'or et l'argent de l'Amérique, ni les précieuses denrées de l'Asie ; mais elle possédait un sol fructueux, inépuisable dans une infinité de productions de première nécessité, et toujours prêt à répondre aux soins d'un laborieux et patient agriculteur. (1)

Avant Louis XIV la France avait sans doute déployé du courage, mais presque toujours un courage de circonstance, qui, se montrant avec la véhémence de la foudre, passait comme elle. L'impétuosité française était devenue un proverbe. Louis XIV fut le premier à fixer cette impétuosité, à la modérer,

---

(1) On a remarqué déjà depuis long-temps que c'est, en France, l'agriculture qui est la base de la prospérité nationale, et qui fournit aux manufactures leurs principaux éléments, et au commerce sa principale activité. Cet État diffère en cela de plusieurs autres, et principalement de l'Angleterre, où le commerce donne, au contraire, l'impulsion à l'agriculture, et fournit aux manufactures la plus grande partie de leurs matières premières qu'il va chercher au loin. Cette observation, que je ne fais ici qu'en passant, deviendra plus tard de la plus haute importance lorsqu'il sera question de cette espèce de gouvernement, que j'ai appelé *Emporocratique* ; gouvernement dans lequel domine le commerce, non seulement comme partie intégrante, mais comme puissance politique, disposant d'une force armée, et possédant au-dehors des peuples assujettis et des esclaves.

à lui donner de la tenue, de la persistance; enfin à la transformer en véritable valeur. Ce prince fut le créateur de cette vertu nationale dont la France a donné depuis tant de preuves. Il fut véritablement grand sous ce rapport. Il dédaigna l'insidieuse politique de Richelieu et de Mazarin, et sortit de la route ténébreuse où tous ses devanciers s'étaient enfoncés. Il crut la nation française assez forte pour être vraie, et lui assez puissant pour s'élever au-dessus de l'intrigue. Tout ce qu'il fit dans la vigueur de son âge, il le fit ouvertement. Dès que madame de Maintenon l'eut forcé à sortir de son caractère, en lui apprenant à dissimuler, il fut perdu. La dissimulation ne pouvait point s'allier avec la majesté de son génie. Si ce monarque avait eu un but, un plan, des connaissances plus étendues, seulement un ministre assez fort pour le seconder, il aurait changé la face du monde; mais tout cela lui manquait. Il faisait la guerre par goût, et des conquêtes par vanité. Il avait des ministres adulateurs ou faibles de conception. Louvois, Colbert, qu'on cite, n'étaient point au niveau de leur maître. Ils auraient pu, tout au plus, servir de secrétaire à un premier ministre, s'il y en avait eu un. Ses généraux seuls étaient grands, parce qu'il les inspirait. Quand il ne les inspira plus, quand une femme froidement ambitieuse eut assoupi son ame, eut couvert d'un voile d'hypocrisie les formes élégantes d'une cour voluptueuse et fière, tout changea de face. Le mensonge prit la place de la vérité, et tout devint petit là où tout était grand.

La France fut bien près de sa ruine. Le Roi, en s'alliant à cette femme profondément artificieuse, gâta le beau caractère que la nature lui avait donné; il ne suivit plus ses propres inspirations, mais les inspirations d'un esprit égoïste et faux, qu'il croyait solide et prudent. La révocation de l'Édit de Nantes que cet esprit lui suggéra, fut la mesure la plus impolitique et la plus intempestive. Sa vie en fut partagée en deux parties, l'une fortunée et brillante, l'autre ténébreuse et misérable. C'est en vain que le Pape Innocent XI en fit chanter de joie un *Te Deum* à Rome : le Pape n'avait plus la force de tirer le moindre parti de cet événement, quand même il aurait été juste et sage; mais qu'il était loin de l'être!

Lorsque François Ier, et les rois ses successeurs, persécutaient les Protestants, ils ne les persécutaient pas tant comme sectateurs de Luther ou de Calvin, que comme sujets rebelles à leurs lois. Ces lois avaient été promulguées contre eux, et ils s'exposaient, en les enfreignant, aux peines qu'elles infligeaient. Ces monarques agissaient ainsi dans leurs attributions, et ne sortaient pas des droits de leur couronne. Mais lorsqu'une guerre civile eut éclaté, que les deux partis se furent légalement reconnus, d'abord en se combattant à armes égales, et ensuite en stipulant des conditions de paix, ces conditions, librement acceptées de part et d'autre, lièrent autant les rois que les sujets, et il ne fut plus permis à aucun d'eux de les rompre sans commettre un parjure. Voilà la raison, assez peu connue, qui met une grande différence entre des actions qui paraissent les mêmes. C'est pour ne l'avoir pas observé, que des écrivains, d'ailleurs estimables, n'ont pas conçu pour le massacre de la Saint-Barthélemi toute l'horreur que ce massacre doit inspirer. Ils l'ont vu du même œil que ceux dont François 1ᵉʳ fut coupable; mais la position n'était pas la même. François n'avait rien promis, au contraire, il avait menacé; tandis que Charles IX, ayant reconnu le parti protestant en signant avec lui un traité de paix, devenait un parjure en le violant comme il fit. Le massacre de la Saint-Barthélemi ne fut donc point un acte royal purement criminel, un coup d'état; ce fut un exécrable assassinat. Et de même, l'Édit de Nantes, étant l'effet d'un traité de paix conclu en 1576, et renouvelé en 1598, sa révocation ne dépendait pas de Louis XIV, à moins que ce prince ne voulût déclarer la guerre à ses sujets, et par conséquent autoriser leur rébellion. Ces deux actes, que je ne compare pas ensemble, quoique j'en montre l'illégalité, eurent des suites analogues à leur criminalité. L'un anéantit la maison de Valois; l'autre obscurcit la gloire de Louis XIV, et influa beaucoup sur la prospérité de sa famille, qui en fut troublée.

Ce monarque, malgré les disgrâces qui accablèrent la fin de son règne, et qui prirent presque toute leur origine dans la fatale source que je viens d'indiquer, eut pourtant encore la force de placer son petit-fils sur le trône d'Espagne; mais cet événement, qui dans d'autres circonstances aurait été très considérable, surtout si la France n'avait pas encore manqué la place qui lui était due à la tête de la civilisation européenne, se borna à très peu de chose, et devint quelquefois désavantageux à cause d'un certain pacte de famille qui rendit souvent l'Espagne plus embarrassante comme alliée qu'elle ne l'eût été comme ennemie.

Après la mort de Louis XIV, tous les ressorts du gouvernement que l'esprit de madame de Maintenon avait comprimés à l'excès, se relâchèrent dans un excès contraire; le voile d'hypocrisie dont cette femme avait forcé la cour et la ville à s'envelopper, se déchira avec violence, et tout fut envahi par une licence audacieuse, qui bientôt ne connut plus de bornes. Le duc d'Orléans, régent de France pendant la minorité de Louis XV, circonvenu par les conseils du cardinal Dubois, qu'il avait fait son premier ministre, se confia à tous les écarts d'une imagination déréglée. Pressé par des besoins de finance, il adopta le système de Law sur le papier-monnaie, et ne se renferma pas dans les bornes qui pouvaient seules en assurer le succès. Le peuple, confiant et crédule, se livra à ce système avec un incroyable aveuglement. Les billets de banque se multiplièrent au-delà de toute imagination. Une lutte fatale s'établit entre l'homme adroit qui n'avait rien et l'homme ignorant, mais avide, qui, ayant quelque chose, le hasarda pour courir après une fortune fictive où toutes les chances étaient contre lui. Un perfide agiotage eut lieu, dont la morale déjà ébranlée reçut une nouvelle secousse. Les fortunes, en changeant brusquement de mains, amenèrent un bouleversement général. La partie la plus basse de la nation, se trouvant tout à coup portée au-dessus, donna à l'opinion un mouvement nouveau qui l'égara.

A cette époque naquit le philosophisme du dix-huitième siècle, mélange incohérent de bel esprit et de raison pure; instrument destructeur, habile à tout renverser, inhabile à rien édifier, ami des ruines sur lesquelles il plane avec orgueil. Son apparition fut l'ouvrage et le triomphe de la Volonté. Le Destin effrayé chercha vainement des armes contre lui. Le règne de madame de Maintenon et celui du Régent n'avaient rien laissé d'intact. La bulle *Unigenitus* et le jansénisme, les prétentions intempestives du Concile d'Embrun, les folies des convulsionnaires, ne firent qu'agrandir le fantôme, en lui donnant l'occasion de déployer ses armes accoutumées, le sarcasme et le ridicule, et de remporter sur ces faibles adversaires des triomphes faciles. Le Destin fléchit.

Cependant Louis XV encore enfant, livré à l'impéritie de ses conseillers, s'égare dès les premiers pas. Toutes les mesures qu'on lui fait prendre sont en contradiction avec les circonstances, et heurtent également les hommes et les choses. Au milieu d'une cour incrédule et dépravée, il rend un édit sévère contre les Protestants, et dirige contre eux de nouvelles persécutions. L'Europe étonnée se demande en vain où est le principe de cet excès de zèle. La Suède et la Prusse profitent de cette faute, et attirent chez elles nos meilleurs manufacturiers. L'alliance de l'Espagne, pour laquelle Louis XIV avait prodigué tant de trésors et tant de sang, est abandonnée ; on renvoie sans égard l'Infante, dont le mariage avec le roi était arrêté, et l'on donne pour épouse à ce prince la fille d'un roi détrôné. Cette alliance impolitique entraîne la France dans une guerre désastreuse, qui ébranle l'Europe sans aucun but. La seconde guerre dans laquelle Louis XV entre comme allié du duc de Bavière contre Marie-Thérèse, est également funeste. Son résultat augmente l'influence de la Volonté et diminue celle du Destin. La France est éclipsée. La Prusse saisit la domination. La Volonté triomphe. Le philosophisme qu'elle avait enfanté s'assied sur le trône avec Frédéric II.

Alors, au milieu d'une foule d'hommes qui se précipitent dans le tourbillon de la Volonté pour prendre part à ce triomphe, deux se font surtout remarquer. L'un, bel esprit universel, sceptique décidé, homme du monde et courtisan adroit, remplaçant par l'étendue et l'éclat des superficies la profondeur qui lui manquait, se déclare contre la Providence, dont la puissance simplement soupçonnée afflige son orgueil, et guide contre elle une foule d'athlètes plus ou moins forts qui suivent ses drapeaux. L'autre, raisonneur profond, brillant écrivain, éloquent jusqu'à l'enthousiasme, doué d'un génie aussi vigoureux qu'indépendant, se lance tête baissée contre le Destin qui l'a déplacé dans le monde, et entraîne avec lui tous ceux que peuvent enflammer le même esprit de paradoxe et le même amour de liberté. Voltaire, Rousseau, quoique naturellement ennemis et opposés en tous les autres points, se réunissent pourtant en celui-ci : que la Volonté de l'homme est tout. Le premier déclare imposture et mensonge tout ce qui émane directement ou indirectement de la Providence ; le second, usurpation et tyrannie tout ce qui découle du Destin. L'un renverse l'Autel, dénie aux Pontifes leur autorité sacerdotale, et ne veut pour toute religion qu'un fantôme divin assis sur la liberté illimitée des consciences ; l'autre ébranle le trône, refuse aux rois la Puissance législative, et proclame hautement la souveraineté du peuple, sur laquelle il établit tout l'édifice social. Fontenelle avait précédé Voltaire, et Montesquieu avait écrit avant Rousseau. Mais les deux disciples surpassèrent de beaucoup leurs maîtres, en supposant qu'ils les reconnussent pour tels, car le philosophisme n'en reconnaît pas.

Ces deux hommes envahirent toutes les voix de la renommée. La puissance de la Volonté dont ils étaient les promoteurs les portait également. Il ne paraissait pas qu'on pût être rien hors de l'activité de leur tourbillon. Telle était leur influence, que, quoiqu'ils déclarassent assez formellement qu'il ne fallait ni prêtres, ni rois, ni sacerdoce, ni noblesse, un nombre infini de prêtres et de nobles, de magistrats et de rois se mirent au rang de leurs disciples. Frédéric avait donné le ton ; il dominait sur la haute opinion. Comment n'être pas ce qu'il était? Tous les princes protestants furent philosophes; l'empereur Joseph II fut philosophe, Catherine II, elle-même, et, ce qui est plus étonnant encore, jusqu'au pape Clément XIV, furent philosophes. Tout fut philosophe d'un bout à l'autre de l'Europe, excepté le Turc pourtant qui était toujours là pour arrêter l'essor trop pétulant du principe volitif, d'où émanait ce philosophisme.

CHAPITRE IX.

Suites de la révolution d'Angleterre. Mouvement de la Volonté en Amérique. Sa propagation en France.

Tandis que ces choses s'étaient passées, l'Angleterre, dont la révolution paraissait arrêtée par le rappel de Charles II, y était rentrée par l'expulsion du roi Jacques, et la nomination du prince d'Orange, son gendre, sous le nom de Guillaume III. Ce Guillaume étant mort sans enfants, Anne Stuart, sa belle-sœur et seconde fille de ce même Jacques, lui succéda sans la moindre difficulté, et sans que le respect paternel pût le moins du monde empêcher son usurpation : ce qui est la preuve la plus péremptoire du triomphe de la Volonté sur le Destin. Après la mort de cette reine, que les intrigues de ses favoris poussèrent tantôt à la guerre et tantôt à la paix, selon leurs intérêts, et par les plus petits moyens (1), le parlement anglais, se considérant comme habile à manifester le vœu de la nation anglaise, appela au trône l'électeur de Hanovre, qui y monta en 1714,

---

(1) On dit que la disgrâce du fameux Marlborough, qui amena la paix avec la France, et sauva ce royaume, tint à une paire de gants.

sous le nom de Georges 1ᵉʳ. Depuis cette époque, l'Angleterre a été une Emporocratie royale, dont le Roi est le souverain honorifique, et le parlement le véritable maître, ou, à son défaut, le ministère qui le subjugue ou le corrompt. La Hollande, qui l'avait prévenue dans cette espèce de gouvernement, a été éclipsée; et, obligée de suivre un mouvement plus fort que le sien, n'a plus été que l'humble satellite de cet astre maritime, dont l'éclat a couvert les deux hémisphères.

Mais enfin, après cinquante ou soixante ans de cette brillante existence, cet astre a dû recevoir un échec. Le moment est arrivé où le germe de liberté déposé en Amérique par les soins de Fox et de Penn, après s'être nourri et développé dans l'ombre, a dû manifester sa force et produire ses fruits. C'est ce qui est arrivé en 1774, lorsque les colonies anglaises de l'Amérique septentrionale, sous prétexte de quelques vexations de la part de leur métropole, ont tout à coup pris la résolution de se soustraire à sa domination, et qu'un congrès général s'étant formé à cet effet à Philadelphie, a déféré à Washington le commandement des armées insurgées. Ce mouvement, jugé d'abord de peu d'importance, attirait à peine les regards de l'Europe, qui ne soupçonnait pas les immenses résultats qu'il devait avoir, lorsque l'acte d'union parut, par lequel ces colonies se déclaraient indépendantes, et se constituaient en république sous le nom d'*États-Unis*. Il serait sans doute difficile de concevoir, sans tout ce que j'ai dit, quel étrange vertige empêcha les puissances européennes de voir le danger que renfermait pour elles cet acte d'union. Elles l'auraient vu, sans doute, si la même force qui l'avait provoqué n'eût aussi produit leur aveuglement. Mais tout était préparé d'avance pour favoriser l'effet qui allait avoir lieu. La France, sortant à peine d'un règne pénible, où l'autorité royale, sans énergie, ne pouvait plus ni se faire respecter au dehors, ni se faire obéir dans l'intérieur, livrée aux ministres d'un Roi animé des meilleures intentions, mais jeune et sans expérience, la France n'était guère en état d'éviter le piége qui lui était tendu. Elle ne vit, dans le mouvement qui s'opérait en Amérique, qu'un moyen d'affaiblir l'Angleterre et de diminuer en Europe la prépondérance de cette puissance. Louis XVI, auquel son conseil le présenta sous ce point de vue, ne pouvait pas l'envisager autrement; il se détermina à le favoriser, et entraîna dans la même détermination l'Espagne et la Hollande.

Grâce à cette puissante diversion et aux troupes françaises qui passèrent en Amérique, la liberté triompha dans cette partie du monde. Le parlement anglais fut contraint de reconnaître l'indépendance des États-Unis; ce qu'il fit par un bill authentique en 1782. Mais l'ébranlement donné en Amérique s'était fait sentir en Europe : l'énergie des Insurgés, leur bravoure, leur dévouement à la patrie, leur amour de la liberté, avaient fait le sujet de toutes les conversations; on avait lu, on avait admiré leurs manifestes, leurs discours à la tribune, semblables à ceux qui retentissaient jadis dans Athènes et dans Rome, et dont la plupart des lettrés et des hommes d'état se souvenaient d'avoir fait leurs délices étant au collége. Les soldats revenus d'Amérique en avaient apporté des germes d'insubordination et de discussion qu'ils semèrent dans l'armée; et les officiers supérieurs, instruments d'une volonté insurrectionnelle dont ils ne soupçonnaient pas l'action, admirateurs de Washington ou de Franklin, étaient tous disposés à les imiter si l'occasion s'en présentait. Elle se présenta.

La terre où la Volonté de l'homme jetait ces germes de révolution apportés d'Amérique, était merveilleusement préparée pour les recevoir et les faire fructifier. Les philosophes sceptiques, à la tête desquels avaient été Voltaire, Mirabeau père, Diderot, Helvétius, et toute la séquelle holbachique, ainsi nommée à cause du baron d'Holbach chez qui elle se réunissait; les philosophes politiques, parmi lesquels avaient dominé tour à tour Rousseau, l'abbé Mably, l'abbé Raynal et quelques autres, avaient tous ensemble remué les esprits de diverses manières, et les avaient disposés à la fermentation. Leurs opinions, en quelque sorte opposées, laissaient pourtant dans les têtes qui les recevaient, et ces têtes étaient les principales et les plus fortes de l'Europe, deux idées nettes et fixes qui se réduisaient à ceci : qu'on pouvait se passer dans le gouvernement de prêtres et de rois, et que l'autel et le trône étaient les inventions de la fraude et de la tyrannie, bons pour des temps d'ignorance et de faiblesse, mais qu'on pouvait briser sans crainte, et reléguer dans les vieux garde-meubles du fanatisme et du despotisme, dans des temps de sagesse et de force, où les lumières, parvenues à leur plus haut degré, ne permettaient plus de les conserver.

Ces deux idées, cultivées principalement en France, passèrent en Prusse, et de là se propagèrent dans le reste de l'Allemagne. Weishaupt les saisit, et, comme je l'ai énoncé au commencement de cet ouvrage, vit dans leur réunion la réalisation du fameux âge d'or décrit par les poètes. Plein de ce rêve fantasque, il imagina une Utopie à sa mode, dans laquelle il prétendit instituer tous les hommes, sans exception, leurs propres souverains et leurs propres pontifes. Sa doctrine, qu'on décora du nom d'*Illuminisme*, fit des progrès rapides ; et, se mêlant aux mystères perdus des francs-maçons, rentra en France, où elle jeta un nouveau ferment dans des esprits déjà en fermentation.

Quelques embarras de finances, quelques intrigues de cour, quelques fautes du ministère, avaient ému la France, avaient indisposé le parlement, avaient mis le roi Louis XVI dans la nécessité de prendre quelques mesures de vigueur que son caractère, trop facile à fléchir, avait mal soutenues; mais il faut bien peu connaître et les choses et les hommes, pour croire que d'aussi faibles motifs eussent déterminé une subversion aussi violente et aussi complète que celle qui eut lieu, si cette subversion n'eût pas été l'effet d'un mouvement moral dès long-temps préparé. Ce mouvement dépendit tout entier de la Volonté libre de l'homme, agissant dans l'absence de la Providence, sur la nécessité du Destin qu'elle surmonta, semblable à un torrent débordé qui renverse ses digues, déchire ses rives, arrache, brise, entraîne tout ce qui lui résiste, et roule enfin chargé de débris sur des campagnes dévastées. Ce mouvement fut dans la politique ce qu'avait été le schisme de Luther dans le culte, un peu moins de trois siècles auparavant : il eut la même cause, ainsi que j'ai pris soin de le dire, et fut un des résultats du combat dès long-temps établi entre la liberté et la nécessité, la Volonté de l'homme et le Destin.

Je n'entrerai pas dans les détails de cette subversion terrible, qu'on a qualifiée du nom plus restreint de *révolution*. Ces détails sont trop présents, trop connus à la plus grande partie de mes contemporains, pour que j'osasse les abréger. Les moindres événements qui se sont passés ont laissé des traces trop profondes dans la mémoire de ceux qui leur ont survécu, pour que l'on puisse encore en élaguer une partie, et faire un choix dans l'autre. Il faut, dans un pareil récit, dire tout ou ne rien dire. On possède sur ce sujet plusieurs bons ouvrages, parmi lesquels celui qui est parti de la main de madame de Staël n'est pas assurément un des moindres. Cette femme étonnante, douée d'une exquise sensibilité et d'une vigueur de pensée tout-à-fait remarquable, a laissé peu de choses à desirer dans la peinture des événements : elle en a ignoré, il est vrai, les causes métaphysiques, que je dévoile en général ; mais à l'époque où elle écrivait, son ignorance était forcée. (1)

---

(1) Je dirai peut-être un jour, et dans un autre ouvrage, ce que j'ai vu de la révolution, et ce qui m'y a été particulier ; mais ce ne serait ici ni le lieu ni le temps. Durant tout le cours de la tourmente révolutionnaire, et pendant plus de trente ans, je n'ai presque pas quitté Paris. Inaperçu au milieu des partis, je les ai observés d'assez près, sans jamais ni les heurter ni en être heurté. Bonaparte seul m'a persécuté par des raisons particulières que je dévoilerai plus tard.

CHAPITRE X.

Suppression des Jésuites. Situation des esprits à l'époque de la Révolution française. Élévation de Bonaparte.

Remarquez cette singulière coïncidence. Au moment où les premiers symptômes de la révolution se manifestaient en Amérique, et lorsque la Volonté, prête à faire explosion en Europe, s'y créait de vigoureux défenseurs, dans les philosophes sceptiques et politiques, le Destin y perdait ses plus fermes appuis. Les Jésuites n'étaient plus. Cette institution formidable, rongée par le mouvement du siècle, s'était écroulée presque sans résistance. Ceci est un des plus grands phénomènes qui se soient montrés sur l'horizon religieux et politique, et l'on n'y a presque pas fait attention. Qui l'eût cru! Le Parlement de Paris se déclara contre eux. La France, l'Espagne, le Portugal, le Pape! le Pape lui-même les proscrivit. Il semblait que l'action volitive qui se manifestait entraînât dans son tourbillon jusqu'au Destin lui-même, forcé de suivre l'impulsion magique qu'elle donnait à tout. Jamais, peut-être, cette action ne s'était déployée avec une pareille énergie. Une véritable frénésie s'était emparée des esprits. Si la religion se réfugiait encore dans quelques têtes sacerdotales, on la taxait de faiblesse et d'aveuglement. Les Parlements auraient eu honte de se montrer royalistes. Il était du bon ton qu'ils fussent en tout opposés à la cour. La noblesse elle-même se moquait des préjugés qui la constituaient. Le ministère, rempli d'une puérile présomption, croyant encore commander à l'opinion, quand l'opinion le commandait, se glorifiait follement de ses succès en Amérique, quand ces mêmes succès devaient le perdre. Enfin il n'existait presque plus rien de religieux dans la religion, ni de vraiment royaliste dans la royauté. Quand, rappelés par la réflexion, le sentiment religieux et le royalisme voulurent reparaître, il n'était plus temps. La nécessité du Destin, vaincue par la force de la Volonté, avait laissé marcher les événements avec une telle rapidité, que les défenseurs de l'autel et du trône, toujours en arrière des circonstances, ne se présentaient plus dans l'arène que pour s'y faire écraser.

Ceux qui ont été témoins de ces événements déplorables, et qui se souviennent de la rapidité avec laquelle ils se succédaient, en doivent encore frémir de terreur. Aussi n'était-ce point un temps ordinaire, gardez-vous de le croire : le destin d'aucun être, quel qu'il fût, ne pouvait résister au mouvement violent qui entraînait toutes choses. Aucune position n'était assez forte, aucune conséquence assez irrésistible, aucune prudence, aucune prévoyance assez étendue. Tout fléchissait devant la terrible puissance qui se mouvait. La Providence, absente, méconnue ou voilée, n'agissait plus que par des lois trop universelles pour être senties. Le Destin n'était rien. La Volonté était tout. Suivons-en un moment le déploiement.

A peine les États-généraux se sont réunis à Versailles au commencement de mai 1789, que dès le mois de juin les députés des communes, alors appelés *Tiers-État*, y ont pris la domination sur la noblesse et le clergé. L'autorité royale, qui a voulu s'y opposer, n'a fait que donner au torrent plus d'impétuosité, et précipiter la fameuse déclaration des Droits de l'Homme, qui, à l'imitation de celle des États-Unis d'Amérique, consacre l'insurrection. Au mois de juillet, l'insurrection éclate. Paris se soulève; le château de la Bastille est enlevé en un moment, et son gouverneur égorgé (1). On massacre plusieurs magistrats du peuple qui voulaient s'opposer au tumulte. La France imite Paris. A la voix de Mirabeau, elle se hérisse de gardes nationales. On s'arme de toutes parts. Trois millions de soldats paraissent sortir de terre semblables aux guerriers de Cadmus, et comme eux destinés à s'entre-détruire. Au mois d'août, la faible barrière qui enveloppait encore le trône est renversée. La noblesse déchire elle-même ses titres

---

(1) Le Grand-Condé avait inutilement assiégé, pendant trois semaines, ce même fort que des hommes sans chef et presque sans armes, emportèrent en deux heures.

et les foule aux pieds. Vainement, au mois de septembre, l'Assemblée nationale, effrayée du précipice où elle se sent jetée, veut revenir sur ses pas en décrétant l'inviolabilité de la personne du Roi. Cette inviolabilité illusoire est violée le 6 octobre. Une multitude de femmes furieuses inonde le palais de Versailles. Quelques brigands qui les suivent en égorgent les gardes, et portent leurs mains teintes de sang sur le Monarque et sur sa famille. On l'entraîne à Paris; on le force à donner sa sanction à des actes qui avilissent le trône et qui renversent l'autel. Il a la faiblesse d'y souscrire. Avant la fin de l'année, les biens du clergé sont déclarés le patrimoine de la nation, et la nation elle-même est couverte d'une masse de papier-monnaie, qui, s'augmentant bientôt dans une progression effrayante, en change les fortunes de mains, et cause un bouleversement semblable à celui qu'elle avait déjà éprouvé du système de Law, mais plus radical et plus vaste.

L'année 1790 s'ouvre par la persécution des prêtres qui refusent de prêter serment à une constitution nouvelle que le Pape ne reconnaît pas, et par l'institution du fameux club des Jacobins. D'une part on ôte au Destin ses dernières ressources, et de l'autre on donne à l'arbitraire de la Volonté un champ sans limites. Cette Volonté triomphe dans la fédération du 14 juillet. Plus de quatre cent mille Français, réunis à Paris de tous les points de la France, se lient des mêmes serments. Ce jour était grand dans son inconcevable nullité ! Si la Providence y eût été présente, je ne crois pas que rien dans l'Univers en eût égalé la magnificence. En 1791, les persécutions contre les prêtres réfractaires acquièrent plus d'intensité ; la noblesse émigre ; les puissances étrangères commencent à jeter les yeux sur la France, et paraissent s'inquiéter des suites de la lutte qu'elles y voient établie. Ces suites n'étaient plus douteuses. L'assemblée nationale, toute-puissante dans l'opinion, déclare qu'à elle seule appartient le droit de se renouveler, et que le Roi n'a pas celui de la dissoudre. Le Roi, auquel cet acte arrache la couronne, essaie, mais trop tard, de la conserver en fuyant ; on l'arrête avant sa sortie du royaume ; on le ramène en triomphe dans Paris, où il se voit contraint d'accepter l'ombre de puissance qu'on veut bien lui laisser, dans une constitution que ses fondateurs croyaient immortelle, et qui ne vécut pas dix mois.

Le trône s'écroule au 10 août 1792 ; il s'écroule en apparence sous les coups d'une poignée de factieux, mais en réalité sous l'effort de la Volonté populaire ; qui, provoquée au dehors par des manifestes insultants, s'irrite, brûle de se venger, appelle la guerre, et ne trouvant point à frapper assez tôt, frappe tout ce qui se trouve sous ses coups, tout ce qu'elle suppose d'accord avec ses ennemis. Du palais des rois, qu'elle vient d'ensanglanter, elle pousse les funestes instruments de ses ravages aux prisons encombrées de malheureuses victimes, et en ordonne le massacre. Une Convention nationale succède à l'assemblée législative; elle proclame la République sur des monceaux de ruines, et tandis que le sang innocent fume encore autour d'elle. Tout ce que la Providence a de saint et de sacré, tout ce que le Destin a d'auguste et d'imposant, est foulé aux pieds. Cette Convention, colosse politique, assemblage informe des éléments les plus opposés, outrage dès ses premiers pas le sacerdoce, dans le souverain Pontife qu'elle méconnaît (1), et la royauté dans son propre monarque qu'elle humilie. Oubliant que la personne de ce monarque avait été déclarée inviolable par une loi non révoquée, elle ose mander à sa barre l'infortuné Louis XVI, et le soumettre à un interrogatoire juridique. Ce prince, indigné, devait récuser cet inique tribunal, et le sommer à son tour de lui dire de quel droit des sujets rebelles osaient se porter pour juges de leur Roi. Il n'eut point la force de le faire; il fut condamné. S'il l'eût fait, s'il eût récusé ses juges, la Convention aurait pu passer outre, peut-être, mais sa sentence eût été un assassinat, et les suites en auraient été bien différentes. La funeste condescendance de Louis le perdit. Ce prince acheva de livrer le Destin à la puissance de

---

(1) Ayant à écrire au Pape, au sujet de quelques persécutions qu'avaient éprouvées à Rome les artistes français, le gouvernement de la République ne lui donna que le titre d'*Évêque de Rome*.

la Volonté. Ce fut en vain que tous les souverains de l'Europe se liguèrent contre la France. Rien ne pouvait plus arrêter le torrent dévastateur, qui, ayant renversé ses dernières digues, élevait ses vagues menaçantes au-dessus de tous les obstacles, et roulait sur toutes les têtes que leur masse énorme forçait à s'incliner.

La force des armes ne pouvait plus rien. Quand une des trois grandes puissances de l'Univers domine seule sur les deux autres, il n'y a aucun moyen extérieur qui puisse arrêter sa marche. Elle arriverait de son propre mouvement à la domination du monde, et de celle du monde à celle de l'Univers, si elle ne portait en elle-même un germe de destruction qui arrête ses progrès. Ce germe se développe plus ou moins tard, mais toujours irrésistiblement, par une suite des lois universelles émanées de la divine Sagesse. Les forces extérieures que l'on emploie ordinairement se brisent toutes; la mort même est sans puissance, elle ne peut rien contre la Volonté. Les hommes meurent, les instruments changent de place; mais la pensée qui les meut reste immortelle et irréfragable. Il y a des cas même où la mort est le plus puissant des véhicules. Si l'on n'avait eu à opposer au mouvement qui s'était déterminé en France que la force des armes, la subversion qu'il entraînait avec lui eût été générale; et l'Europe et la Terre entière, inondée de sang, après avoir éprouvé pendant plusieurs siècles tous les fléaux que la France éprouva pendant quelques mois, eût trouvé, au lieu de l'âge d'or que lui promettait une Volonté aveuglée, l'âge de son entière destruction. Mais pour que cela arrivât, il fallait que cette Volonté ne se divisât pas; ce qui était impossible, par les raisons que j'ai dites. Elle se divisa donc, et d'autant plus promptement que son action était plus violente.

D'abord la Convention partagée en deux factions, celle de la Gironde et celle de la Montagne, se heurte et se brise. La Gironde est sacrifiée, et ses partisans meurent sur l'échafaud. Alors commença, au 31 mai 1793, l'époque formidable qu'on appelle le règne de la terreur. Roberspierre en est le chef. Le sang coule par torrent dans l'intérieur; la famine la plus affreuse y dévore les habitants, et cependant la Victoire pousse en avant le colosse républicain. La guerre est générale. L'Europe est ravagée par les armées les plus nombreuses qu'elle ait encore vues rassemblées. Celles de la France seule dépassent huit cent mille hommes. Tout cède à leurs efforts. La France se couvre d'une gloire immense, qui, malheureusement privée de principe, ne doit amener aucun résultat. La Convention, déjà divisée, se divise encore. La faction de la Montagne, triomphante depuis quinze mois, se renverse sur elle-même en 1794. Roberspierre et ses accolytes sont écrasés sous ses débris. Après cette époque mémorable du 9 thermidor, le colosse s'agite dans de longues convulsions. Aux journées de prairial 1795, une nouvelle division amène l'abolition du club des Jacobins et la suppression du tribunal révolutionnaire. La violence du mouvement diminue sensiblement ; plusieurs traités de paix sont conclus. Le gouvernement français, jusqu'à ce moment sans forme, en prend une. C'est la forme de la République de Carthage que la Convention donne pour une invention nouvelle, en en ôtant cependant les seules choses qui en fissent la force : la statue de Moloch et l'esclavage des Numides. Les législateurs populaires, encore divisés entre eux, divisent le peuple. Paris prend parti contre eux. Les quarante-huit sections de cette capitale s'insurgent, et lancent contre la Convention plus de cinquante mille hommes, déterminés à la détruire. Alors paraît sur la scène du monde un homme fatidique, également doué d'une volonté forte et d'un rigide destin. Cet homme, appelé *Napoléon Bonaparte*, sauve la Convention, perdue sans lui, et commence, dans la journée du 13 vendémiaire, la première réunion de la Volonté et du Destin, et opère la première soumission de la liberté à la nécessité.

L'année 1796 est mémorable pour avoir vu s'ourdir ce nœud redoutable ; elle est également fameuse par la campagne de Bonaparte en Italie, où le nombre et la rapidité de ses victoires étonnent l'Europe, quoique accoutumée aux triomphes des Français. Dès 1797, la paix est conclue avec tous les potentats du continent. L'Angleterre seule reste en guerre, et cela devait être ainsi ; car dès lors elle redevenait la rivale de la France et son émule, et visait au même but. Le Directoire (ainsi s'appelait en France le gouvernement républicain), composé de cinq directeurs et d'un corps législatif séparé en deux chambres, le Directoire, devenu le centre du mouvement volitif, continue à suivre les chances de ce mouvement ; et se divisant toujours d'opinion, se frappe lui-même, se mutile et s'affaiblit au 18 fructidor. Bonaparte, adroit à seconder cette faute, en profite ; et voyant que ces ignorants politiques ne comprenaient pas du tout leur position, et qu'ils prenaient encore pour le produit de leur force ce qui n'était que le produit de la sienne, prend la résolution de s'éloigner pour les abandonner à leur nullité ; il passe avec quarante mille hommes en Égypte, dont il fait d'abord l'inutile conquête (1); et pendant qu'il poursuit la guerre en Afrique et en Asie, avec un mélange de succès et de revers, ce qu'il avait prévu arrive en France. Tout s'y désorganise, les avantages acquis s'y perdent ; les frontières sont envahies, et le corps législatif luttant contre le Directoire, le frappe et le brise sans du tout savoir ce qu'il va mettre en place. Bonaparte abandonne brusquement son armée en Égypte, traverse les mers, reparaît inopinément en France, et

---

(1) J'ai déjà dit, et je répète que le destin de l'Afrique et de l'Asie est dans Constantinople.

y provoque une révolution qui le place avec le titre de premier consul à la tête du gouvernement français. Les deux autres consuls qu'il se donne pour collègues, et le sénat, soit disant conservateur, et le tribunat discutant, et le corps législatif muet, dont il s'enveloppe, ne sont là que pour étayer son pouvoir naissant et pour voiler sa marche.

Ainsi finit avec le dix-huitième siècle, le mouvement volitif dont le principe moteur, venu d'Amérique une vingtaine d'années auparavant, avait commencé à se manifester ouvertement en 1789. Bonaparte, homme fatidique, comme je l'ai dit, doué d'une énorme force de centralisation, se crut assez puissant pour s'en rendre maître en se précipitant dans son tourbillon ; et, après l'avoir saisi, assez heureux pour l'attacher à son destin. Il travailla douze ans à ce grand œuvre, et y déploya une opiniâtreté de caractère, et des talents militaires et administratifs d'une remarquable distinction. Il ne repoussa pas le crime de sa carrière politique, mais il ne l'y appela pas non plus. Il fut dur sans être cruel, et astucieux sans être perfide. Prêt à dominer l'Europe ; et, sa première femme étant encore vivante, parvenu à épouser la fille de l'empereur d'Allemagne, le successeur de Charlemagne et d'Auguste, il se crut arrivé au but de ses desirs ; mais il se trompa. Il connut assez bien son destin, et mit dans ce qu'il appelait *son étoile* une confiance sans bornes; mais il ne connut ni la nature du mouvement dont il s'était emparé, ni celle du nœud qu'il avait entrepris de former. La liberté et la nécessité qu'il voulait réunir sont incompatibles dans leur essence. Elles ne peuvent jamais se confondre qu'à la faveur d'une troisième puissance, qu'il faut savoir prendre là où elle est : or, cette troisième puissance, qui s'appelle *Providence*, Napoléon ne la connut jamais, et ne chercha jamais à la connaître.

CHAPITRE XI.

Quel était Napoléon Bonaparte. Sa chute. Restauration de la famille des Bourbons.

Bonaparte n'était point apte à rendre la paix au Monde, troublé depuis un si grand nombre de siècles par la lutte sans cesse renaissante entre la Nécessité et la Liberté, la Volonté de l'homme et le Destin. Je vais le répéter ici, sans qu'il entre dans ma pensée aucune animosité que le souvenir de ses persécutions à mon égard pourrait y faire naître; je suis en ce moment historien, et je dois tout oublier pour dire la vérité (1). Napoléon n'était que l'expression d'une tyrannie militaire ; aussi son autorité n'était-elle entière que là où ses armées pouvaient se mouvoir, et là où elles pesaient. Il lui fallait de grands espaces pour déployer ses forces. Partout où ses soldats ne pouvaient point pénétrer, son pouvoir était mou et presque insignifiant. On l'a quelquefois

---

(1) Ce qui suit est en partie copié d'un autre de mes ouvrages, intitulé *Notions sur le sens de l'Ouïe*. Le portrait que j'y faisais de Napoléon est mieux à sa place ici. Ce portrait n'est qu'esquissé. Pour connaître parfaitement cet homme extraordinaire il faut lire ce qu'en a dit madame de Staël. Personne ne l'a mieux connu qu'elle, et ne l'a peint vec plus de force et de vérité.

comparé à Roberspierre, mais sans raison : ils étaient exactement l'opposé l'un de l'autre. Roberspierre, homme volitif, sans lumière, ayant toute sa force dans l'instinct, doit être regardé comme l'expression d'une tyrannie populaire, dont l'action se réfléchissait dans les moindres comités révolutionnaires; il n'existait pas d'opinion publique hors de lui; ceux qui avaient le malheur de s'y confier étaient perdus. Plus l'espace était étroit, plus il était fort. Dans les grands espaces, il ne pouvait rien. Aussi ce tyran subalterne tomba-t-il dès que le cercle de son autorité s'étant étendu, il voulut y faire mouvoir de grandes masses. Le contraire arriva à Napoléon, homme fatidique, dominé par l'opinion qu'il se créait de lui-même et qu'il savait inspirer aux autres, très puissant dans la partie animique de son être, faible dans tout le reste; dont la tête, mi-partie de lumière et d'obscurité, étonnait par la vivacité et l'éclat de certaines facultés, tandis que d'autres, toujours plongées dans un brouillard ténébreux, restaient inertes; et, par leur petitesse et leur immobilité, échappaient aux regards. Tant que la victoire suivit ses pas, et que le succès élargit de plus en plus son horizon, son être moral se dilata dans la même proportion; mais quand les revers arrivèrent, et à mesure que l'espace se rétrécit autour de lui, il sentit diminuer ses forces; et ce colosse ne respira plus, lorsque l'atmosphère de l'Europe vint à lui manquer.

Parvenu, en 1811 et 1812, au plus haut point de sa grandeur fatidique, il sentait par une inspiration intuitive que tout n'était pas fait. Ses courtisans et ses flatteurs avaient beau lui dire que son empire était posé sur des bases inébranlables, et qu'il pouvait, se reposant sur ses trophées, contempler de toute leur hauteur l'immensité de son ouvrage, il n'en croyait rien. Il voyait toujours un obstacle à surmonter; et cet obstacle, toujours debout dans sa pensée, l'obsédait éternellement. Fatigué de le chercher sans le voir jamais là où il était, il finit par le voir là où il n'était pas. Il se persuada que la Russie était cet obstacle terrible qui troublait son repos, et qu'il trouverait, comme il le publia, les clefs de Londres dans le Kremlin de Moscou. Il ébranla, pour cet effet, l'Europe entière; et, à la tête d'une armée immense, tenta contre cet empire l'expédition qui le perdit. Tout, en cette occasion, se borna à ceci : son destin, tête baissée, alla heurter un destin plus robuste qui le brisa. Ce qu'il fit ensuite fut vain; même sa fameuse sortie de l'île d'Elbe. Le violent mouvement qu'il opéra à cette époque était un acte de désespoir. Il sentait parfaitement bien lui-même, durant son règne de cent jours, qu'il était déplacé, que son étoile ne dominait plus la France; que son destin était usé, et que, s'il était parvenu à réveiller cette terrible volonté de 1793 qu'il avait assoupie, au lieu de l'entraîner dans son tourbillon, c'eût été elle qui l'aurait entraîné dans le sien.

Ce moment d'exaltation ne servit qu'à le faire tomber un peu plus bas. En 1814, il avait été vaincu par les éléments conjurés en faveur des Russes; en 1815, il le fut par les Anglais soutenus par les Prussiens. Souverain de l'île d'Elbe, il devint prisonnier dans celle de Sainte-Hélène. On a parlé de trahisons, tant sous les murs de Paris que dans les champs de Waterloo : il n'y eut point de trahisons; il y eut infériorité de destin. Tout ce qui lui avait été favorable jusque là lui devint contraire ; ses plus sages précautions manquèrent d'effet, et ses moindres fautes furent des sottises énormes.

Cependant ce même Destin qui abandonnait Napoléon, favorisait la France en y ramenant la famille de ses rois, les descendants de Saint-Louis et de Henri IV, les légitimes possesseurs de la couronne de Hugues Capet. Tout paraissait devoir rentrer dans l'ancien ordre de choses, et cependant il était difficile que tout y rentrât, parce que depuis vingt-cinq ans les temps avaient marché, et que la Volonté de l'homme, entraînée dans un irrésistible mouvement, avait brisé jusqu'en leurs fondements des institutions dont la réédification était impossible. Le roi Louis XVIII le sentit avec une juste sagacité, et jugea convenable de donner à la France un gouvernement monarchique représentatif, dans lequel un monarque inviolable, assisté d'un ministère responsable, propose la loi à un corps législatif composé d'une chambre de pairs héréditaires, et d'une chambre de députés des départements, élus par un collége électoral. Cette forme de gouvernement, consacrée par une Charte solennellement octroyée à la Nation, régit aujourd'hui la France.

Soumis comme tous les Français à la loi qui en émane, et prêt à obéir religieusement à ses moindres injonctions, mon intention n'est point d'examiner en particulier cette constitution de mon pays, pour en signaler ni les défauts, si elle en renferme, ni les avantages qui peuvent s'y trouver. Je veux, puisque cela m'est loisible, m'élever à des considérations plus hautes et plus générales; et, après avoir tracé d'une main assez sûre les principaux événements qui, sous le rapport de l'État social de l'homme, se sont passés dans le monde durant l'espace de plus de douze mille ans; les avoir enchaînés les uns et les autres à l'action simultanée des trois grandes puissances qui régissent l'univers : la Providence, la Volonté de l'homme, et le Destin; et en avoir signalé les causes et les résultats autant que cela m'a été possible; je veux, dis-je, montrer à laquelle de ces trois puissances s'attachent plus particulièrement les diverses formes des gouvernements qu'ont adoptées, qu'adoptent, ou que peuvent adopter les différents peuples de la terre; et quels rapports ont ces formes constitutionnelles politiques des Corps sociaux avec les formes constitutionnelles métaphysiques de l'Homme. J'espère que le lecteur, après avoir suivi, à travers une multitude de siècles, les diverses phases de l'État social, et marché des causes aux effets avec un enchaînement de preuves physiques et métaphysiques qui sans doute n'aura pas échappé à sa sagacité, voudra bien suivre avec attention le corollaire que je vais présenter à sa méditation, afin d'en tirer pour l'avenir des inductions utiles et des conclusions lumineuses sur ce qui peut être ou n'être pas.

CHAPITRE XII.

Récapitulation.

Nous venons de voir dans ce Livre les derniers résultats de la lutte engagée entre la Liberté et la Nécessité, la force de la Volonté et la fatalité du Destin. L'histoire de la Terre n'offre point d'exemple d'une explosion aussi violente, d'une subversion aussi complète que celles dont la France a été le théâtre, et dont l'Europe et le Monde entier ont ressenti le contre-coup. Après une victoire qu'on a crue absolue, cette superbe Volonté qui se figurait déjà parvenue au comble de ses desirs, saisie dans un piége aussi adroitement que vigoureusement tendu, s'est vue entraînée dans un tourbillon fatidique, qu'elle a d'abord confondu avec le sien, et qui l'a ramenée sous le joug du Destin, qu'elle avait brisé avec violence. Pour flatter son orgueil déçu, on lui a dit que ce joug était le sien propre, et elle a feint de le croire, pour se ménager le droit d'en disposer. Qu'on ne s'y trompe donc pas; la lutte n'est point finie : la Providence seule peut la terminer. Tout ce que les hommes peuvent faire, soit qu'ils se vouent au Destin, soit qu'ils suivent les impulsions de la Volonté, se borne à ceci : c'est de rendre les repos plus longs et les combats moins rigoureux. Les intentions de presque tous les hommes sont pures; ils veulent tous le même but, quoique avec des moyens opposés. Le bonheur général, dans lequel se trouve nécessairement le bonheur particulier, est l'objet de leurs vœux. Les uns ne peuvent le voir que dans l'exercice d'une volonté libre; et les autres, que dans la stabilité d'un ordre établi. Quelques uns cherchent un état mitoyen, également mélangé de mouvement volitif et de repos fatidique, de progression et de stabilité, de liberté et de nécessité. C'est le grand œuvre de la politique. Quoique je sois assurément très persuadé que ce grand œuvre est impossible, hors de la Providence qui le donne, je ne laisserai pas néanmoins, après avoir parlé des gouvernements simples, d'examiner la manière dont ces gouvernements se peuvent modifier en se mêlant les uns aux autres; et je tâcherai de montrer quel est l'espoir présumable, bon ou mauvais, qu'on peut concevoir de leurs diverses modifications. Je ne craindrai pas, dans cet examen, d'aborder la question difficile dont j'ai parlé : celle de savoir si le gouvernement monarchique et le républicain sont alliables dans l'absence du Théocratique; et s'ils le sont, quel est le ressort politique qu'on pourrait leur appliquer dans une Monarchie constitutionnelle. Les hommes volitifs et fatidiques, qu'on nomme aujourd'hui *Libéraux* et *Royalistes*, occupés à chercher ce ressort, sauront ma pensée à cet égard, et la jugeront.

FIN DU LIVRE SIXIÈME.

LIVRE SEPTIÈME.

J'ai dit par anticipation dans le dernier Chapitre du Livre précédent, ce que j'allais faire dans celui-ci. Il ne me reste qu'à développer mes pensées.

CHAPITRE PREMIER.

De l'influence politique des trois grandes Puissances de l'Univers sur les hommes et sur les gouvernements.

Au moment où j'écris, l'homme est arrivé à l'une des époques les plus importantes de l'État social, à celle où, selon le parti qu'il prendra, une longue suite de prospérités ou d'infortunes va se décider pour lui. Aucune de ses démarches n'est plus indifférente. Il est à présent trop âgé, pour ainsi dire, dans la civilisation, pour que ses fautes ne lui soient plus comptées. L'expérience doit l'avoir instruit; et après les violentes secousses qu'il a éprouvées, seulement depuis huit siècles, il ne lui est plus permis de dire qu'il ignore absolument l'essence des choses, et qu'il ne peut point distinguer le bien et le mal. On plaint un jeune enfant qui se brûle le doigt à la flamme d'une bougie, qui se blesse en croyant passer le bras au travers d'un carreau de vitre; mais un adolescent qui commettrait de pareilles balourdises ferait rire de pitié. Il est un âge où l'enfant porte des bourrelets au front, où il est conduit par des lisières, où l'on entoure pour lui les fenêtres de grillages, et les cheminées de garde-feu; mais quand il est devenu grand on le débarrasse de ces frivoles entraves, qui deviendraient non seulement ridicules, mais incommodes et nuisibles.

Hommes, ne soyez donc plus des enfants; connaissez l'étendue de vos forces et la nature des objets; et, cessant de tomber dans des écarts puérils, ne tendez plus la main pour prendre la Lune, et cessez de vous troubler au récit d'un conte de la Bibliothéque bleue. Je viens de dérouler devant vous vos annales. Croyez que ce n'est pas sans quelques raisons que je l'ai fait. Je sais bien que vous pouvez douter de la plupart des choses que j'ai dites; mais examinez leur enchaînement, et ne vous hâtez pas de prononcer. Vous êtes appelés à de hautes et nobles destinées, pourquoi craindriez-vous de les remplir? L'Empire de Ram, dont je vous ai parlé, vous paraît une vision. Vous ne pouvez pas vous imaginer qu'il ait existé un temps où la Terre entière et tous les hommes qui l'habitent ne formaient qu'une seule et même nation, parlant la même langue, ayant les mêmes lois, les mêmes usages, et dont les peuples, soumis au même gouvernement sacerdotal et royal, adoraient le même Dieu et respectaient le même Prince. Cela est pourtant très vrai. Si cela n'était pas ainsi, comment expliqueriez-vous l'existence d'une langue primitive, dont les débris répandus dans mille idiomes divers ont frappé d'admiration tous les savants philologues ? comment comprendriez-vous les étonnants rapports de la numération décimale, de la mensuration duodécimale, de la classification, des étoiles par astérismes ? Allons, sortez de vos gothiques cavernes, car c'est ainsi que Bacon appelle les préjugés, et voyez qu'il n'y a non seulement rien d'impossible dans ce que je vous ai dit, mais que même il n'y a rien de si naturel. Pourquoi les hommes devraient-ils vivre sans cesse isolés et parqués, toujours en méfiance, toujours en guerre les uns contre les autres ? n'y a-t-il pas au fond de leur cœur un sentiment universel de bienveillance qui les rapproche ? N'en doutez pas ; l'homme est un être universel, cosmopolite par essence. Il ne s'isole qu'en se dégradant. Il y a loin sans doute de l'amour d'une hutte à celui de l'Univers ; mais le sentiment est le même. La différence n'est que dans l'étendue. C'est en transportant ce sentiment d'une hutte à un hameau, et d'un hameau à une ville, et d'une ville à un État, et d'un État à un Empire, et d'un Empire à l'Univers, que l'homme, d'abord concentré en lui-même, s'étend, s'agrandit et s'universalise.

Rousseau a prétendu que le sentiment ainsi étendu perdait de son intensité. Rousseau s'est trompé en cela comme en beaucoup d'autres choses. Il a confondu l'amour du pays natal avec l'amour de la patrie. Le pays natal repose sur un point; la patrie est partout où l'ame peut exercer toute son activité. Il y a entre l'effet de ces deux amours la même différence qui existe entre la nostalgie et l'enthousiasme national. L'enthousiasme national acquiert d'autant plus d'activité que la nation est plus grande; la nostalgie devient d'autant plus profonde que le pays est plus petit. Un certain philosophe grec auquel on reprochait de ne point aimer assez sa patrie, répondit en regardant le ciel : « Vous vous trompez, je l'aime infiniment. » Ce philosophe étendait sa patrie au-delà même des choses visibles. Peut-être il n'aurait pas aussi bien parlé que Démosthène ou Cicéron dans la place publique; mais il eût mieux agi que ces deux orateurs à Chéronée et en Cilicie. Socrate ne monta pas une seule fois à la tribune pour discuter sur les affaires publiques, comme il le dit lui-même, mais il refusa, au péril de sa vie, d'obéir aux ordres des trente tyrans qui opprimaient Athènes, et mourut pour ne pas violer ses lois.

Socrate et le philosophe dont j'ai parlé d'abord étaient des hommes providentiels; Démosthène était un homme volitif, comme Cicéron; et Philippe de Macédoine, et César dictateur de Rome, étaient des hommes fatidiques. Considérés comme membres d'une société politique, les hommes qui sont quelque chose peuvent être placés dans une de ces trois classes, et selon leur plus ou moins d'enthousiasme, de force ou de talents, placés au premier rang de ces classes; ou bien à des rangs inférieurs, en descendant jusqu'à la foule qui se groupe autour d'eux et suit leurs mouvements. Quelquefois les opinions de ces hommes sont tranchantes, et leurs couleurs prononcées; d'autres fois, ils les mitigent, adoptent des nuances médianes, et se placent ainsi entre les différentes classes. Quand les opinions de ces hommes sont prononcées, on appelle les premiers des *Théocrates*, les seconds des *Républicains*, et les troisièmes des *Monarchistes*. De là, trois formes principales de gouvernement, dans lesquelles dominent exclusivement les trois grandes puissances qui régissent l'Univers : la Providence, la Volonté de l'homme, et le Destin. Ces formes, quand elles sont pures, constituent la Théocratie, la République et la Monarchie pures.

La Volonté de l'homme est proprement animique et libre, et son siége est dans l'ame universelle ou particulière, selon que l'homme qu'elle meut est considéré comme universel ou particulier; mais cette Volonté peut aussi bien se placer dans l'intelligence que dans l'instinct, pour y usurper la place de la Providence, ou y dominer le Destin ; et alors la Théocratie est corrompue, et la République prend les formes aristocratiques ou emporocratiques.

La Providence est proprement spirituelle et inspiratrice, et son siége est dans l'intelligence; mais quoiqu'elle ait posé elle-même les lois de liberté et de nécessité qui régissent la Volonté et le Destin, et qu'elle se soit imposé à elle-même l'obligation de ne les violer jamais, elle peut néanmoins, par des moyens qui lui sont propres, moyens toujours nouveaux, toujours inconnus, qu'elle ne divulgue jamais, et que nul être ne peut pénétrer d'avance, déterminer ces lois vers le but qu'elle s'est proposé; de manière que ce but soit toujours atteint, quelles que soient les causes dont la Volonté provoque librement l'existence, et les effets nécessaires et forcés qu'amène le Destin. La Providence, évoquée dans l'une ou l'autre puissance, en consolide les créations, et leur communique le principe de vie que rien ne saurait posséder hors d'elle.

Le Destin, qui réside dans l'instinct universel ou particulier, est proprement instinctif et nécessaire. La Volonté, qui le redoute, lui donne incessamment naissance, et augmente ses forces en proportion qu'elle exaspère les siennes. S'il se mêle à la Volonté, et qu'il la domine, il crée l'empire militaire; s'il en est dominé, au contraire, il donne lieu à la tyrannie démagogique. Lorsqu'à l'aide de la Volonté qu'il a subjuguée, il parvient à usurper encore la place de la Providence, il produit le plus terrible des gouvernements, le despotisme absolu.

Après avoir posé ces principes, qui ne sont qu'un résumé de ce que nous avons déjà vu, nous allons entrer dans leurs développements.

CHAPITRE II.

Principe du gouvernement républicain. D'où vient la souveraineté du peuple. Comment se fondent les Républiques. Situation de la Religion dans les Républiques modernes.

Un écrivain moderne, auquel on a cru du génie parce qu'il avait de l'esprit, et beaucoup de sagesse tandis qu'il n'avait que de la science et du talent, a dit que le principe du gouvernement républicain était *la vertu*. Forcé d'expliquer ce qu'il entendait par *vertu*, il a dit que c'était l'*amour de la patrie*. Cet amour de la patrie ne ressemblait pas dans sa tête à celui de ce philosophe grec dont j'ai parlé; c'était un sentiment beaucoup plus étroit, beaucoup plus exclusif, dans lequel il entrait plus d'orgueil que d'autre chose; mais, quoi qu'il en soit, il n'est pas vrai que l'amour de la patrie, considéré comme une vertu, soit le principe d'aucun gouvernement: il peut en être le soutien sans doute, quand ce gouvernement est établi; mais il n'est pas question ici de savoir si l'on aimera mieux une patrie républicaine qu'une patrie monarchique ou théocratique; chacun peut avoir sa pensée à cet égard, comme Montesquieu avait la sienne; il est question de savoir ce qui fera naître cet amour. Or je dis que ce sera la

Volonté de l'homme, lorsque abandonnée à son libre arbitre, et rejetant toute autre domination que la sienne, elle se déclarera souveraine, et se vouera à elle-même son propre amour, dans la République. Rousseau a fort bien senti cette vérité; il a bien vu que la Volonté générale constitue l'essence du gouvernement républicain, et c'est ce qui lui a fait proclamer la souveraineté du peuple, comme le seul principe du droit politique, et l'unique fondement de l'État social. Mais ceci est une erreur reçue dès le berceau, et nourrie de ses préjugés; car, en admettant la souveraineté du peuple comme résultat de la Volonté générale, ce n'est pas cette souveraineté qui est le principe, mais bien la Volonté qui la crée; et si cette Volonté est déclarée principe, qui est-ce qui osera dire que ce principe soit le seul dans l'Univers? Si cela était ainsi, d'où viendraient les obstacles qui l'arrêtent à chaque pas, qui la dévient, qui la brisent? Un principe unique peut-il avoir des contraires?

La faute de Rousseau a été de poser en fait ce qui était en question, et de dire que l'État social n'a qu'un principe, tandis qu'il en a trois. Il est vrai que l'un de ces principes qu'il a vus consacre la souveraineté du peuple, et sa liberté absolue; c'est la Volonté de l'homme, irréfragable et libre dans son essence; mais aussi le Destin, également irréfragable, et toujours nécessité, entraîne l'assujettissement forcé de ce même peuple; et la Providence, irrésistible dans sa marche, commande sa soumission volontaire, et lui montre que ce n'est qu'au moyen de cette soumission qu'il peut éviter l'assujettissement. Il n'est donc pas question de dire seulement que le peuple est souverain ; il est question de dire qu'il est incliné à le devenir, et toujours empêché de l'être.

C'est pour réaliser le fantôme illusoire de cette souveraineté du peuple, que la Volonté de l'homme a imaginé les républiques.

Pour que l'établissement d'une République puisse avoir lieu, il faut un concours de circonstances qui le favorisent. Ce serait bien en vain que quelques hommes volitifs, rêvant dans leurs cabinets des utopies républicaines, s'imagineraient follement que tous les temps sont propres à l'exécution de leurs desseins. Il y a des temps où une pareille entreprise est impossible. Pour qu'elle puisse s'effectuer, il est toujours besoin que le Destin soit vaincu, et il ne peut jamais l'être qu'autant qu'il est abandonné de la Providence.

L'histoire de la Terre prouve que le moment le plus favorable pour la fondation d'une République est celui où des colonies, éloignées de leurs métropoles, s'en séparent, ou lorsque des États subjugués par d'autres, parviennent à secouer le joug de leurs vice-rois ou de leurs gouverneurs. Dans cette situation le Destin qui domine la colonie ou l'État subjugué, n'étant que secondaire, est naturellement plus faible, et cède plus facilement à la Volonté. C'est dans des circonstances semblables que se formèrent les républiques de la Grèce, après que les Thraces s'étant séparés des Phéniciens, les Grecs se séparèrent des Thraces. Carthage fut d'abord une colonie des Tyriens, et Rome une colonie des Étrusques. Nous avons vu, de nos jours, la Suisse secouer le joug des Autrichiens, et la Hollande celui des Espagnols. Plus récemment encore les colonies américaines de l'Angleterre ont abandonné leur métropole, et se sont déclarées indépendantes. Dans toutes ces occasions la Volonté a triomphé du Destin, et a pu, jusqu'à un certain point, jouir de son triomphe.

Mais les hommes, qui, trompés par ces événements dont ils n'ont pas approfondi les circonstances, se sont imaginé pouvoir les prendre pour exemple, et en faire naître de semblables, non plus dans des colonies ou dans des États subjugués, mais dans des monarchies radicales, ont commis la plus grave erreur, et occasionné les malheurs les plus grands. Ceci est une des fautes capitales de la Volonté. Cette faute a dépendu principalement de l'ignorance des historiens et des politiques, qui n'ont jamais su ni remonter aux causes ni poser les principes. La révolution tentée en Angleterre sous le voile de la religion, et celle qu'on a consommée en France sous celui de la philosophie, n'ont pas mieux réussi l'une que l'autre. Les deux Républiques, fondées avec le plus formidable appareil, cimentées par le sang de deux infortunés monarques, n'ont pas un moment soutenu le souffle du Destin; elles se sont écroulées sous les pas de deux hommes fatidiques, auxquels elles ont servi de marche-pied pour arriver au trône. Je ne puis trop recommander aux hommes volitifs de réfléchir sur ces deux événements. S'il en est encore qui regrettent une forme de gouvernement qui flatte leurs passions, qu'ils apprennent, par ces deux expériences, que cette liberté absolue, après laquelle ils soupirent, est absolument impossible dans l'état actuel des choses, et que la République même, telle que l'ont à présent les Américains, ne peut appartenir à l'Europe qu'autant que l'Europe consentira à devenir la conquête de l'Amérique, et à être une de ses dépendances.

Je ne crois pas qu'il existe un seul Européen qui voulût à ce prix être appelé républicain; mais en supposant qu'il s'en trouvât dont l'orgueil fût assez exalté pour s'accommoder d'une pareille humiliation, je dois dire à ces hommes, ainsi préoccupés d'une idée fixe, que la République américaine, fondée sur un sable mouvant, manque de base, et ne doit son apparente stabilité qu'à l'extrême faiblesse de son destin, qui ne lui permet pas encore de faire des conquêtes extérieures; et qui, quand il sera assez fort pour le lui permettre, la renversera infailliblement elle-même. Je desire que cette république trouve l'occasion de fonder sur de meilleures bases ses institutions et ses lois; mais je suis forcé, par la nature de cet ouvrage, de lui dire que la seule chose qui puisse leur donner de la stabilité, l'assentiment providentiel, n'y est pas. C'est en vain que la Volonté de l'homme, toujours prompte à se déifier elle-même, voudrait persuader à ses sectateurs absolus que sa force suffit à tout : cette assertion serait démentie par l'histoire de tous les siècles.

Voyez ce que dit Platon en proposant ses lois. Il dit qu'il faut en obtenir la sanction de l'oracle de Delphes. Sparte, Athènes, aucune des républiques grecques, ne s'étaient constituées sans faire intervenir la Divinité dans leur constitution. Rome avait un souverain Pontife dont l'influence était immense dans l'origine de cette république, puisqu'il pouvait d'un seul mot rompre les assemblées du peuple, suspendre les comices, et arrêter les affaires les plus importantes. Il est vrai que cette influence diminua beaucoup par la suite; mais quand elle n'exista plus, la patrie de Cincinnatus était devenue celle de Sylla.

N'oubliez pas que les germes républicains, jetés en Amérique, sont le fruit d'un schisme politique dont le principal but a été de détruire l'autorité sacerdotale. Il n'existe point de souverain Pontife dans les États-Unis, et il ne peut y en exister, à moins qu'on ne considère, selon la doctrine des quakers, chaque membre de l'Église comme capable d'en servir : doctrine tellement absurde qu'elle est même abandonnée aujourd'hui de ses propres sectateurs. En sorte que, par un renversement tout-à-fait étrange, il peut se faire que dans cette république, tous les citoyens soient religieux sans que le gouvernement ait la moindre religion; qu'ils soient tous pieux, dévots même, vertueux, probes jusqu'au scrupule, sans qu'il soit nécessaire que le gouvernement ait la moindre piété, la moindre dévotion, la moindre vertu, la moindre probité. Car le gouvernement est un être purement politique, qui n'adopte les sentiments d'aucun de ses membres, et qui surtout affecte en fait de religion une indifférence absolue. Or, comme ce gouvernement n'a au-dessus de lui aucune puissance spirituelle à laquelle il doive compte de sa conduite, et que Dieu même n'existe pas pour lui (1), quoiqu'il puisse exister de différentes manières pour chacun de ses membres ; il suit de là qu'il est réellement sans religion dans sa constitution politique, et que la loi qui le constitue et qui en émane est athée, comme l'a judicieusement observé un des plus orthodoxes écrivains parmi les catholiques.

Il est possible qu'il y ait des hommes qui trouvent fort bon un pareil état de choses, et qui, profondément imbus de cette maxime de politique vul-

---

(1) Je dis que Dieu n'existe pas pour un pareil gouvernement, toujours politiquement parlant, parce que ce gouvernement ne fait entrer l'idée de Dieu dans aucun de ses actes politiques.

gaire, que la religion est faite pour le peuple, regardent comme le chef-d'œuvre des gouvernements celui où cette maxime est non seulement reçue en théorie, mais en pratique; non seulement suivie en secret, mais ouvertement adoptée : cependant qu'ils modèrent un peu leur enthousiasme; car je leur déclare qu'un pareil gouvernement est un gouvernement stérile, incapable de produire jamais rien de grand, et destiné à passer sur la terre sans y laisser la moindre trace de son existence. Mais, me dira-t-on peut-être, qu'importe que l'État soit religieux, pourvu que les citoyens aient une religion? Ne suffit-il pas que chaque citoyen soit pieux? La piété de chacun ne fait-elle pas la piété de tous? Non, elle ne la fait pas. Et voici pourquoi. C'est parce que l'État est, non seulement un être physique, dépendant sous ce rapport de l'existence physique de ses membres, mais encore un être intellectuel jouissant d'une existence intellectuelle générale, qui lui est propre, laquelle ne dépend point des existences intellectuelles particulières de ses membres, mais bien de ses lois constitutives; et si ces lois sont athées, elles ne peuvent lui donner que l'athéisme pour principe, quand même ceux qui les auraient faites seraient les plus pieux des hommes.

Les politiques vulgaires commettent à cet égard la faute la plus grave. Ils s'imaginent que la religion qui est individuellement semée dans la masse du peuple suffit à la nation, sans penser qu'il n'est point de l'essence de la lumière de jaillir du bas en haut, mais, au contraire, de descendre du haut en bas. S'il y avait un choix à faire entre ces deux alternatives, de mettre la force de la religion ou dans le gouvernement ou dans le peuple, il ne faudrait pas hésiter à la mettre dans le gouvernement. La Religion est un principe de vie, une lumière ; il faut bien se garder d'en faire un ressort, un levier, inutile quand on ne s'en sert pas, et presque toujours nuisible quand on s'en sert. La Religion n'est point une chose dont on doive se servir, mais une chose, au contraire, qu'on doit servir.

Les deux chapitres où Montesquieu et Rousseau ont parlé de la religion, sont les plus faux et les plus mauvais de tous leurs ouvrages. On voit, à travers l'embarras de leur diction et l'obscurité de leur pensée, qu'ils sentent également que c'est là le point par où s'écroulent leurs systèmes. Ils ne peuvent pas entièrement repousser la Vérité qui leur crie que nul gouvernement ne peut exister sans religion ; et néanmoins ils se la dissimulent, et ils la dissimulent tant qu'ils peuvent à leurs lecteurs, pour que la loi volitive ou républicaine, qu'ils ont évidemment mise au-dessus de toutes les autres, puisse rester athée, comme ils l'ont faite. Quelle contradiction ! quelle funeste erreur ! ils veulent tous les deux la république, et ils ne sentent pas que cette forme de gouvernement, étant incessamment menacée de dissolution, aurait besoin, plus qu'une autre, d'une puissance supérieure qui la maintînt dans l'unité. Mais la Religion ne pouvant entrer dans le gouvernement républicain sans y restreindre la souveraineté du peuple, leur idole favorite, ils ont mieux aimé laisser intacte cette idole, et courir tous les autres risques, en fondant ce gouvernement sur une loi purement volitive.

Aussi, soyez certains d'une chose : les Républiques anciennes, telles que celles d'Athènes, de Carthage et de Rome, ont pu, à la faveur du principe vital qu'elles avaient reçu à leur origine, vivre cinq ou six siècles ; mais cette vie politique, déjà très courte, sera fort abrégée dans les Républiques modernes, où ce principe n'est point admis.

CHAPITRE III.

La Volonté de l'homme mise au-dessus de la Providence dans les Républiques. Mesures qu'elle prend pour dominer le Destin. Origine de l'esclavage domestique. Différence de cet esclavage avec le servage féodal et la captivité militaire. Réflexions à cet égard.

La Volonté de l'homme, qui a tant fait d'efforts pour rester maîtresse absolue de l'Univers, a fini par éloigner tout-à-fait la Providence de la forme de gouvernement qui lui appartient. Les Républiques modernes qui se sont fondées, ou qui ont essayé de se fonder sous son influence, ont non seulement secoué le joug de l'autorité sacerdotale, mais ont encore réduit cette autorité jusqu'à n'être plus considérée que comme une institution ordinaire, dont les membres, soumis à la souveraineté du peuple, et dépendants de lui comme tous ses mandataires, ont dû recevoir un salaire à l'instar des autres officiers civils ou militaires : en sorte que les délégués de la Providence sont devenus ceux du peuple, et ont été payés pour continuer à lui répéter de certaines cérémonies de culte auxquelles il était habitué. Dans les états où on a bien voulu admettre les prêtres au nombre des représentants de la nation, ce qui a été souvent très difficile, à cause des conditions de fortune qu'on a exigées, ces prêtres n'ont plus été admis comme prêtres, mais seulement comme citoyens, à cause d'une des conséquences de la loi volitive, qui a donné lieu à cette maxime singulière : qu'un homme est citoyen avant d'être prêtre; ce qui n'est assurément pas vrai, en prenant le nom de citoyen dans le sens que lui donne Rousseau; car on est homme avant d'être citoyen; et puisqu'un homme, suivant les raisonnements de cet écrivain, ne peut jamais être lié par aucun contrat auquel il n'a pas donné son adhésion, il peut aussi-bien choisir d'être prêtre avant d'être citoyen, que citoyen avant d'être prêtre.

Mais ceci passait dans les Républiques modernes pour une maxime tellement irréfragable, qu'il n'y avait pas jusqu'à la ville de Genève, dont la constitution aurait dû être théocratique, si elle avait visé à être quelque chose, où cette maxime ne sortît son plein effet. Les pasteurs, hors de leurs consistoires, n'avaient pas une influence différente de celle des moindres artisans; et quand ils étaient membres du grand ou du petit conseil, ils y étaient confondus avec les marchands de toile ou les fabricants de montres. On appelait cette confusion des puissances, égalité des droits. A Venise, dont l'esprit était entièrement opposé à celui de Genève, on ne différait pas d'opinion sur ce point; ce qui prouve que ce n'était ni la diversité des formes aristocratiques ou démocratiques, ni celle des cultes opposés, qui opéraient sur ceci, mais la Volonté de l'homme toute seule. Cette Volonté, ayant voulu dominer la Providence, l'avait en apparence assez facilement dominée.

Il ne restait à dominer que le Destin; mais ceci était un peu plus difficile, parce que la soumission que demande la Providence devant être libre, peut être facilement refusée; tandis que l'assujettissement dont menace le Destin, étant forcé, ne peut pas être aussi facilement éludé.

Les Républiques anciennes s'étaient épuisées en combinaisons plus ou moins fortes, plus ou moins ingénieuses, pour échapper à la fatalité du Destin; tandis qu'au contraire elles avaient laissé un assez libre accès à l'action de la Providence, en accordant beaucoup d'influence aux oracles des Dieux. Il n'en faut pas davantage pour donner une haute idée de leur science, et prouver qu'ils connaissaient, au moins d'une manière confuse, l'action des trois grandes puissances de l'Univers. Il est remarquable que les modernes ont agi à cet égard d'une manière inverse. On dirait, en lisant leurs constitutions républicaines, que, tout imbus de leurs forces, ils se sont crus au-dessus de toute fatalité, et n'ont dirigé leurs efforts qu'à se garantir des influences religieuses. Un prêtre leur a paru plus redoutable que cent soldats, et une prophétesse comme la mère Théos, plus pernicieuse que toutes ces tricoteuses des Jacobins.

La plus forte garantie que les anciens eussent trouvée pour assurer la stabilité des Républiques, était l'esclavage d'une partie du peuple. Les hommes libres, qu'on appelait *citoyens*, étaient servis par cette partie du peuple esclave, qui cultivait les terres pour eux, et remplissait les autres fonctions pénibles. Ce moyen terrible avait une grande efficacité cachée : l'esclavage, en partageant en deux parties la population d'un état, rompait le cours du Destin, et lui ôtait par ce partage la moitié de ses forces ; car on sent bien qu'un ilote, de quelques facultés animiques qu'il fût doué, à Lacédémone, ne pouvait jamais inquiéter la liberté de cette ville. La Volonté de l'homme, en créant ce Destin factice appelé *esclavage*, s'était donc emparée d'une partie de la puissance du Destin, qu'elle avait tournée contre lui. Tous les hommes que le sort faisait naître parmi les esclaves, ou que la Volonté y poussait par ses lois ou par ses ruses, étaient autant de victimes dont la somme de liberté perdue tournait au profit de ceux qui en jouissaient. Les modernes, qui n'ont plus cette ressource, ne peuvent y suppléer que par la grande inégalité des fortunes, qui crée la misère et la domesticité. Mais le cours du Destin, loin d'être rompu par cette inégalité, n'en est arrêté un moment que pour être rendu plus impétueux ensuite ; car les lois républicaines consacrant l'égalité des droits, les hommes pauvres que la nature a doués d'un caractère audacieux, ne voyant que la pauvreté pour unique obstacle à leur ambition, cherchent à en sortir par tous les moyens imaginables, et présentent aux factieux des instruments aussi sûrs que dociles.

On doit tirer de ce que je viens de dire cette importante conclusion, que l'esclavage n'est ni l'ouvrage du Destin, ni celui de la Providence; mais bien l'ouvrage de la Volonté toute seule, qui, comme je l'ai dit, crée un Destin factice pour l'opposer au véritable Destin; et n'ayant à disposer que d'une certaine somme de liberté, en dépouille quelques hommes qu'elle abandonne, pour en enrichir quelques autres qu'elle protége. C'est donc dans les Républiques que l'esclavage a été pour la première fois établi en système, et rendu légal par les lois qui l'ont fondé. Avant cette époque il était seulement le résultat de la guerre, et pesait sur l'ennemi vaincu. Il n'y avait point d'autre loi que celle de la force qui le consacrât : aussi ne pouvait-il point être appelé légal comme j'ai appelé celui qui avait lieu dans les Républiques. Si l'on veut y faire réflexion, on verra que la différence qui existait entre ces deux esclavages était énorme.

Dans l'esclavage militaire, celui que le sort des armes soumettait à son ennemi subissait le joug de la force, obéissait par contrainte, et n'avait garde de faire de son obéissance un devoir, et de son devoir une vertu. Son maître était évidemment son ennemi. La force l'avait soumis, la force pouvait le délivrer. Il ne fallait qu'une victoire de ses compatriotes pour le remettre en liberté. Il ne formait point une caste particulière; ou bien quand cela arrivait, comme dans les grandes conquêtes, lorsque des nations entières étaient soumises, alors le système féodal s'établissait, et avec lui le servage des terres; mais ceci était un esclavage d'une certaine forme qui n'avait aucun rapport avec l'esclavage domestique. Un serf n'était point un esclave proprement dit : c'était un homme qui, ayant été dépouillé de ses droits de propriété par le sort des armes, reconnaissait un maître terrien, et se trouvait forcé à lui consacrer une partie plus ou moins considérable de son travail. A l'époque où les Goths envahirent l'Empire romain, l'esclavage domestique qu'ils y trouvèrent établi modifia un peu l'ancienne féodalité des Celtes, et y fit entrer quelque chose de cet esclavage; mais malgré ce mélange, il fut toujours facile de distinguer un esclave proprement dit, d'un serf, et un serf d'un captif. La captivité était le résultat pur et simple de la guerre; elle n'avait point d'autre garantie que la force. Le servage était la suite d'une convention faite entre le vainqueur et le vaincu, d'après laquelle le vaincu consentait à l'abandon d'une partie de sa propriété pour conserver l'autre. L'esclavage était l'effet d'une loi, qui statuait sur l'homme en lui-même, et réglait quand et comment un citoyen serait dépouillé de sa liberté, quand et comment il pourrait se vendre ou être vendu. Dans cette espèce d'esclavage, particulier aux Républiques, la loi qui en consacrait le principe faisait un devoir de l'obéissance, et l'obéissance devenait une vertu. Un esclave ne pouvait point, sans crime, chercher à recouvrer sa liberté par d'autres moyens que par ceux autorisés par les lois. La morale qu'on lui inculquait dès l'enfance était le respect et même l'amour de ses chaînes. On allait jusqu'à lui dire que l'esclavage était ennobli par les vertus de l'esclave; que cet état avait de singulières douceurs, toutes puisées dans cette satisfaction intérieure qui dépend de l'accomplissement de ses devoirs; et qu'à l'abri des soucis et des alarmes qu'entraîne avec soi l'exercice de la liberté, un esclave était bien souvent plus heureux que son maître. Ainsi, par une bizarre inconséquence, il fallait, dans un tel état de choses, que le législateur inspirât à la fois du respect pour les chaînes qu'on portait, et de l'horreur pour celles qu'on ne portait pas. Il y était obligé par la singulière connexion qui existait entre l'esclavage et la liberté, et l'inévitable force qui entraînait d'un état à l'autre. Il est difficile de citer en Grèce un homme distingué qui n'ait pas été esclave, ou qui n'ait pas couru risque de le devenir. Dans l'origine de la République romaine, un père avait le droit de vendre jusqu'à trois fois ses enfants. Le débiteur insolvable y devenait l'esclave de son créancier. A Athènes, le moindre défaut de payement dans l'impôt entraînait la perte de la liberté. On sait que Xénocrate, le successeur de Platon, le chef de l'Académie, fut vendu sur la place publique, et acheté par Démétrius de Phalère. Dans cette Grèce si fière de sa liberté, on ne pouvait passer d'une ville à l'autre, voguer un moment sur les mers qui en baignaient les côtes, sans risquer de devenir esclave. Le célèbre Diogène éprouva cet inconvenient, ainsi qu'une foule d'autres.

On doit voir, d'après ces exemples, que je pourrais beaucoup étendre, si je ne croyais pas inutile de répéter des choses que tout le monde sait, que l'esclavage domestique des Républiques ne doit point être confondu avec l'esclavage militaire des Empires ni avec le servage terrien des états féodaux. Rien ne se ressemble moins. L'esclavage domestique était, je le répète, l'effet d'une loi fondamentale, sans laquelle le gouvernement républicain véritable n'aurait pas pu exister. Je dis véritable, parce qu'on s'est accoutumé à le confondre avec l'emporocratie moderne, qui en diffère essentiellement. Cette loi fondamentale n'ayant pas pu être renouvelée en Europe, depuis que le christianisme s'y est établi, l'absence de l'esclavage domestique y a empêché et y empêchera toujours la consolidation des Républiques. On y a vu celle d'Angleterre et celle de France, auxquelles leurs fondateurs avaient voué l'éternité, ne pas atteindre au deuxième lustre.

C'est, au reste, par un bienfait de la Providence, que toute espèce d'esclavage a disparu. On aurait voulu vainement, tant à Londres qu'à Paris, en rappeler le principe; on ne l'aurait pas pu. Quelque chose de plus fort que la Volonté de l'homme s'y serait opposé. Cette volonté agissait pourtant en différents temps, et s'armait de divers moyens. A Londres, elle se parait des couleurs de la Religion, et poussait le zèle jusqu'au fanatisme; à Paris, elle embrassait le philosophisme du siècle, et portait l'incrédulité jusqu'à l'athéisme. On aurait cru que ce qu'elle n'avait pas osé d'un côté, elle l'oserait de l'autre. Point du tout. Le fanatisme religieux et le philosophisme cynique se sont rencontrés en ce point, qu'ils n'ont pu ni l'un ni l'autre rappeler le principe de l'esclavage domestique, qui était pourtant indispensable à leurs desseins.

S'il se trouve un lecteur dont la vue soit assez ferme pour atteindre à de certaines profondeurs, voilà une occasion pour lui de voir comment agit la Providence sur la Volonté de l'homme, sans enfreindre en rien la loi de liberté qu'elle lui a donnée. Il n'a besoin pour cela que de chercher à découvrir le motif secret et puissant qui empêchait les Puritains d'Angleterre et les Jacobins de France, si opposés de système religieux, de jeter les chaînes de l'esclavage domestique sur leurs ennemis, au lieu de les envoyer à l'échafaud; ce n'était pas la force qui leur manquait. La mort était bien à leurs ordres : pourquoi l'esclavage n'y était-il pas? Les anciens n'auraient pas hésité. La raison pour laquelle ils ne le firent pas, très difficile à expliquer, peut néanmoins se renfermer dans cette formule logique : C'est qu'il y a des choses que la Volonté de l'homme, pouvant vouloir, ne veut pas vouloir. L'opposition que cette Volonté éprouve dans sa propre essence tient à la marche universelle des choses, qui les change de nature, et qui fait, par exemple, que pour nous les captifs ne sont plus que des prisonniers de guerre, les serfs que des fermiers, et les esclaves que des domestiques. Tâchez de réfléchir sur ce point, politiques imbus des préjugés de Montesquieu ou de Rousseau, et sachez bien que là où il y a impossibilité de vouloir des esclaves, il y a impossibilité de faire des Républiques pures.

CHAPITRE IV.

Autres mesures que prend la Volonté pour dominer le Destin, dans les Républiques ; comment elles échouent. Amalgame tenté entre la Volonté et le Destin, dans les Républiques modernes. Origine de l'Emporocratie. Quel est son ressort.

Mais cette loi de l'esclavage domestique, cette loi terrible qui eût forcé Platon lui-même à renfermer toutes ses vertus républicaines dans l'accomplissement de ses devoirs d'esclave, s'il n'avait pas été racheté par Nicetès, cette loi qui dicta le manuel d'Épictète, n'était pas encore le seul moyen que la Volonté de l'homme eût imaginé pour contrebalancer la fatalité du Destin, toujours opposée à son action. Athènes avait sa fameuse loi de l'ostracisme, en vertu de laquelle on condamnait au bannissement celui qui s'élevait au-dessus des autres par trop de talents ou de célébrité. Il y avait à Rome des censeurs rigides, qui forçaient chaque citoyen de rester à son rang, et qui châtiaient, comme des fautes contre les mœurs, toutes les démonstrations de fortune ou de talent qui pouvaient blesser le vulgaire. Comme dans cette dernière république la Volonté démocratique n'avait pas pu empêcher le Destin de se manifester dans l'établissement d'une sorte d'aristocratie sénatoriale, on y avait imaginé les tribuns du peuple, pour en arrêter les empiétements. Les éphores de Sparte avaient été également posés pour examiner la conduite des deux rois, ou plutôt des deux généraux de cette république, et pour en contrôler tous les actes. Ces précautions, et beaucoup d'autres qu'il serait trop long de citer, n'empêchèrent pas ces républiques de se dévorer elles-mêmes, et de succomber avant le temps sous les coups du Destin. Malgré les lois de l'ostracisme, Athènes éprouva la tyrannie de Pisistrate; et Rome, souvent ensanglantée par ses tribuns, n'échappa point aux proscriptions de Sylla. L'institution de la dictature, qui faisait sa sûreté tant que la Volonté domina le Destin, fit sa perte dès que cette domination cessa.

En général, tous les efforts des anciens tendaient dans l'établissement du système républicain à briser partout l'influence du Destin, c'est-à-dire à faire que rien d'assez puissant ne pût se présenter, soit dans la fatalité des choses, soit dans la fatalité des hommes, pour que la Volonté n'eût des moyens suffisants et tout prêts pour le détruire à l'instant. Les législateurs s'étaient flattés de soutenir sans cesse cette supériorité de la Volonté sur le Destin; mais ils se trompèrent en ce point, qu'ils avaient compté sur une permanence d'unité dans l'action de la Volonté, qui ne s'y trouve pas. Il faudrait, pour que le système républicain durât, que la puissance volitive qui le fonde ne se divisât point; mais, comme il est de l'essence de cette puissance de se diviser, le génie consiste à trouver le moyen qui empêche cette division, ou qui du moins la retarde beaucoup.

Quoique les modernes aient agi d'une manière opposée aux anciens, et qu'ils se soient jugés plus sages, ils sont loin pourtant d'avoir vu la difficulté où elle est réellement. Ils ont cru qu'il n'était pas tant question de dominer le Destin en s'opposant constamment à sa marche, qu'en s'emparant adroitement de ses effets pour le dominer. Ils ont conçu, sans s'en douter peut-être, l'idée singulière de former une sorte de fusion de la Volonté et du Destin, un amalgame de la liberté de l'une avec la nécessité de l'autre, de manière à obtenir un ensemble qui ne fût ni tout-à-fait fatidique ni tout-à-fait volitif, mais qui tînt de l'essence de tous les deux. Cette idée, qui a été réalisée de plusieurs façons, a paru le grand œuvre de la politique, et quelques esprits libéraux, trop préoccupés pour voir le vice d'un pareil gouvernement, ont crié au miracle.

J'ai déjà fait remarquer que parmi les choses extraordinaires qui se passèrent en Europe au moment où l'ébranlement politique causé par la chute de l'Empire de Charlemagne, laissa à tous les membres féodaux de ce grand corps la possibilité de se rendre souverains dans leurs domaines, il se trouva une certaine quantité de villes qui, n'ayant point de chefs militaires en position d'y saisir l'autorité, tombèrent aux mains de leurs chefs ecclésiastiques ou civils, et formèrent, sous les lois de leurs évêques ou de leurs magistrats municipaux, de sortes de petits États, dont le gouvernement insolite, sans modèle dans l'antiquité, ne pouvait être comparé à rien. Ces villes, qui s'intitulaient impériales, et qui voulaient être protégées par les empereurs, prétendaient, par une inconcevable bizarrerie, ne dépendre en rien de ces monarques. Elles finirent même par se soustraire tout-à-fait à leur juridiction, et prirent le nom de Républiques (1). Ces prétendues républiques, qui n'avaient rien de républicain que le nom, furent d'abord des municipalités féodales, et plus tard de véritables emporocraties (2); c'est-à-dire des États où le commerce, considéré comme l'un des mobiles du gouvernement, en fait la principale force. L'union des villes hanséatiques, opérée au milieu du treizième siècle, offrit même une sorte de grandeur; et ces villes auraient pu prétendre à quelque célébrité, s'il était de l'essence du commerce de donner autre chose que des richesses sans éclat.

Le plus grand effort de l'emporocratie se fit en Hollande, lorsque cette contrée, ayant secoué le joug des Espagnols, offrit le spectacle singulier d'une compa-

---

(1) Par le traité de Constance, en 1183.
(2) Voyez la note qui termine le chapitre IV du Livre V.

gnie de commerçants, qui, sujets d'un côté et souverains de l'autre, étaient censés recevoir des lois tandis qu'ils en donnaient; et qui, constituant un état dans l'État, déployaient une puissance maritime considérable, entretenaient des troupes de terre et de mer, faisaient la guerre et la paix en leur propre nom, et envoyaient au loin des agents diplomatiques, des officiers militaires et civils. Cette institution, imitée en Angleterre, y a parfaitement réussi; tandis qu'elle n'a eu aucun succès en France. Quelques écrivains politiques, du nombre desquels est Raynal, ont fort gémi sur la chute de notre Compagnie des Indes; mais ils n'ont pas vu que cette institution emporocratique ne convenait pas du tout à l'esprit national des Français, qui n'est point mercantile, ainsi que je crois l'avoir dit, mais agricole. L'Angleterre a pu, à la faveur de sa Compagnie des Indes, donner à son gouvernement la forme extraordinaire qu'il a, cette forme où les principaux éléments de la monarchie et de la république paraissent confondus, tandis qu'ils ne sont que mêlés, et dans laquelle on a eu la prétention d'entraîner dans le même tourbillon la Nécessité et la Liberté, le Destin et la Volonté de l'homme.

Voilà ce que j'appelle une Emporocratie. C'est l'espèce de gouvernement dont je parlais tout à l'heure, objet de l'admiration de quelques écrivains préoccupés d'une idée fixe, dont ils n'ont pas senti la faiblesse. Montesquieu est le premier en France qui ait donné le ton sur ce point, et malheureusement madame de Staël l'a suivi. J'en suis fâché pour elle. Elle était susceptible, par les hautes facultés de son intelligence, de s'élever à de plus nobles conceptions. Rousseau n'a pas été dupe des apparences; il a bien senti que ce gouvernement tant vanté ne réalisait aucune des espérances qu'il avait données. Le considérait-il comme républicain, il voyait le peuple sans liberté, sans puissance, sans considération, sans voix dans ses propres affaires, turbulent sans objet, servile sans nécessité, livré à une misère de plus en plus croissante, qui, dévorant le peu de vertu qui lui restât, le rendait tour à tour factieux ou vénal. Le voulait-il regarder comme monarchique, il voyait un roi sans force, sans autorité, sans grandeur, obligé de suivre dans l'intérieur même de son palais le mouvement de son ministère, subordonné lui-même à celui d'un parlement composé des éléments les plus hétérogènes, lequel toujours flottant entre la crainte de l'opinion et l'attrait de la faveur, ne savait jamais s'il voudrait le lendemain ce qu'il avait voulu la veille.

Mais peut-être ce gouvernement est-il aristocratique. Alors si l'on cherche ce corps d'aristocrates, dont la puissance, élevée sur celle du peuple et du roi, se présente à l'imagination comme un colosse, on voit avec étonnement qu'il n'y en a point. La Chambre des Pairs, qui devrait être ce corps, contrainte par sa position équivoque de suivre le mouvement du ministère, lui donne une force qu'elle ne partage pas; car si c'est elle qui le soutient, ce n'est pas elle qui le crée; cette prérogative appartient à la Chambre des Communes, qui, formée sous l'influence du ministère, ne peut l'abandonner sans exposer l'État, et sans s'exposer elle-même aux catastrophes les plus violentes. On dirait, d'après cela, que le gouvernement résidant tout entier dans le ministère, ce ministère doit être revêtu d'un immense pouvoir; et que, si par hasard il est conduit par un premier ministre habile, ce premier ministre doit être le plus puissant Potentat du Monde; eh bien! point du tout. Ce premier ministre, chancelant sous un énorme fardeau, toujours en butte aux traits d'une opposition violente, qu'il est obligé de respecter alors même qu'elle ne le respecte pas, ne marche qu'avec une extrême fatigue vers un but qu'il ne saurait manquer sans honte, et qu'il n'atteint jamais avec gloire. De quelque génie qu'il soit doué, il ne peut résister à une baisse de fonds publics qu'il n'a pas prévue. Une banqueroute arrivée dans la cité, ébranle son crédit; l'opération la plus importante échoue par l'impéritie d'un banquier. Accoutumé à acheter les hommes à prix d'argent, à marchander le talent et même la vertu, il se laisse pénétrer d'un mépris profond pour l'humanité; et comme il ne voit rien de grand autour de lui, il ne fait aucun effort pour le devenir lui-même.

Cependant où se cache donc la force qui fait mouvoir ce colosse maritime? Cette force se cache dans son crédit. Voilà le ressort magique qui lui fait exécuter ces mouvements formidables dont le Monde est étonné. Voilà ce ressort commercial dont les Anciens n'avaient pas la moindre idée; cette invention merveilleuse dont j'ai parlé, et dans laquelle se sont épuisées les combinaisons du génie moderne. Sa seule présence annonce une Emporocratie. Il est le principe de cette sorte de gouvernement, comme la Volonté est celui des républiques, et le Destin celui des monarchies. C'est dans le crédit que la Liberté et la Nécessité sont supposées s'être réunies. Son nom, qui signifie une chose à laquelle on ajoute foi sur le témoignage d'autrui, exprime parfaitement le sens qu'on doit y attacher (1). Cette foi qui repose sur des objets matériels et physiques, et qui en détermine l'existence fictive, quand même ils n'existent pas, a aussi sa superstition et son fanatisme. Sa superstition, en ce qu'elle admet pour faits certains des nullités positives, comme quand elle attache une valeur à ce qui n'en a pas, ou qu'elle

---

(1) Considérez que le sens donné au mot *crédit* est ici plus étendu que ce mot ne l'exprime ordinairement. Je n'entends pas seulement par le mot *crédit* la faculté que peut avoir un gouvernement d'emprunter des sommes plus ou moins considérables, mais cette sorte de sécurité qu'il inspire à cause des appuis extérieurs et des ressources qu'on lui voit ou qu'on croit lui voir. Le crédit du Gouvernement anglais ne lui vient pas de lui-même, mais il le reçoit de la

reçoit comme indubitable ce qui est plus qu'hypothétique ; son fanatisme, en ce qu'elle se dissimule à elle-même le vide de ses doctrines fantastiques, et que, dans la terreur où elle est de cesser de croire, ce qui la réduirait au néant, elle fait des efforts de plus en plus violents, et pour paraître croire ce dont elle doute, et pour forcer les autres à y croire.

Ce ressort physique, qui dans tous les gouvernements emporocratiques tient la place des principes intellectuels qui y manquent, supplée tant bien que mal à leur action. Il est l'ouvrage de la Volonté, et opère dans ces gouvernements constitués de main d'homme le même effet que le ressort d'une montre opère sur cette espèce d'horloge : il en fait marcher tous les rouages, et y détermine un mouvement artificiel qui, au premier coup d'œil, paraît celui de la Providence ou celui du Destin ; mais ce mouvement n'est rien moins que cela ; il doit, au contraire, lutter sans cesse contre eux, et opposer ses forces factices et bornées à leurs forces essen-

---

puissance commerciale qui est hors de lui. Un crédit intérieur, comme celui d'une monarchie constitutionnelle, la France, par exemple, ne peut servir de ressort à cette monarchie, par la raison que la chose mue et la chose mouvante ne peuvent être la même. Il faut donc que le crédit emporocratique soit extérieur, et vienne au gouvernement d'une puissance indépendante en quelque sorte de lui, qu'il appuie et dont il est appuyé.

tielles et sans bornes : ce qui ne peut se faire sans nécessiter à des époques quelconques une tension nouvelle, un remontement du ressort, dont cette machine est plus ou moins ébranlée, et qui finit toujours par l'user et la détruire.

Ce qui plaît surtout à l'homme volitif dans ce gouvernement factice, c'est son ouvrage : il s'admire dans l'œuvre de ses mains, et, sans en prévoir les inconvénients, en proclame les avantages. Lorsqu'on lui fait observer que le Destin y est forcé, et que la Providence en est absente, il répond avec orgueil : Qu'importe cela? tout n'en marche pas moins. Sans doute tout marche, mais tout marche comme dans une machine où un habile artiste aurait copié les mouvements de l'Univers. Vous avez une horloge fort bien faite où, pour un certain temps, dans l'absence du soleil même, vous pouvez calculer la hauteur de cet astre sur l'horizon, et pour régler vos affaires domestiques, savoir à peu près l'heure qu'il est. Mais, dites-moi, est-il un homme assez ignorant pour préférer cette copie, si parfaite qu'elle soit, à l'Univers lui-même, pour ne sentir pas qu'une telle machine n'est belle que par comparaison, et que son existence même en prouve une autre sur laquelle elle a besoin de se régler? Que diriez-vous d'un horloger qui viendrait froidement vous assurer, parce qu'il a fait une bonne montre, qu'on peut dorénavant se passer du soleil pour mesurer le temps et déterminer le retour des saisons? Vous ririez de pitié sans doute, et l'enverriez aux Petites-Maisons. Le langage de l'orgueilleux mécanicien ne différerait pas cependant de celui de l'insensé politique qui, voyant avec admiration un gouvernement mécanique dans lequel on est parvenu à suppléer pour un temps l'action de la Providence, et à y contraindre celle du Destin, vous proposerait de vous passer pour toujours de ces deux puissances, et à établir partout un pareil gouvernement.

Mais c'est en vain qu'en fermant volontairement les yeux à l'évidence, vous voudriez suivre les idées de ce politique; vous ne le pourriez pas. Le ressort du gouvernement emporocratique, le crédit, n'est point de nature à être forgé partout, ni posé indifféremment. Il faut qu'une nation essentiellement mercantile en fournisse les éléments, et que la puissance maritime le raffermisse ou le remonte quand il est détendu. Les lieux où ce ressort s'est montré avec le plus de force et d'avantage ont toujours joui de cette double prérogative. Les villes d'Italie qui l'ont possédé, celles de Flandre, la Hollande, l'Angleterre, et enfin les États-Unis d'Amérique, ont été ou sont encore des états commerçants et maritimes. Quand on se contente d'envisager superficiellement la France, et qu'on ne la voit que sous de certains rapports géographiques, on peut croire qu'elle est aussi susceptible d'admettre ce ressort, et de devenir une emporocratie comme l'a été la Hollande, ou comme le sont encore l'Angleterre et les États-Unis;

mais si l'on veut examiner plus avant la nature de son territoire, et surtout se pénétrer de l'esprit particulier de ses habitants, on verra qu'elle est agricole d'un côté, et guerrière de l'autre; ce qui lui donne des alternatives de repos et de mouvement, qui, frappant les yeux de l'observateur, ont fait souvent taxer les Français d'inconstance. Quoique l'agriculture conduise au commerce, et l'habitude guerrière à la marine, le commerce ni la marine ne peuvent jamais être le but des Français, mais seulement leur moyen ou d'augmenter les produits de leur agriculture, ou d'étendre leurs conquêtes, afin d'arriver soit au repos que donne la fortune, soit à l'éclat que procure la victoire. De tous les peuples européens, il n'y en a pas un seul qui chérisse autant le plaisir ou la gloire. Ces dispositions, qui pourraient lui faire adopter le ressort emporocratique, si ce ressort était de nature à être présenté tout fait, l'ont empêché et l'empêcheront éternellement d'avoir assez de persévérance pour le créer. Le crédit, tel que je l'entends (1), n'est point une chose qui naisse tout à coup au milieu d'une nation; ce n'est pas le fruit d'un enthousiasme passager; c'est le produit d'un calcul lent et réfléchi dont le peuple français est incapable. Ce peuple peut bien s'engouer un moment du système de Law, donner à un frivole papier la valeur nominale de l'argent; mais il faut que les

---

(1) Voyez la dernière note.

chances auxquelles il s'expose soient rapides. S'il a le temps de réfléchir, toute l'illusion est détruite. La réflexion ébranle en lui la croyance; et, dans ce qui a rapport au crédit emporocratique, il faut, au contraire, qu'elle l'affermisse.

Un État agricole et militaire incline nécessairement vers le Destin, qui y appelle la monarchie. Il faut un violent effort de la Volonté pour que la république puisse s'y établir. Si elle s'y établit comme chez les Grecs et chez les Romains, c'est toujours sous la forme d'une République pure, dans des circonstances favorables, et avec les conditions que j'ai indiquées. Si, dans un pareil État, on voulait créer brusquement une emporocratie, le ressort qu'on y mettrait pour en faire mouvoir les rouages, exposé aux attaques du Destin, serait brisé en quelques moments.

CHAPITRE V.

Principe du gouvernement monarchique. Le Destin y domine la Volonté. Ce gouvernement est naturel à l'homme, surtout à l'homme de couleur jaune. La Race blanche incline vers la République; pourquoi. Origine du gouvernement impérial et féodal. Principe du gouvernement théocratique. Mouvement des trois puissances.

Montesquieu, qui avait établi pour principe des républiques *la Vertu*, veut que celui des monarchies soit *l'Honneur* : en sorte que les devoirs qu'un citoyen remplit dans l'un de ces gouvernements par amour de la patrie, un sujet les accomplit de l'autre par un certain sentiment d'amour-propre qui lui fait trouver de la gloire dans son obéissance. Tout cela est assez vague; et, comme je l'ai déjà remarqué, ne touche point au principe qui crée le gouvernement, mais bien à la conséquence qui en découle. Les républiques ont leur principe dans la Volonté de l'homme, qui domine le Destin : les monarchies ont le leur dans le Destin, qui domine la Volonté de l'homme.

Lorsque la Volonté domine absolument le Destin, la souveraineté du peuple est reconnue, et avec elle la liberté et l'égalité des citoyens. Nul n'a le droit d'invoquer le passé pour se créer un avenir ; tous les emplois sont électifs ; il n'existe point de rang, point de distinction, point de privilége hors de ceux que donne l'emploi. La Volonté, qui dispose de tout, peut tout édifier et tout détruire ; elle apporte toute sa force à ce que le Destin ne soit rien, et que toutes ses conséquences politiques soient nulles.

Lorsque c'est, au contraire, le Destin qui domine absolument la Volonté, les hommes naissent ce qu'ils doivent être, maîtres ou sujets, inégaux en droits, en fortune comme en puissance. Leur avenir est toujours une conséquence du passé. L'hérédité du trône est la première loi du Destin, celle de laquelle toutes les autres reçoivent leur forme. Les lignes de démarcation qui divisent les hommes par castes, sont d'autant plus fermes que le Destin est plus fort. Ceux qui commandent naissent pour commander ; ceux qui obéissent sont nés pour obéir. Le Destin qui dispense les rangs ne souffre jamais que la Volonté de l'homme les intervertisse. Toutes les institutions qu'il crée sont dirigées vers ce but unique, d'empêcher cette Volonté de rien changer à l'ordre établi, et d'être rien par elle-même.

Telles seraient les formes générales des républiques et des monarchies pures, s'il était possible que la Volonté dominât absolument le Destin, ou que le Destin dominât absolument la Volonté. Mais cette domination absolue d'une puissance sur l'autre est impossible. La Providence, qui veille au maintien de l'Univers, ne le permet jamais, parce que, si d'un côté la Volonté restait entièrement triomphante, elle jetterait tout dans la confusion par trop de mouvement ; et que de l'autre, si le Destin restait seul victorieux, il ferait rapidement retrograder toutes choses par trop de repos. Il est donc nécessaire que les deux principes se mêlent pour se modifier l'un l'autre, et corriger ce que leur action aurait de trop véhément ou de trop stationnaire, si elle était abandonnée à sa propre nature.

A présent que nous connaissons bien les principes de ces deux formes principales de gouvernement, la république et la monarchie, nous devons tirer de cette connaissance une induction simple et naturelle : c'est que la république qui dépend de la Volonté de l'homme a toujours besoin d'un effort pour s'établir, tandis que la monarchie qui découle du Destin, étant un résultat de la force des choses, s'établit toute seule, et n'a besoin que du développement de l'État social pour se développer avec lui. Remarquez bien ceci, je vous prie ; et considérez que l'histoire du Monde le confirme. Une république est toujours l'ouvrage d'une révolution. La Volonté de l'homme qui l'a créée ne peut pas l'abandonner un instant à elle-même sans qu'elle périsse, ou sans qu'elle retombe dans la monarchie d'où elle a été tirée. La monarchie est donc le gouvernement naturel à l'homme, le gouvernement fatidique que lui donne le Destin.

Quand on découvrit l'hémisphère occidental, auquel j'ai donné le nom de *Colombique,* à cause de Colomb qui y aborda le premier, on y trouva la royauté établie, partout où la civilisation avait fait d'assez grands progrès pour l'amener. Il y avait des Caciques à Haïti, des Incas au Pérou, et une sorte d'Empereur au Mexique. Les deux seuls gouvernements réguliers qui se fussent constitués sur le continent étaient monarchiques. Celui du Pérou avait reçu de l'Asie ses formes théocratiques; et celui du Mexique, ses formes impériales et féodales de l'Europe.

Il est à remarquer que les peuples de l'Asie ont été de tout temps gouvernés par des rois, et que ce n'est qu'avec de grandes difficultés que les formes républicaines ont pu être admises parmi eux : ce qui indique dans la Race jaune, la première qui ait habité cette partie de la terre, un développement social tranquille, purement fatidique, et exempt des violentes secousses qui agitèrent celui de la Race blanche en Europe; car il ne faut point oublier ce que nous avons vu au commencement de cet ouvrage. La Race boréenne, placée à l'aurore de sa civilisation dans des circonstances éminemment difficiles, attaquée par la Race sudéenne, aguerrie et puissante, dut déployer des moyens extraordinaires et une force de volonté qui ne put la sauver de la destruction qu'en lui donnant sur la fatalité du Destin un ascendant irrésistible. Cet ascendant qu'elle prit alors, et qu'elle a conservé avec plus ou moins d'énergie chez les différents peuples qui en sont issus, les a frappés d'un caractère distinct, plus ou moins tranchant, mais toujours indélébile. Si cette Race avait pu se développer sans contradiction, comme cela était sans doute arrivé à la Race jaune; si elle était entrée naturellement dans l'État social et qu'elle en eût passé lentement les diverses phases, il est certain qu'elle n'eût pas essentiellement différé des autres races dans ses formes sociales, et que le gouvernement monarchique pur aurait été son gouvernement naturel; mais l'exaspération trop précoce qui fut donnée à sa volonté par les dangers auxquels elle fut exposée, changea cette direction et força le Destin à fléchir dans toutes ses conséquences. Au lieu d'un gouvernement monarchique, elle eut un gouvernement impérial, dans lequel le libre arbitre manifesta sa force par l'élection des chefs. Les castes se formèrent bien dans son sein; mais attendu qu'elles se formèrent par la suite d'un mélange extraordinaire de Nécessité fatidique et de Liberté volitive, elles participèrent de ces deux principes, et ne furent pas purement monarchiques, mais impériales, et donnèrent naissance à ce gouvernement mixte qu'on a nommé féodal. Il est inutile que je revienne à cet égard sur tout ce que j'ai dit. On sait assez comment la Race boréenne, après avoir été quelque temps opprimée par la sudéenne, prit enfin le dessus sur elle, se répandit sur toute la terre, et principalement en Asie, où, par l'influence de la Providence qu'elle reconnut, elle fonda sous la conduite de Ram le dernier Empire universel. J'ai assez montré qu'un tel empire ne pouvait être que théocratique. J'ai dessiné les formes simples et majestueuses de cet admirable édifice social, autant que me l'ont permis l'obscurité et la profondeur des siècles; j'ai dit de quel immense éclat il avait brillé avant d'atteindre à l'époque de sa décadence; j'ai signalé cette époque, et j'ai le premier montré les causes singulières qui avaient amené sa chute. En exposant son mouvement rétrograde et sa dissolution, je n'ai pas manqué de répéter plusieurs fois que les trois principes réunis en lui s'étaient séparés, et que chacun d'eux avait repris son mouvement propre. Or, le Destin qui s'était trouvé le plus fort en Asie, durant les premiers développements de la Race jaune, y était revenu à ses premières formes monarchiques; et la Volonté de l'homme qui s'était exaspérée en Europe, pour y conserver la Race blanche, dès l'entrée de sa civilisation, après avoir passé par les formes républicaines qui lui appartiennent exclusivement, était retombée dans les formes impériales et féodales qui sont un mélange des deux principes. Mais enfin, à la suite d'un nombre infini de vicissitudes, dont j'ai assez nettement indiqué les principales, l'Empire universel, entièrement dissous et réduit à ses éléments primitifs, tendait à se reformer, et le Destin et la Volonté de l'homme travaillaient, chacun de leur côté, à ce grand œuvre : le Destin, en reconstruisant des monarchies, et la Volonté de l'homme en organisant des républiques. Chacun de ces principes tâchait, au moyen des hommes fatidiques ou volitifs qu'il influençait, d'éloigner autant qu'il le pouvait le principe contraire, afin d'obtenir la domination entière : ce qui tendait du côté du Destin, à établir le despotisme absolu; et du côté de la Volonté, la démocratie absolue, avec tous les inconvénients qui s'attachent à ces deux gouvernements extrêmes, et qui entraînent toujours avec eux l'anarchie, soit militaire soit civile.

Cependant la Providence ne restait pas oisive, au milieu des deux autres principes contendants, et sans contrarier ouvertement les lois de Nécessité et de Liberté auxquelles elle s'est soumise, tempérait leur âpreté par des moyens invisibles, qui, malgré leur apparente faiblesse, n'en étaient pas moins efficaces ni moins forts. Les hommes qu'elle inspirait et qu'elle jetait au milieu du tourbillon volitif ou fatidique en amortissaient la véhémence, et donnaient, suivant leur position, naissance à des institutions opposées, qui tantôt offraient des digues puissantes aux envahissements de la démocratie, et tantôt arrêtaient les effets désastreux du despotisme. J'ai nommé plusieurs de ces hommes providentiels; et je suis entré autant que me l'a permis l'objet de cet ouvrage, dans les détails de leur caractère et de leur doctrine. J'ai été loin de les nommer tous. Un grand nombre d'entre eux est même resté inconnu. Quelques uns, pour prix des services qu'ils rendaient à l'humanité, ont reçu des hommes qu'ils contrariaient, le mépris, l'outrage et même la mort; mais ces malheurs passagers entraient souvent dans les vues de la Providence, qui savait bien trouver pour ses Envoyés, des récompenses dignes de leurs travaux, de leurs souffrances et de leurs vertus.

La Providence, qui marche toujours à l'unité, est le principe des théocraties, comme le Destin l'est des monarchies, et la Volonté de l'homme, des républiques. Elle donne toutes les idées religieuses, et préside à la fondation de tous les cultes. Il n'est rien d'intellectuel qui ne vienne d'elle. Elle est la vie de tout. Le Destin donne la forme et la conséquence de tous les principes. Il n'y a rien de légitime hors de lui. La Volonté possède le mouvement qui donne la progression. Sans elle rien ne se perfectionnerait. Le but de la Providence est, dans la politique, l'Empire universel; celui du Destin, le triomphe de la Nécessité, et la consolidation de ce qui est; celui de la Volonté, le triomphe de la Liberté, et la réalisation de ce qui peut être. Parmi ces trois principes, deux sont depuis long-temps engagés dans un violent combat. Le Destin et la Volonté, en exaspérant tour à tour les hommes qui dépendent d'eux, ont déployé l'un contre l'autre leurs forces les plus redoutables. La Providence long-temps méconnue au milieu d'eux, a toujours amorti leurs coups, et empêché qu'aucun ne fût mortel. Les plus grands triomphes que ces deux puissances ont remportés l'une sur l'autre ont été passagers, et n'ont point amené les résultats que chacun attendait. Après une des plus grandes secousses dont fasse mention l'histoire du Monde, les hommes enveloppés dans les deux tourbillons se sont trouvés en présence, pour la première fois depuis long-temps, et se sont nettement classés, en arborant des couleurs qui les ont fait facilement reconnaître. Les hommes du Destin et ceux de la Volonté sont là. Les uns demandent à s'arrêter à ce qui est nécessaire et légitime ; les autres, à tendre vers ce qui est possible et légal. L'obscurité de ces mots, qu'ils ne définissent pas, leur permet de les confondre, et dans l'ignorance où ils sont des principes qui les meuvent, s'étonnent de n'être pas compris les uns des autres. Quelques hommes providentiels, placés au milieu d'eux, leur parlent sans en être entendus. Un grand nombre gardent le silence et attendent l'événement. Pour moi, qui me suis rendu l'interprète de ces hommes qui se taisent, je vais dire à ceux qui se livrent à de cruelles dissensions, quel est l'unique moyen de ramener la paix parmi eux, et d'atteindre le but qu'ils se proposent sans doute également, le bien général : c'est de reconnaître la Providence, et, au lieu de faire dominer un seul principe, comme ils le prétendent, de consentir, au contraire, à ce qu'ils se confondent dans le ternaire providentiel. Je leur indiquerai tout à l'heure comment cela peut se faire, après avoir examiné avec impartialité si cela peut être évité.

CHAPITRE VI.

Quelles sont les causes qui s'opposent à l'établissement du Despotisme et de la Démocratie pure. La terreur manque au Despote, comme l'esclavage au Démagogue. Origine de la monarchie constitutionnelle. Distinction entre ce qui est légitime et ce qui est légal.

Il y a cette différence notable entre l'époque actuelle et les temps anciens, que les lumières s'étant accrues par un inévitable effet de la marche universelle des choses, ces choses quoique respectivement les mêmes, se trouvant plus éclairées, paraissent changer de nature; et que la Volonté de l'homme qui les a cherchées, et qui se trouve en face d'elles, pouvant les vouloir, ne les veut pourtant pas, à cause des conséquences que ces choses entraînent: conséquences qu'autrefois cette volonté n'aurait pas vues, et qu'elle voit clairement aujourd'hui. Cette réflexion que j'ai déjà faite à l'occasion de l'esclavage domestique, qui, ayant pu s'établir récemment parmi nous, ne s'y est pourtant pas établi, s'applique à plusieurs autres choses également importantes.

Que l'on me prête un moment d'attention. Si l'établissement de la République pure entraîne nécessairement, ainsi que je l'ai montré, l'esclavage domestique d'une partie des citoyens, et que la Volonté de l'homme, qui tend sans cesse vers cette République, ne puisse pas ou ne veuille pas vouloir cet esclavage; il résultera de là que cette Volonté se trouvera en contradiction avec elle-même, se divisera, et n'obtiendra pas le but de ses desirs. Et si l'établissement de la monarchie absolue, que l'on nomme Despotisme, exige de certaines rigueurs nécessaires, vers lesquelles le Destin pousse inévitablement, et que ces rigueurs rencontrent une opposition violente dans l'opinion, qui ne permette pas qu'elles s'accomplissent, alors le Destin, contrarié par lui-même, se brisera, et l'établissement fatidique n'aura pas lieu. Ouvrez, je vous prie, Machiavel, et voyez ce qu'il conseille à son Prince despote. Il lui conseille principalement la cruauté. Il veut, s'il fait la conquête d'un nouvel empire, que le sang des anciens maîtres y soit entièrement épuisé ; qu'il n'y laisse dominer aucune tête superbe, et qu'à la manière de Tarquin il promène sur tout ce qui s'élève au-dessus du vulgaire une faux sanglante; et quant à la masse du peuple qui pourrait avoir joui de la liberté républicaine, il veut qu'elle soit dispersée ou détruite. « Le plus sûr, dit-il, est de la détruire; car les peu-« ples républicains, naturellement haineux, sont en-« clins à la vengeance, et ne perdent jamais la mé-« moire de leur antique liberté. »

Ainsi point de République sans esclavage, point d'État despotique sans meurtre. Les républicains qui ne sauront pas faire des esclaves, et les despotes qui ne sauront immoler leurs rivaux, fussent-ils leurs plus chers amis et leurs frères, n'obtiendront jamais ni la République pure ni le Despotisme absolu. Il faut que la liberté donne des chaînes, et que l'autocratie dispose de la mort. Là, c'est la misère d'une partie du peuple qui assure la prospérité de l'autre; ici, c'est la terreur des Grands qui fait la sûreté des monarques. S'il se présente dans la carrière un conquérant politique, dont le bonheur égale le courage, qu'il ose, comme Ninus ou Cyrus, Attila ou Timour, livrer à la mort les familles royales qu'il a détrônées; qu'il sache promener la flamme de l'incendie sur des provinces entières, renverser de fond en comble des villes capitales, et en noyer les débris et les cendres dans le sang de leurs habitants; alors il pourra régner en despote. Mais quoi! vous dites qu'un tel conquérant n'osera pas, de nos jours, commettre de pareilles atrocités; que des idées plus nobles l'en détourneront; et que, quand même il nourrirait assez de cruauté dans son ame pour s'abandonner à de telles fureurs, les instruments manqueraient à ses crimes. Fort bien; je sais cela tout comme vous, parce que j'ai connu l'opinion du siècle, et que j'en ai apprécié la force; mais je sais aussi qu'un conquérant qui obéira à cette opinion trahira son destin, connivera avec son éternelle ennemie, qui est la Volonté, et perdra tout le fruit de ses conquêtes. Il ne pourra pas faire autrement, sans doute; mais alors à quoi bon entreprendre des conquêtes, si c'est pour les perdre inévitablement? A quoi bon tendre vers la République pure, vers le Despotisme absolu, si l'opinion, à laquelle les républicains comme les despotes sont obligés de se soumettre, les rend impossibles?

Voilà précisément ce que je voulais faire entendre en commençant ce Chapitre. Cela, me répliquera-t-on, est tout entendu; l'expérience d'ailleurs vient de le démontrer d'une telle manière, qu'il n'est plus permis à personne d'en douter; c'est même la raison pour laquelle on ne cherche plus dans aucun parti à réaliser l'idée d'un gouvernement simple, soit républicain, soit monarchique; mais qu'on se réunit au contraire à chercher des gouvernements mixtes, qui présentent les avantages de ces deux espèces de gouvernement, sans avoir aucun de leurs inconvénients. Ceci est, comme je l'ai déjà dit, le grand œuvre de la politique; il est question de réunir deux extrêmes, et de faire, ainsi qu'on prétend l'enseigner chez les adeptes alchimistes, que le feu et l'eau deviennent amis. Cependant la preuve qu'on n'a point encore trouvé le moyen de les réunir, et que l'antique inimitié des deux principes se manifeste aussi fortement que celle des deux éléments, c'est que les hommes qualifiés de libéraux, qui sont ceux que j'appelle volitifs, et les hommes qu'on désigne comme royalistes, et que je nomme fatidiques, ne peuvent nullement s'accorder entre eux, quoiqu'ils paraissent demander tous la même chose : une Monarchie constitutionnelle.

Ils ne peuvent pas s'accorder entre eux, et voici pourquoi : c'est parce que les volitifs libéraux veulent que dans cette monarchie constitutionnelle tout soit de fait et légal, et que les fatidiques royalistes prétendent que tout y soit légitime et de droit. Or, ce qui est de fait et légal se compose d'un Destin soumis à la Volonté; et ce qui est légitime et de droit annonce une Volonté soumise au Destin. Essayons de déterminer ce qu'on doit entendre par ces mots, qu'on s'applique moins à déterminer qu'à confondre.

Les hommes de la Volonté, volitifs ou libéraux, qui ne considèrent les choses que comme des faits isolés, sans connexion entre elles, ne voient dans un homme qu'un homme, dans un roi qu'un roi, dans un magistrat qu'un magistrat, sans admettre comme une chose existante par elle-même, ni l'humanité, ni la royauté, ni la magistrature. Ces termes ne leur offrent qu'une idée abstraite, qui ne s'attache à aucune existence réelle. S'ils prononcent le mot de royauté, par exemple, ils n'entendent pas une chose préexistante au roi, déterminant l'être royal en puissance, mais seulement une chose qui découle de cet être, et qui en désigne purement et simplement la dignité. Ainsi, pour eux, le roi existe avant la royauté, et la crée. La royauté n'est donc qu'une abstraction, et le roi un fait, lequel, lorsqu'il est reconnu pour tel par le Peuple, de quelque manière qu'il le soit, devient légal.

Mais les hommes fatidiques voient tout cela d'une autre manière : ils admettent les universaux, que rejettent les volitifs; et considèrent les choses, non comme des faits isolés, mais comme les chaînons d'une chaîne, lesquels, sans être cette chaîne même, la constituent pourtant. Pour eux l'humanité, la royauté, la magistrature, sont des choses qu'ils conçoivent préexistantes aux hommes, aux rois, aux magistrats, et posées par le Destin pour en déterminer l'existence nécessaire. De la même manière, par exemple, qu'on peut concevoir qu'une armée, quand elle est décrétée en puissance d'être, entraînera nécessairement l'existence d'un certain nombre de soldats. Ces soldats ne seront pas des faits isolés, en tant que soldats, mais des faits coordonnés entre eux à cette fin de former un tout, qui résulte bien d'eux, si l'on veut, mais dont ils résultent aussi, si l'on considère, comme on le doit, l'idée première et créatrice qui a décrété l'armée. Or, que la royauté, par exemple, soit une chose décrétée d'avance par le Destin ou par toute autre puissance supérieure, par Dieu même mis ici à la place du Destin, c'est ce dont aucun homme vraiment fatidique, aucun royaliste pur, ne peut douter, sans être en contradiction avec lui-même. Cet homme mettra toujours la royauté avant le roi, et ne considérera comme légitime que le Roi né dans la royauté. Un roi né hors de la royauté aura beau être légal à la manière des hommes volitifs, le fatidique le regardera toujours comme illégitime, et distinguera le droit du fait. Le droit sera toujours pour lui l'ordre du Destin, et la conséquence nécessaire d'une loi universelle, antérieure; tandis qu'il ne verra dans le fait que l'usurpation de la Volonté, et la suite d'une loi particulière postérieure.

Si l'on comprend bien ce que je viens de dire, on sentira parfaitement ce qui distingue l'homme fatidique du volitif, et le monarchiste du républicain; on fera la différence entre ce qui est légitime à la manière des uns, et légal à la manière des autres; et l'on verra bien qu'ils ne pourront jamais s'accorder sur rien. Supposons que dans la monarchie constitutionnelle, où ils paraissent se réunir, il soit question d'établir une noblesse comme corps intermédiaire entre le monarque et le peuple, les hommes fatidiques verront cette institution tout établie, si elle existe; et impossible dans son établissement, si elle n'existe pas. Ils concevront qu'on puisse, à la rigueur, l'augmenter de masse, mais non la créer en principe; car quoiqu'ils puissent accorder au Roi la faculté de faire un noble, ils ne lui accorderont jamais celle de faire une noblesse. Les volitifs, au contraire, croiront plus facile de créer une noblesse que de faire un noble; car ils confondront la noblesse avec l'aristocratie, et croiront que c'est par abstraction le nom générique donné à tous les hommes qui possèdent des emplois. Selon eux, le Roi sera le premier noble, et le maire de village le dernier. Ils pourront voir de la légalité dans les titres, mais ils n'y verront jamais de la légitimité. Un noble qui ne s'appuyera que sur la légitimité de sa noblesse, ne sera rien à leurs yeux s'il n'y joint pas la légalité du fait, c'est-à-dire l'emploi. Les hommes fatidiques penseront sur ce point tout le contraire, et se moqueront du noble de fait qui ne le sera pas de droit; c'est-à-dire qui sera légal sans être légitime.

Et si, par une condescendance commandée par des circonstances impérieuses, les hommes de la Volonté, les libéraux, proclament la légitimité du trône comme le principe conservateur des monarchies, ainsi qu'elle l'est en effet, quand on sait bien la comprendre, ils se garderont bien de la voir là où elle est réellement, dans la royauté qui fait le roi, comme la noblesse fait le noble; mais ils la placeront dans sa simple démonstration positive, dans l'hérédité; afin que le Peuple, pouvant la voir, puisse la saisir et la rendre légale par l'adhésion de sa volonté; ce qui est toujours détruire d'un côté ce qu'on édifie de l'autre, en soumettant à une puissance ce qui appartient à la puissance opposée. Ce n'est point l'hérédité qui fait la légitimité; c'est, au contraire, la légitimité qui consacre l'hérédité. Si la légitimité dépendait de l'hérédité, le peuple pourrait en effet la soumettre à son examen, et la rendre légale, en réglant le mode de cette hérédité; mais comme elle résulte uniquement de la royauté, et de la naissance dans cette royauté, selon l'ordre du temps, le peuple n'a rien à y voir; car la royauté est une, et le temps n'a pas deux manières de procéder.

Ainsi donc les hommes de la Volonté et du Destin, ou, comme on les appelle aujourd'hui, les libéraux et les royalistes, se trouvent amenés par la marche universelle des choses à cette situation singulière, qu'ils ne peuvent ni triompher absolument les uns des autres, en arrivant au but déterminé par leur nature, ni se réunir ensemble pour constituer un gouvernement mixte permanent; car, pour triompher absolument les uns des autres, il faudrait qu'ils pussent amener une démocratie pure ou un despotisme absolu, ce qui est rendu impraticable, par l'opinion qui repousse les seuls moyens d'atteindre ce résultat: l'esclavage des uns ou le meurtre des autres; et que, pour se réunir ensemble, il serait besoin d'un lien médiane dont ils ne veulent, ni les uns ni les autres, admettre l'action ni reconnaître l'efficacité. Ils aiment mieux, en confondant le sens de quelques mots douteux, s'en imposer à eux-mêmes, ruser avec leurs adversaires, et recommencer cent fois des tentatives toujours inutiles. Ils ne sentent pas que, malgré le fard de leurs discours, le fond de leur pensée se montre toujours; parce que ce fond est indélébile, et que le Destin ou la Volonté, qui les influence à leur insu, leur fait recevoir comme des vérités fondamentales ces axiomes opposés; aux royalistes : *Si veut le Roi, si veut la loi;* et aux libéraux : *La voix du Peuple est la voix de Dieu.*

CHAPITRE VII.

Distinction importante entre l'essence de la Religion et ses formes. Les formes qui constituent les cultes peuvent appartenir au Destin comme à la Volonté; l'Essence est toujours providentielle, et mène à la théocratie. Causes des querelles religieuses et des schismes.

On aura bien compris sans doute que j'entendais, par le lien médiane dont j'ai parlé dans le Chapitre précédent, l'action providentielle qu'il faudrait admettre dans le gouvernement, pour y consolider la réunion des deux autres principes, qui, sans ce moyen, ne se réuniront jamais, parce que ces principes sont extrêmes, et que deux extrêmes, sous quelques rapports qu'on les considère, ne peuvent jamais se réunir qu'à la faveur d'un milieu qui les touche également. Mais, diront peut-être quelques uns de mes lecteurs, si, par l'action providentielle, vous entendez la Religion, cette action, déjà admise dans plusieurs gouvernements, n'y a point produit l'effet que vous paraissez en attendre; l'expérience a prouvé, au contraire, qu'elle divisait les esprits au lieu de les unir; et que, loin de produire de bons résultats, ou elle n'en produisait pas du tout, ou elle en produisait de mauvais.

J'ai besoin de faire ici une distinction importante.

L'action providentielle dont j'ai entendu parler se manifeste bien en principe dans toute religion; comme l'action fatidique dans toute institution monarchique, et l'action volitive dans toute institution républicaine; mais le culte que consacre cette religion n'est qu'une de ses formes, et cette forme peut aussi-bien devenir monarchique que républicaine, selon que le Destin ou la Volonté de l'homme parviennent à s'en emparer. Le culte ne reste jamais providentiel qu'autant qu'il est théocratique; c'està-dire qu'autant qu'il fait partie intégrante du gouvernement, et qu'il y porte, non pas tant la forme que l'essence de son principe. Comprenez bien ceci, je vous prie; et, sans aller chercher des exemples dans les temps anciens, et loin de ce qui se passe sous nos yeux, considérez la différence qu'il y a entre un archimandrite grec et un ministre du saint Évangile parmi les Quakers : ces deux hommes se disent également chrétiens, et chrétiens par excellence, et professent néanmoins des maximes bien opposées. Ils tiennent tous les deux à l'action providentielle par la religion à laquelle ils appartiennent; mais les formes du culte sont devenues chez l'un fatidiques, et chez l'autre, volitives. Schismatiques tous les deux, ils ne pourraient redevenir providentiels qu'en devenant orthodoxes, en supposant que l'orthodoxie fût reconnue pour une théocratie universelle, ce qu'elle a bien voulu être, mais ce qu'elle n'a jamais été.

Lorsque la distinction que je viens de tenter sera bien établie dans l'esprit de mes lecteurs, je pourrai faire un pas de plus. On dit que la religion a souvent produit de mauvais résultats, en divisant les esprits qu'elle devait réunir, et précipitant dans de sanglantes dissensions les peuples qu'elle devait maintenir dans la concorde et dans la paix. Je réponds qu'en disant cela on se trompe; la religion n'est point coupable de ces funestes effets. Issue de la Providence, qui est le principe de tout bien, elle n'a jamais pu par elle-même causer aucun mal. Ce sont les formes des cultes qui ont été l'occasion de ces déplorables ravages, lorsque ces formes, envahies par la Volonté de l'homme ou par le Destin, se sont trouvées en contradiction avec les formes du gouvernement données par un principe opposé. L'Europe, comme on le sait, a été le théâtre, plus qu'aucune autre partie du monde, de ces cruelles dissensions qui ont tant servi de prétexte aux ennemis de la Providence pour en calomnier les voies; mais le principe de ces dissensions n'était pas dans la Providence; il était ou dans l'action libre de la Volonté, ou dans la fatalité du Destin. Ce qu'on appelait querelles religieuses n'était que des querelles politiques, dans lesquelles les hommes fatidiques ou volitifs s'armaient des formes du culte, pour se combattre et se porter des coups plus assurés et plus profonds. La Providence, soumise à ses propres lois, ne pouvait changer ni l'essence de la liberté, ni celle de la nécessité, qui causaient ces mouvements ; elle en adoucissait seulement la véhémence, et empêchait, comme je l'ai assez dit, que les deux puissances, en triomphant entièrement l'une de l'autre, ne se détruisissent réciproquement.

Si l'on veut tout-à-fait approfondir la cause de ces dissensions funestes dont l'Europe a été agitée, il faut songer que la religion chrétienne qui y domine n'est point d'origine européenne, mais asiatique; qu'elle tient même par ses racines primordiales à l'Afrique, puisque le Sépher de Moïse, contenant toutes les traditions atlantiques et tous les mystères égyptiens, lui sert de base ; et que par conséquent les formes de son culte sont toutes du domaine du Destin, qui a pu facilement s'en emparer. La rigidité de ses dogmes, leur obscurité, leur enchaînement fatidique, qui ne laissent aucune liberté, aucun déploiement possible à la raison humaine, tout dans cette religion a donc servi le mouvement du Destin, qui devait arrêter l'essor trop pétulant de la Volonté. Le culte d'Odin, entièrement volitif, a été heureusement comprimé après que l'effet qu'il devait faire a été atteint; les Barbares, saisis dans les formes d'un culte nouveau, y ont vu expirer leur audace ; et la chute de l'Empire romain, qui devait entraîner la ruine totale de l'État social en Europe, et l'anéantissement de la Race boréenne par elle-même, n'a point eu les suites fatales qu'elle devait avoir. Après quelques siècles d'assoupissement et de ténèbres, cette Race est sortie de sa léthargie, et a recommencé son mouvement ascendant; elle a voulu reprendre sur l'Asie la domination qu'elle y avait eue; et sans doute qu'à la faveur de son culte asiatique, elle l'aurait reprise, si ce culte ne s'était pas trouvé partagé par celui de Mahomed, dont les formes plus fatidiques encore l'ont forcé de reculer.

Si la Religion chrétienne eût pu devenir théocratique à l'époque des Croisades, comme elle le devait, aucun des malheurs qui sont arrivés depuis n'aurait eu lieu. Elle aurait pu, en exerçant une juste influence sur les gouvernements, déployer sur elle-même une puissance légitime qui, suivant l'accroissement des lumières, eût continué à modifier ses formes, de manière à se trouver toujours en harmonie avec les choses extérieures; mais les raisons que j'ai assez longuement développées en leur lieu l'empêchèrent d'arriver alors à ce comble de prospérité; et les luttes sans cesse renaissantes qui se sont élevées depuis entre le Sacerdoce et l'Empire, le Pape et les Empereurs, en ont éloigné à jamais la possibilité.

La Religion chrétienne, n'étant point devenue théocratique, et n'étant pas entrée par conséquent comme partie intégrante dans les gouvernements, ces gouvernements ont été livrés aux divisions interminables des deux puissances rivales, la Volonté de l'homme et le Destin, qui ont prétendu y dominer toutes deux exclusivement, et qui, s'emparant des formes du culte, y ont cherché tour à tour des points d'appui favorables à leurs desseins. Ces formes entièrement fatidiques dans l'orthodoxie, et très propres à servir les prétentions des monarchistes purs, ont offert un singulier contraste avec la morale du christianisme, qui, d'un autre côté, prêchant l'humilité aux Grands, et plus même que l'égalité à tous les hommes, puisqu'elle déclare que les premiers seront les derniers, favorisait tout-à-fait les républicains démagogues : en sorte qu'en opposant seulement les formes à la morale, les deux partis ont pu trouver dans le culte chrétien des armes politiques dont ils se sont malheureusement servis avec trop d'adresse.

Mais ces armes, quoique déjà très fortes, ne leur ont pas suffi. Les hommes fatidiques, en s'attachant aux formes du culte, et sentant quel solide ressort elles mettaient entre leurs mains pour faire mouvoir toute la machine politique, y ont voulu coordonner la morale qui les contrariait ; et de là est venu le schisme grec ; tandis que les hommes volitifs, en s'emparant de la morale, dont le principe fondamental leur offrait un puissant levier pour remuer la multitude, ont cherché à en faire découler les formes, et y ont réussi ; et de là est né le schisme allemand et anglais. Ainsi ces divisions dans le culte chrétien n'ont point été religieuses, comme on l'a cru sans examen; elles ont été politiques. Ce n'est pas la Religion, c'est la Politique qui a toujours ensanglanté l'Europe. La Religion n'était là que le prétexte, la Politique était la vraie cause. La Providence, étrangère à ces funestes divisions, laissait se débattre la Volonté et le Destin; et ne pouvant arrêter leurs mouvements opposés, inhérents à l'essence des choses, en tempérait du moins la furie, ne cessant pas, au milieu de la guerre, d'offrir aux deux partis les moyens de faire la paix.

Persuadez-vous bien que si les Catholiques ont tant souffert en Angleterre et dans le nord de l'Allemagne, et si les Protestants ont été si cruellement persécutés en France, ce n'est point comme hommes religieux qu'ils l'ont été, mais comme hommes politiques. Les formes du culte catholique ne sauraient convenir à la liberté républicaine; ni celles du culte protestant à la nécessité monarchique. Partout où cette discordance existe, il y a entre le gouvernement et le culte une lutte ouverte ou cachée. Il y a persécution toutes les fois que les formes peuvent être opposées aux formes; c'est-à-dire toutes les fois que les hommes politiques, dont l'intention cachée est de faire triompher la Volonté ou le Destin, les principes républicains ou monarchiques, peuvent s'emparer des formes du culte pour représenter leurs adversaires, non seulement comme des rebelles, mais comme des impies, des infidèles ou des réprouvés. Les individus qui souffrent de ces persécutions ne les rapportent pas ordinairement à leurs véritables causes ; ils se croient victimes de leur croyance quand ils ne le sont que de leur opposition à un système politique. Entraînés par la force des choses, ils ne savent pas à quel tourbillon ils obéissent; souvent même ils sont en opposition avec eux-mêmes : cela arrive toutes les fois qu'un Catholique proteste en Angleterre que le Roi n'est pas roi par la grâce de Dieu, ou qu'en France un Protestant affirme que la souveraineté n'est pas dans le peuple. Ce Catholique et ce Protestant peuvent dire vrai pour eux; ils peuvent réellement croire cela comme individus, mais la croyance particulière ne fait ici rien au système général. Personne n'ajoute foi à leurs discours, et c'est un malheur de plus pour eux, dans un temps de trouble, d'être poussés par des tourbillons, aux mouvements desquels ils ne consentent pas.

Si la Religion avait été puissante, si elle avait pu faire entendre la voix de la Providence au milieu du tumulte des passions ardentes ou froides qui agitaient les hommes de la Volonté et du Destin, elle aurait arrêté leurs ravages; mais où était sa force? où était le sanctuaire d'où elle pût lancer ses oracles? les gouvernements divers en recevaient-ils l'influence divine? entrait-elle comme puissance théocratique dans la constitution de ces gouvernements? du tout; admise simplement pour le salut des individus, il ne paraissait pas que le salut des États pût en dépendre. C'est pourtant dans le salut des États que se manifesterait sa force si elle y était invoquée. Mais pense-t-on, même au milieu des malheurs qui ont éprouvé la population européenne, à l'y invoquer? non; on rêve encore des formes de culte, et les politiques les plus profonds sont ceux qui cherchent les moyens de les employer avec le plus d'adresse. La plupart néanmoins, et ce sont ceux qui passent pour libéraux, n'en veulent pas du tout. Ce qu'il y a de mieux à faire, selon eux, c'est de placer la Religion hors des gouvernements, et de laisser à chacun la liberté de suivre le culte qui lui est échu par héritage de ses pères, et qu'il garde par habitude domestique, ou celui auquel il donne la préférence par conviction ou par intérêt. Les politiques fatidiques veulent, au contraire, assurer la domination d'un culte exclusif, mais sur le peuple seulement, et sans être obligés, pour leur compte, d'y ajouter la moindre foi, ni d'en recevoir la moindre influence dans l'ensemble de l'État social; tout ce qu'ils peuvent faire, c'est de se laisser gêner quelques moments par des cérémonies extérieures, et de jeter sur leurs regards railleurs et distraits un voile hypocrite qu'ils sauront bien déposer quand il en sera temps.

Mais ce n'est point ainsi que la Religion peut atteindre son but, ni répandre sur les sociétés humaines les bienfaits de la Providence, soit qu'on prétende l'isoler à la manière des hommes volitifs, appelés *Ultra-Libéraux*, ou bien en faire un ressort politique, comme se l'imaginent les hommes fatidiques, appelés *Ultra-Royalistes*. La Providence ne saurait jamais entrer dans ces projets chimériques. Il faut, ainsi que je pense l'avoir dit plusieurs fois, car c'est une vérité qui ne peut manquer de tomber souvent sous ma plume, que la Providence soit tout ou rien dans un Etat, comme dans un individu. Ceux qui l'isolent la perdent; ceux qui espèrent en faire un instrument la tournent contre eux en changeant sa nature, qui, de bonne qu'elle eût été dans sa liberté divine, devient mauvaise dans sa nécessité fatidique,

CHAPITRE VIII.

Nouvelles considérations sur l'État social. Quel est son type universel. Comment les trois Puissances déterminent les trois formes de gouvernement. Ces trois formes réunies donnent naissance à la théocratie. Différence entre l'Emporocratie et la Monarchie constitutionnelle.

Essayons de faire un retour sur nos pas; et, après nous être remis en mémoire la constitution de l'Homme, telle que je l'ai exposée dans ma Dissertation introductive, et avoir bien considéré cette vérité, si souvent répétée par les anciens sages, que la Nature, semblable en toute chose, est la même en tout lieu; résumons-nous à dire que l'État social, n'étant que l'Homme lui-même développé, doit nous représenter une image de l'homme, comme l'homme lui-même nous représente une image de l'Univers, et l'Univers une image de DIEU.

Or, nous savons que l'homme renferme dans son unité volitive trois sphères différentes, dont la parfaite harmonie constitue la perfection de son être. L'homme ne peut être parfait qu'autant que ces trois sphères sont, non seulement entièrement développées, mais toutes les trois déterminées vers un but unique par la Volonté qui les meut : c'est-à-dire qu'autant que la vie instinctive, la vie animique et la vie intellectuelle, résultant de ces trois sphères, ne forment qu'une seule et même vie. Si une de ces vies manque, l'être humain est d'autant plus imparfait que la vie qui manque est plus élevée; et si, parmi les vies qui lui restent, l'une cherche à dominer au détriment de l'autre, cet être est en proie au désordre. Plus ou moins tourmenté par des pensées confuses et disparates, et plus ou moins incliné vers la faiblesse qui l'entraîne à la nullité, ou la force aveugle qui le précipite vers le crime, il penche également vers la destruction.

Tel est donc l'Homme et tel est l'État social. Les trois sphères dont je viens de parler : l'intellectuelle, l'animique et l'instinctive se représentent dans cet état par trois formes de gouvernement, qui découlent des trois grandes puissances par lesquelles l'Univers est régi : la Providence, la Volonté et le Destin. La forme théocratique est providentielle et intellectuelle; la républicaine, animique et volitive; la monarchique, fatidique et instinctive. Cette dernière forme appartient à la Nature naturée; elle découle de la force même des choses, et l'État social y tend sans cesse. La première appartient à la Nature naturante; elle est amenée par la perfectibilité des choses, et l'État social y aspire plutôt qu'il n'y tend. La forme médiane, qui est la républicaine, appartient à la Nature transitive, c'est-à-dire à cette nature qui réunit la naturante à la naturée, et transforme sans cesse l'une dans l'autre; elle résulte du mouvement des choses qui amène leur fermentation et leur dissolution ou leur régénération; l'État social y tombe, selon la circonstance, pour s'y épurer ou pour s'y détruire.

Ces trois formes de gouvernement, dont je viens de montrer le principe et le but, tendent toutes les trois à devenir dominantes et exclusives dans l'Ordre social; mais quoique bonnes en elles-mêmes, leur dominance absolue, qui ne peut exister que par l'exclusion des deux autres, devient mauvaise toutes les fois qu'elle est trop prolongée; parce qu'elle contrarie la nature tripliforme de l'Homme, et empêche l'harmonie de s'y établir. Cette dominance est donc à craindre, ainsi qu'en effet l'homme la craint; mais non pas tellement que la crainte qu'elle inspire doive étouffer pourtant tout désir de la réunion de ces trois formes en une seule, quel que soit le nom que cette réunion doive porter.

Remarquez, je vous en supplie, que c'est dans l'application de ce nom que réside la plus grande difficulté; et dans l'idée que les hommes en prennent, que se rencontre le plus grand écueil; car c'est vainement qu'on voudrait dans cette vie élémentaire au sein de laquelle les hommes sont plongés, éviter l'influence des noms. Le nom est à l'idée comme le corps est à l'âme. On n'arrive à la connaissance de l'âme que par le corps; on ne peut atteindre à aucune des choses rationnelles ou intellectuelles que par le nom qui en renferme l'idée. Or, le nom que l'on donne à la forme de gouvernement qui réunit les trois formes en une seule, est ordinairement celui de théocratie; et ce nom est incomplet, en ce qu'il ne présente que l'idée de la forme providentielle dominant toute seule; parce que les hommes, trop éloignés de Dieu pour le comprendre, le confondent avec la Providence, qui n'est qu'une de ses lois. Mais une vraie théocratie n'est pas seulement providentielle, elle est volitive et fatidique au même degré, c'est-à-dire qu'elle renferme l'action des trois puissances universelles, également équilibrée, et qu'elle réfléchit l'harmonie des trois sphères de la vie hominale.

Cependant au seul nom de théocratie, les hommes volitifs et fatidiques se rebellent, s'imaginant qu'il est question de leur enlever, aux uns l'action de la Volonté, d'où résulte la liberté civile; et aux autres celle du Destin, d'où découle la propriété politique. Ce danger chimérique, qu'ils considèrent comme imminent, les réunit malgré leur nature opposée, et les rend assez forts pour résister aux hommes providentiels; contrarier leurs efforts, et presque toujours les rendre incomplets ou inutiles. Cette réunion insolite est ce qui retarde le plus l'État social dans son développement, et ce qui y cause les plus grands maux. Il vaudrait mieux que les deux puissances, franchement séparées, comme dans les républiques ou dans les monarchies pures, se surveillassent ou se combattissent ouvertement, que de se dévorer en secret comme dans les Emporocraties ou dans les Monarchies constitutionnelles. Je vais dire pourquoi cela. C'est parce que dans les républiques pures où règne sans obstacle la Volonté de l'homme, ou dans les monarchies absolues où domine le Destin, la Providence peut trouver sa place, en faisant une sorte d'alliance avec le principe exclusif contre le principe exclu; tandis que dans les emporocraties, ou dans les monarchies constitutionnelles, où une sorte de pacte lie momentanément la Volonté et le Destin, la Providence ne peut être admise que comme forme impuissante, et toujours plus nuisible qu'utile.

Mais, dira-t-on, si ce pacte qui lie momentanément le Destin à la Volonté, soit dans les emporocraties, soit dans les monarchies constitutionnelles, procure la tranquillité et le bonheur aux peuples, que pourrait-on demander davantage aux gouvernements? En effet, si le bonheur et la tranquillité naissaient de ces sortes de gouvernements, cela serait plus que suffisant pour que les peuples, jaloux de ces avantages, fermassent l'oreille aux avis des hommes providentiels de tous les pays, qui n'ont cessé de leur dire que ces courts moments de prospérité apparente seraient payés bien cher par les calamités réelles dont ils seraient suivis; mais il est plus que douteux que dans ces sortes de gouvernements mixtes, même les mieux organisés, on jouisse réellement de ces biens. Ce peu d'éclat qui se voit dans les emporocraties, et qu'on prend pour du bonheur, n'est qu'un fard mensonger dont le luxe commercial colore un moment les joues d'un moribond. La misère excessive de la plus grande partie du peuple, et la profonde immoralité qui ronge le reste, nourrissent au sein de la nation des ferments de haine et d'impiété qui ne peuvent manquer de la détruire. Quant à l'espèce de tranquillité qu'on croit atteindre dans les monarchies constitutionnelles, c'est un fantôme politique, une ombre vaine qui échappe au moment où on croit la saisir. Ces vaines institutions qu'on recommence sans cesse, cet amas d'ordonnances que l'on décore du nom de lois, ces ressorts qui se brisent au moindre choc, ces frivoles contre-poids où s'épuise le génie constitutionnel, tout cela prouve assez que le grand œuvre n'est pas encore trouvé, et que cet âge d'or, tant promis par nos modernes Solons, n'a pas tenu à l'épreuve de la coupelle.

En parlant de ce qui touchait à la république, j'ai exposé ce que j'entendais par cette espèce de gouvernement que j'appelle emporocratique : c'est un gouvernement où le principe républicain qui le constitue, se trouve mitigé par des institutions monarchiques où domine le principe opposé. Ce gouvernement, dans lequel le commerce joue le principal rôle, a pour ressort ce qu'on appelle le crédit national, invention moderne, dont j'ai assez expliqué la nature. La monarchie constitutionnelle, que des publicistes peu judicieux confondent avec l'emporocratie, a d'autres bases. Elle résulte bien aussi d'un mélange des deux principes; mais au lieu que dans l'emporocratie, le principe républicain est mitigé par le monarchique, et que la liberté passe avant la nécessité, ici c'est tout le contraire : la nécessité passe avant la liberté, et le principe monarchique y est mitigé par le républicain. Dans le premier de ces gouvernements il est défendu de dire que le roi, considéré comme un mandataire du peuple, est roi par la grâce de Dieu, quand même il remplirait les fonctions de souverain Pontife. Le Peuple, auquel on accorde la suprême souveraineté, est mis, par ce seul fait, au-dessus de Dieu même. Là, on isole la Religion de la loi; et tandis qu'on l'invoque pour le particulier avec une sorte de sévérité, et qu'on veut que les individus aient un culte, on s'en passe tout-à-fait pour le gouvernement, dont le seul culte est le commerce, et la seule providence, le crédit national.

Dans le second de ces gouvernements, au contraire, le Roi est déclaré tel par la grâce de Dieu et en vertu des constitutions de l'État. On suppose que le peuple qui le reconnaît pour légitime et de droit divin, lui accorde à ce titre la suprême souveraineté, et ne conserve dans la législation que le droit de discuter la loi pour l'admettre ou la rejeter. La loi est ici le résultat de deux puissances, l'une qui la propose, et l'autre qui la sanctionne; mais tandis que cette proposition et cette sanction paraissent simples, elles ne le sont pas. Le Roi, déclaré inviolable, et ne pouvant jamais faire le mal, est, par suite de cette inviolabilité, réduit à ne jamais rien faire, ou, ce qui revient au même, censé n'avoir jamais rien fait, pas même les discours d'apparat qu'il prononce, fussent-ils improvisés. C'est un ministère qu'il se donne, qui passe pour lui avoir tout suggéré. Ce ministère est responsable, non seulement des lois qu'il propose au nom du Roi, mais même de tous les actes administratifs qui résultent de ces lois dont l'exécution lui est confiée. Voilà donc une proposition complexe faite au nom d'un monarque non responsable, irréprochable dans ses actes royaux, par un ministère responsable et susceptible d'être mis en accusation à cause de ces mêmes actes. La sanction donnée à la loi est également complexe; car la puissance qui sanctionne n'est plus le peuple proprement dit, mais une partie de ce peuple qu'on appelle représentation nationale, et cette représentation nationale est partagée en deux chambres, l'une inamovible, composée de membres héréditaires, appelés Pairs du royaume, nommés originellement par le Roi, et l'autre amovible, composée de membres élus pour un certain temps par des colléges électoraux, rassemblés dans les divers arrondissements suivant des formes fixées par une loi. Ces deux chambres donnent ou refusent leur sanction, et coopérent ainsi à la confection de la loi, qui ne saurait être parfaite si elle n'est revêtue de deux sanctions : l'une indépendante du Peuple et du Roi, puisqu'elle émane d'un corps inamovible; et l'autre dépendante du Peuple, et toujours influencée par le Roi, puisqu'elle dépend d'une assemblée amovible dont les membres sont élus par les colléges électoraux où l'action populaire et royale se fait sentir par la manière dont ces colléges sont assemblés, et par celle dont ils sont dirigés par le président, qui est à la nomination du Roi.

Voilà sans doute un gouvernement qui offre la complication de rouages politiques la plus ingénieuse qu'on puisse trouver; c'est une machine de la plus belle conception; laquelle, si elle marchait, étonnerait par sa hardiesse. Quoi de plus beau, en effet, que de voir un monarque dont la puissance paraît émaner de la Divinité même, puisqu'il s'intitule Roi par la grâce de Dieu, reconnaître la liberté du Peuple, et partager avec lui son autorité législative? Quoi de plus noble que cette inviolabilité qui le place hors des atteintes des factions, dans l'heureuse impuissance de faire le mal, tandis qu'on lui attribue tout le bien qui se fait sous sa paternelle administration? Quoi de mieux imaginé que cette représentation nationale qui, sans être sujette à aucune des passions aveugles du Peuple, en ressent néanmoins l'influence salutaire dans tout ce qui a rapport à ses vrais intérêts? Cette scission en deux chambres, l'une héréditaire, et l'autre élective, n'est-elle pas le fruit de la plus heureuse combinaison, puisqu'elle offre la possibilité de résister à l'opinion ou de s'y soumettre à propos? Ces pairs du Royaume ne forment-ils pas une noblesse exempte de tout danger? Peut-il exister pour eux d'autre ambition que celle du bien public; d'autre rivalité que celle de la gloire nationale qui rejaillit sur eux? Les représentants du Peuple ne sont-ils pas les organes de l'opinion publique? ne voient-ils pas la carrière de l'éloquence s'ouvrir devant eux? Cette tribune où leurs mâles accents font entendre, ou les félicitations du Peuple, ou ses craintes, ou ses espérances, ou ses énergiques réclamations, n'est-elle pas le but de tous les desirs généreux, l'aliment de toutes les vertus, le mobile de tous les talents? Tout cela est admirable; pourquoi donc une si belle machine politique ne marche-t-elle pas? précisément parce que c'est une machine : elle ne marche pas par la même raison que la statue de l'Apollon pythien, le chef-d'œuvre de l'art, malgré le génie et l'immense talent de celui qui l'a faite, ne marche pas non plus. Il faudrait, pour qu'elle marchât, ou qu'elle eût un ressort qui la fît marcher, ou qu'elle ne fût pas une statue.

Où donc est le ressort de la monarchie constitutionnelle? Elle n'en a pas : quand elle marche, c'est le ministère qui la pousse et qui la fait marcher; c'est le ministère qui lui imprime des mouvements dont ensuite il est effrayé lui-même; car une grande machine qui marche par impulsion, un colosse privé de vie qui vient à se mouvoir, a quelque chose d'effrayant. Si le ministère, fatigué ou effrayé, supprime ses efforts, tout s'arrête, et alors voici ce qui arrive : une sorte de fermentation s'établit dans la représentation nationale, dont tous les membres aspirent à être ministres du Roi; et selon que cette fermentation est ou dans la chambre des pairs, ou dans celle des communes, elle produit un petit mouvement de vie fatidique ou volitive dont le monarque ressent la commotion, et qui agit sur lui selon son caractère. S'il persiste dans son ministère indolent ou maladroit, il s'expose; s'il n'y persiste pas, et qu'il choisisse d'autres ministres, la même impulsion recommence dans la machine, et dure jusqu'à ce que le nouveau ministère laisse encore tomber le gouvernail de fatigue ou d'effroi.

Mais ne pourrait-on pas trouver un ressort pour la monarchie constitutionnelle, comme on en a bien trouvé un pour la république monarchique ou l'emporocratie? Oui, mais non pas de la même nature; parce qu'une monarchie ne peut pas être commerciale de la même manière qu'une république, et que le crédit national ne saurait jamais y devenir assez puissant pour y servir de ressort; car, considérez encore une fois ceci : dans une monarchie constitutionnelle, ce n'est point le commerce qui peut être placé en première ligne, comme dans une emporocratie; parce que le trône, quoique constitutionnel, tient toujours par ses bases à une origine fatidique, qui appelle, malgré la force volitive qui le repousse, un ordre aristocratique ou nobiliaire dont l'éclat, indépendant de toute autre considération, l'environne. Cet ordre, qui doit toujours dépendre de la naissance, pour être en harmonie avec la légitimité du trône, ne peut en aucune manière se fonder sur le commerce, où l'éclat que donne la naissance est inutile et même nuisible. Ses véritables bases sont ou la possession territoriale, c'est-à-dire l'agriculture; ou la profession des armes, c'est-à-dire l'illustration militaire. L'existence de cet ordre tient à l'essence même de la monarchie; et il n'y a point de constitution possible qui puisse l'anéantir, quand la monarchie n'est point anéantie : or, la monarchie constitutionnelle diffère en cela même de l'emporocratie, que la monarchie y existe modifiée par la république; tandis que, dans l'emporocratie, c'est au contraire la république modifiée par la monarchie : en sorte que le commerce, qui se trouve ici en première ligne, et qui donne à l'agriculture même ses moyens d'accroissement et d'activité, n'est là qu'en seconde et même qu'en troisième ligne, et ne marche qu'après l'agriculture, dont il tire ses plus grandes ressources. Dans une emporocratie entièrement développée, c'est le commerce qui domine : il forme un état dans l'État; il arme pour son propre compte; il entretient des forces de terre et de mer; il commande en maître à des peuples asservis, et devient assez puissant pour mettre l'État lui-même sous sa dépendance, en fournissant le ressort magique qui le fait mouvoir. Mais rien de tout cela ne peut avoir lieu dans une monarchie où le commerce, si florissant qu'il soit, ne peut jamais donner l'illustration, du moins directement. Toutes les tentatives qu'il pourrait faire pour affecter la souveraineté, lever des armées, et entretenir une marine guerrière et conquérante, seraient illusoires, tant que l'État dont il ferait partie ne serait pas constitué en république; parce que l'ordre aristocratique ou nobiliaire dont j'ai parlé ne lui obéirait pas, et qu'il devrait le détruire pour régner.

L'action d'un ressort, dans quelque machine que ce soit, dépend de sa force supérieure à celle de la machine. Une montre ne marcherait pas si les rouages qui la composent opposaient à la détente de son ressort une force supérieure à la sienne. L'action du ressort commercial, qui est le crédit, n'est point assez puissante pour faire mouvoir une monarchie, à cause des résistances trop grandes qu'elle trouve dans les institutions. Il faut chercher ailleurs cette action : mais en même temps que je vais indiquer où est cette action, et par conséquent où il faudrait la prendre, Dieu me garde de conseiller jamais d'en faire usage! Le ressort qui la donne est trop fort, par cela même qu'il doit être en proportion avec la masse à mouvoir, pour que son usage ne soit pas éminemment dangereux.

CHAPITRE IX.

Quel pourrait être le ressort politique de la monarchie constitutionnelle. Dangers de cette monarchie dénuée de ressort. Considérations nouvelles sur les trois formes de gouvernement, et sur leurs diverses espèces.

J'ai dit, dans le Chapitre précédent, que l'on devait toujours chercher le ressort d'une machine quelconque dans une chose dont la force fût évidemment supérieure à celle de la machine, afin de vaincre par son moyen la résistance des masses qui s'opposent à son mouvement. En exposant ici quel est ce ressort qu'on pourrait employer pour faire marcher une monarchie constitutionnelle, je dois déclarer de nouveau que l'emploi de ce ressort serait dangereux, et d'autant plus dangereux, que l'État auquel on l'appliquerait serait plus étendu de masse et plus ferme d'institution.

En considérant donc une monarchie constitutionnelle comme une machine politique faite de main d'homme, et du gouvernement de laquelle l'action de la Providence serait écartée, en tant que puissance théocratique politique, voici quel est le ressort qu'on pourrait y appliquer.

On ne devrait point prendre ce ressort ni dans

l'essence de la monarchie, ni dans celle de la république; parce que ce serait donner trop de force à l'une ou à l'autre, et rompre l'équilibre qui fait leur mélange; mais il faudrait le chercher dans la chose même qui a opéré ce mélange, et de laquelle la monarchie constitutionnelle elle-même a reçu son existence : or, cette chose est la Loi. Qu'on place donc la loi au-dessus de toutes les institutions qui en émanent, et que, sans exception aucune, on les lui soumette toutes; et l'on verra qu'en déployant sa force supérieure, elle les fera marcher : voici comment. La loi dont j'entends parler ici, la loi politique, est un être de raison qui n'a aucun mouvement par elle-même, et qui ne peut point élever la voix quand elle est abandonnée, éludée ou violée; mais donnez-lui un organe qui soit indépendant de toute autre autorité, dont l'œil plane également au-dessus du Peuple et du Roi, et dont la main restreigne à la fois la puissance de la Volonté et celle du Destin; établissez, par un concours momentané de ces deux puissances, une puissance mixte, représentée par le corps judiciaire; nommez un Grand-Justicier, et faites que les Cours souveraines qu'il présidera ne soient point souveraines de nom seulement, mais de fait; et vous verrez quel terrible ressort elles déploieront sous ses ordres. La justice sera dans les mains de ce Grand-Justicier, et toutes les têtes s'inclineront devant elle. Ce magistrat suprême, indépendant de tout autre magistrat, inamovible, mais électif selon de certaines formes, ne pourra rien hors de ses attributions, et ses attributions seront seulement de représenter la loi, et de faire qu'elle soit exécutée. Au moyen de son existence, il y aura trois puissances dans la monarchie constitutionnelle : la puissance fatidique et royale, représentée par le Roi, sa noblesse, son ministère, ses conseils et ses agents administratifs; la puissance volitive et populaire, représentée par le Corps législatif, divisé en deux chambres; et la puissance mixte de la judicature, indépendante des deux autres, représentée par le Grand-Justicier, président de toutes les cours souveraines. Cette dernière puissance, véritable création de la Raison humaine, en fera marcher l'ouvrage politique, et lui donnera la durée que pourra lui promettre la force de ses institutions.

Ce ressort est dangereux comme je l'ai dit, parce qu'il est susceptible de donner une impulsion trop forte; mais il est le seul qui puisse être adapté à la machine politique, qu'on appelle une monarchie constitutionnelle, et qui soit capable de la maintenir debout, et d'en faire mouvoir les divers rouages. Dans son absence, cette machine, quoique d'une forme élégante, est trop faible pour résister au moindre choc. Les hommes qui ne voient pas cela sont des aveugles en politique. Pour qu'une monarchie constitutionnelle pût conserver long-temps sa constitution mixte, dénuée de tout ressort, il faudrait qu'elle fût isolée de toute autre puissance politique, qu'elle n'en fût jamais heurtée, et que les gouvernés et les gouvernants, également contents les uns des autres, ne cherchassent pas à se dominer plus que la loi ne le leur accorde. Dans le cas contraire, la moindre monarchie pure, si elle est gouvernée par un prince ambitieux ; la moindre emporocratie, si elle a intérêt à la soumettre, suffiront pour la faire trembler. A la moindre secousse, elle tombera. Si son Roi constitutionnel se trouve doué de talents militaires, si son caractère le porte vers une certaine gloire, dont l'éclat éblouit toujours les jeunes monarques, il rompra facilement le nœud mal assuré qui réunit la puissance royale à la populaire, subjuguera cette dernière, et rendant l'autre à la dominance vers laquelle elle tend par sa nature, en fera une monarchie pure, plus ou moins fortement constituée, selon sa force et son talent. Mais si, au contraire, le Roi constitutionnel se trouve, dans quelques circonstances difficiles, réduit à ses seules vertus civiles, et qu'il existe dans le Peuple un homme doué d'une grande force de volonté, que sa position dans le Corps législatif ou dans l'armée rende redoutable, cet homme en s'emparant de la puissance populaire, écrasera facilement sa rivale, et arrivera à la république pure.

Cependant comme la monarchie et la république pures sont devenues également impossibles parmi nous à cause des conséquences indispensables qu'elles entraînent, et que l'opinion repousse absolument, l'esclavage ou le meurtre, il arrivera que ni l'homme fatidique ni l'homme volitif ne parviendront au but absolu vers lequel ils tendront, et qu'ils seront obligés de tomber dans le gouvernement militaire ou emporocratique, selon les circonstances et les moyens qu'ils auront employés. C'est en vain qu'ils chercheront à s'abuser eux-mêmes sur la nature de ces moyens, et qu'ils croiront, comme Roberspierre ou Bonaparte, suppléer à l'esclavage par le meurtre, et au meurtre par l'asservissement; ni l'asservissement ni le meurtre ne leur serviront de rien, et ils finiront eux-mêmes par être les victimes de leur propre moyen, et par être massacrés ou asservis; car on ne peut jamais empêcher indéfiniment l'effet de suivre sa cause. Tout ce qu'on peut faire, c'est de le retarder.

Quant à l'empire militaire ou à l'emporocratie qui naîtront irrésistiblement de la monarchie constitutionnelle, dénuée de ressort; comme ces deux gouvernements possèdent pour ressort la force même qui les constitue, la militaire ou la commerciale, ils pourront subsister plus long-temps, suivant que les circonstances extérieures les favoriseront; mais leur existence sera toujours infiniment bornée en comparaison de celle des gouvernements simples, et surtout en comparaison de celle des gouvernements unitaires qui sont les seuls parfaits.

A présent que j'ai énoncé, quoiqu'avec quelque difficulté, à cause du danger qu'il entraîne, quel est le ressort de la monarchie constitutionnelle, et que j'ai assez parlé de ce que j'entends par les gouvernements simples et mixtes, je devrais passer sans plus de délai aux gouvernements unitaires; mais, avant d'en venir là, je crois utile, dans une matière aussi neuve, et dans laquelle il m'a été impossible d'apporter autant de méthode que je l'aurais voulu, de bien établir la différence que je mets entre les trois espèces de gouvernement dont je parle en ce moment, et les trois formes dont j'ai parlé. Cette différence consiste principalement en ce que les trois formes de gouvernement, qui dépendent de trois principes distincts, et découlent de l'action des trois grandes Puissances qui régissent l'Univers, peuvent être considérées comme simples, mixtes ou unitaires; et donner, par conséquent, naissance à trois espèces de gouvernement dans chacune de ces formes. Examinons ceci.

La Providence, la Volonté de l'homme ou le Destin, en exerçant leur action sur l'État social, y déterminent en puissance trois formes de gouvernement, qui passent en acte dès que les circonstances extérieures en favorisent les développements. Ces trois formes sont, en général, la théocratique pour la Providence, la républicaine pour la Volonté, et la monarchique pour le Destin. Je les appelle pures, quand celle qui domine n'offre aucun mélange des deux autres. La théocratie, par exemple, était pure chez les Hébreux; la république, pure chez les

Athéniens; la monarchie, pure chez les Assyriens. Chez ces peuples le gouvernement était simple. Il était en Palestine entre les mains d'un souverain Pontife, établi par Moïse, pour régir le peuple au nom de Dieu seul; il dépendait dans Athènes d'un certain nombre de magistrats, nommés *Archontes*, établis pour diriger le peuple au nom du peuple même; il reposait tout entier à Ninive entre les mains d'un monarque absolu, héritier de Ninus, et commandant au peuple en son propre nom. Après avoir considéré le principe de ces trois formes pures de gouvernement, on doit en considérer les conséquences et les moyens, qui sont pour la théocratie pure, la foi et le dévouement absolu à la Divinité; pour la république, l'amour de la patrie transformé en vertu, et l'horreur de la servitude; pour la monarchie, l'amour-propre et l'orgueil transformés en honneur, et la crainte de la douleur ou de la honte qui accompagnent la mort.

Ces formes pures deviennent des espèces, en les comparant aux formes mixtes qui peuvent résulter de leur mélange; et alors je les appelle formes simples. Les formes mixtes résultent de l'amalgame qui se fait ensemble de deux formes simples. La réunion de la théocratie à la République, par exemple, constitua la législation d'Orphée, chez les anciens Grecs; celle de la théocratie à la monarchie signala la mission de Krishnen aux Indes, de Zoroastre en Perse, de Numa chez les Étrusques. Odin parmi les Scandinaves réunit la théocratie à la féodalité, qui était déjà une fusion, faite par la force des armes, de la monarchie dans la république. Partout où se trouve la théocratie, soit mêlée à la république, soit mêlée à la monarchie, ou à la féodalité, elle donne la vie politique aux États, et sert de moyen pour les faire marcher. Ces États n'ont pas besoin d'autre ressort. Mais quand la théocratie manque dans les formes mixtes, c'est-à-dire quand l'action providentielle est mise hors des gouvernements, quels qu'ils soient, alors ces gouvernements ont besoin d'un ressort politique, qui leur serve de moyen pour en faire mouvoir les divers rouages. Ce ressort est, dans les formes simples, le résultat de leur principe, et alors je l'appelle moyen de vie ; il est encore dans les formes mixtes, où se trouve la théocratie en acte, une conséquence de l'action providentielle qui s'y fait sentir; mais dans celles où la Providence est absente, ce ressort, qui doit être appelé politique, est l'ouvrage même de la législation. Il doit toujours se tirer du premier mobile qui a déterminé le mélange ou la fusion des deux principes. Ainsi l'empire militaire, et la féodalité qui en est la suite, fondés par la force des armes et par la conquête, reçoivent leur ressort de cette même force ; ainsi toutes les aristocraties, oligarchies ou emporocraties, empruntent le leur du premier mobile qui a élevé les aristocrates, les oligarches ou les emporocrates, et c'est toujours une sorte d'illusion politique, une foi donnée à la naissance, à la sagesse ou à la fortune des gouvernants; un crédit enfin qui repose sur quoi que ce soit, sur rien le plus souvent.

Toutes les monarchies constitutionnelles, de quelque manière qu'elles soient constituées, ont également besoin d'un ressort politique; et ce ressort ne peut être pris que là où il est, c'est-à-dire dans le premier mobile de leurs constitutions. Les monarchies européennes, dont les formes n'ont jamais été simples, à cause du mouvement volitif agissant en Europe dès l'origine des sociétés dans la Race boréenne, ont employé, suivant le temps et les circonstances, divers ressorts pour se faire marcher. En Aragon, le Grand-Justicier; en Castille, la Sainte-Hermandad; en Angleterre et en France, les Parlements qui se disaient tuteurs des Rois; en Allemagne, l'ordre des chevaliers teutoniques, etc.: toutes ces institutions politiques, presque toujours nées de la force des choses, et sans préméditation pour l'objet qui leur était dévolu, ont tenu la place de ressorts politiques, à mesure que les véritables moyens de vie ou d'existence s'éteignaient ou s'usaient; c'est-à-dire à mesure que l'action providentielle était éloignée des gouvernements, ou que la force des armes y était sans pouvoir.

A l'époque où l'ordre social commençait à sortir en Europe du sein des ténèbres où l'avait entraîné la chute de l'Empire romain, la politique et la législation se développaient pour ainsi dire toutes seules et dans l'ombre ; la force des choses était pour beaucoup dans toutes les institutions, qui souvent prenaient tout une autre direction et tout un autre emploi que ceux dont leurs fondateurs avaient eu la pensée ; mais aujourd'hui que les lumières acquièrent un éclat de plus en plus croissant, l'instinct ne sert plus de rien au législateur, et il ne lui est plus permis d'ignorer le but pour lequel il travaille. Il doit savoir, s'il veut fonder un Empire militaire et féodal, qu'il a besoin de la force des armes, et que sans conquête il ne peut rien. S'il rêve une République pure, il doit examiner où et comment il trouvera des esclaves. Veut-il une Monarchie absolue, qu'il pense bien qu'il lui faut des instruments de mort. Mais une force supérieure l'empêche de vouloir l'esclavage ou le meurtre : qu'il cesse donc de vouloir la démocratie ou le despotisme. Ses regards se fixent sur l'aristocratie : où est l'illusion dont il entourera ses aristocrates ? qui les croira plus grands ou plus sages que soi ? Mais ses aristocrates seront des oligarches dont la fortune, et principalement la grande possession territoriale constituera le mérite. Je dis que si ses oligarches sont nobles en même temps que riches, ils voudront une monarchie ; et que s'ils ne sont que riches sans être nobles, ils voudront une république. Je dis que jamais la seule fortune ne servira ni de lien ni de ressort à un État, parce qu'elle est trop inconstante, et change trop souvent de main. On la fixera par des majorats, par des substitutions ; oui, mais alors c'est un fantôme de noblesse qu'on créera, auquel s'attacheront tous les inconvénients de la noblesse véritable, sans un seul de ses avantages. Eh bien! le législateur inclinera l'État vers l'emporocratie : a-t-il à sa disposition un immense commerce, qui, couvrant de ses pavillons l'un et l'autre hémisphère, puisse changer en un glaive à deux tranchants le caducée de Mercure? S'il ne l'a pas, qu'il cherche une autre forme de gouvernement ; car l'emporocratie demande pour ressort un crédit national qu'un tel commerce peut seul lui donner. Voici que le législateur s'arrête à une monarchie constitutionnelle, mi-partie de monarchie et de république; il en présente le modèle, qu'il a médité dans le calme de toutes les passions. Ce modèle est fort beau ; il en résultera une statue des plus heureuses proportions : c'est dommage qu'elle ne marchera pas. Il y mettra un ressort : il fera bien ; mais il ferait encore mieux s'il cherchait à y mettre la vie. Comment! la vie dans une statue? Oui, la vie dans une statue. Eh! quelle serait la Divinité protectrice qui voulût exaucer ce politique Pygmalion ? une Divinité qui ne refuse jamais son assistance à ceux qui l'invoquent avec un cœur pur, et dans des vues de bien universel : la Providence.

CHAPITRE X.

Véritable situation des choses en Europe. Combat entre les hommes de la Volonté et ceux du Destin, les libéraux et les royalistes. Quels sont les hommes mixtes appelés ministériels. Danger où se trouve l'Ordre social. Moyen d'éviter ce danger.

La Providence est dans toutes les choses où sa présence est reconnue. Elle est dans le fétiche du sauvage Africain, comme dans les Tables de la Loi présentée par Moïse. Semblable à la vie universelle qui émane d'elle et qui brille également dans l'œil du moucheron et dans celui de l'éléphant, elle ne diffère d'elle-même que par la grandeur, le mérite ou l'importance des objets. Comme la foi divine est le fruit moral qu'elle porte, c'est aussi ce fruit qui lui donne naissance. Partout où est la foi divine, là est aussi en puissance d'être la puissance intellectuelle qui domine sur l'Univers. Il n'y a hors de cette foi que productions transitoires à attendre; car tout ce que produit la liberté volitive ou la nécessité fatidique est transitoire. Les seules productions providentielles ont droit à l'immortalité.

Je crois pouvoir énoncer ouvertement cette vérité. La Providence peut être appelée dans tous les gouvernements, et tous pourraient lui devoir la vie; mais pour que cette vie fût complète, il faudrait que les trois puissances y fussent réunies en une seule. Cette réunion, quand elle est possible, constitue ce que j'appelle un gouvernement unitaire. Ce gouvernement peut avoir lieu toutes les fois que deux puissances sont déjà réunies dans une forme mixte. Il n'y a pour le rendre parfait que d'y ajouter la puissance qui y manque.

Si l'on veut se donner la peine de réfléchir sur ce que je viens de dire, on sentira que le moment est extrêmement favorable pour constituer en Europe un gouvernement unitaire; et que si les hommes appelés par le Destin ou par la Volonté à y être législateurs, ne sentent pas l'avantage énorme que leur donne la secousse qui vient d'ébranler cette partie du Monde, ils manqueront une des plus belles occasions qui puissent être offertes à leurs travaux. Je sais bien que d'abord, entraînés par les apparences, ces hommes me diront que, loin de voir les choses tendre vers l'unité que j'indique, il semble, au contraire, que tout fait effort pour se diviser de plus en plus. Je ne nie pas ces apparences; je les trouve même toutes naturelles, et très propres à prouver ce que j'ai dit.

Et, en effet, qu'on se rappelle combien la Volonté de l'homme a fait de tentatives en Europe pour arriver à y saisir la domination. Que de travaux! que de trames merveilleusement ourdies! que de longs et pénibles efforts! Elle allait enfin réussir. Un obstacle imprévu s'est présenté. La république pure deux fois établie et deux fois cimentée du sang de deux infortunés monarques, n'a pas pu résister au premier choc du Destin. Elle est tombée sur les ruines sanglantes qu'elle avait entassées. Cependant un homme fatidique s'est présenté ; il a enveloppé dans son tourbillon cette terrible Volonté européenne, et lui a dit que ce tourbillon était le sien. Elle l'a cru, même long-temps après qu'elle ne pouvait plus le croire. Mais enfin, quand cet homme, repoussé par un destin plus puissant que le sien, est tombé, devait-elle encore le soutenir? oui; parce qu'elle n'avait plus d'autre espoir que de le tromper comme il l'avait trompée. Étonnée de sa défaite, mais non découragée, cette superbe Volonté lutte encore contre les événements. Elle essaie ses dernières ressources, et agite tout ce qu'elle peut agiter. Depuis le Tage jusqu'au Tanaïs, elle fait entendre sa voix. Elle ébranle l'Espagne et l'Italie ; elle trouble l'Angleterre et l'Allemagne ; elle intimide la France; elle émeut jusqu'à la poussière de cette antique Grèce, où jadis elle régna; et le Turc et le Russe, lancés dans l'arène, vont se porter des coups dont il est difficile de prévoir le résultat. Quel qu'il soit, elle espère toujours en tirer avantage, du moins par l'affaiblissement de ses plus redoutables ennemis.

Cependant le Destin, encore frémissant du péril qu'il a couru, excite ses défenseurs. Les hommes fatidiques qu'il anime s'opposent de toutes leurs forces aux volitifs. Sous les noms de royalistes et de libéraux, les uns et les autres poussent en sens contraire l'État social, et paraissent vouloir le déchirer. Les premiers, qui n'aspirent qu'au rétablissement des institutions renversées, sont accusés de vouloir faire reculer la civilisation; les seconds, qui ne tendent qu'à réaliser leurs idées de perfectionnement, sont accusés de vouloir la perdre, en la poussant en avant dans le tourbillon des révolutions. Ces deux accusations, qui ne sont pas dénuées de fondement, font naître une foule de défenses et d'éclaircissements, qui ne disculpent personne, et n'éclaircissent rien. Cependant quelques gouvernements mixtes s'étant formés, et ayant opéré au moyen de l'intérêt du moment une sorte de réunion entre plusieurs de ces hommes, sont parvenus à mitiger leurs idées, et à faire naître parmi eux une sorte de parti médiane qu'on appelle parti du centre. Les hommes qui le composent n'ont point de parti, à proprement dire : ils sont modérés, gouvernementistes, ministériels, et ces noms, qui devraient être en honneur, et faire leur force, sont précisément ce qui les perd dans l'opinion publique, ce qui leur ôte tous les moyens.

Si l'on avait besoin d'une nouvelle raison après toutes celles que j'ai dites, ou qui ont découlé naturellement des faits énoncés, celle-ci serait plus que suffisante pour faire concevoir que ces gouvernements mixtes dans lesquels s'est épuisé le génie des modernes législateurs, manquent pourtant des deux plus puissants mobiles politiques, l'amour de la patrie et l'honneur, puisque les royalistes et les libéraux ne veulent y placer ni l'un ni l'autre. Il semble, dans ces gouvernements, qu'il y ait une sorte de honte d'être de l'avis des ministres, et de les soutenir. L'esprit qui les anime, quelque pur et désintéressé qu'il puisse être, porte toujours un caractère d'obscurité et de ruse qui arme d'avance contre lui. On ne peut y entrer sans faire des concessions qui blessent l'amour-propre; et cela ne saurait être autrement. Les gouvernements mixtes sont mixtes, précisément parce qu'ils ne sont pas simples, et que rien de simple ni de pur ne saurait s'accorder avec eux. Les royalistes voudraient que les ministres fussent royalistes, et les libéraux les voudraient libéraux; mais cela ne peut être sans entraîner à l'instant le renversement de l'édifice constitutionnel; parce que cet édifice n'est point composé d'éléments homogènes, mais d'éléments participant à deux principes opposés : le monarchique et le républicain. Si les ministres étaient ou libéraux ou royalistes purs, ils ne seraient pas les ministres d'une monarchie constitutionnelle, mais ceux d'une république ou d'une monarchie absolue; et parce qu'ils sont dans l'esprit de leur institution, dans le vrai caractère constitutionnel, qui est un mélange de république et de monarchie, on les accuse de duplicité. On verse plus que le ridicule, et guère moins que le blâme sur eux et sur le parti médiane dont ils s'entourent ; on leur reproche de vivre de corruption ; et peu s'en faut qu'on ne dise à ce gouvernement qu'on a choisi, qu'il ne peut avoir des agents et des amis qu'au prix des plus bas intérêts, et qu'il n'existe pour lui dans les cœurs ni amour, ni honneur, ni zèle qui les excite hors des passions sordides qu'il sait leur inspirer.

Supposez dans un pareil état de choses, un tel gouvernement dans un danger un peu considérable, vous verrez qu'il ne pourra pas se soutenir un moment par sa propre force. Il sera obligé de chercher son appui parmi ses ennemis les plus décidés, les libéraux ou les royalistes purs, auprès desquels il ne le trouvera qu'à condition de cesser d'être lui-même pour devenir eux : ce que ne pouvant pas faire, il se verra dans la nécessité de les tromper, et de s'enfoncer plus que jamais dans cette voie de ruse et de corruption qui lui est tant reprochée. Il pourra ainsi, pour quelque temps, émouvoir alternativement l'amour de la patrie ou l'honneur, en faisant un appel à la liberté ou à la nécessité ; mais ce jeu de bascule finira bientôt par ne plus trouver des dupes ; les ressorts qu'il emploira s'useront ; ses moyens de corruption viendront à s'épuiser ; il n'aura plus à sa disposition des amorces assez puissantes ; la haine des partis, fatiguée, ne s'ouvrira plus aux conspirations qu'il ourdira pour les effrayer l'un par l'autre ;

les masses seules se mouvant, se heurteront et se briseront, et s'anéantiront mutuellement si l'ennemi extérieur n'en triomphe pas par la conquête.

Voilà l'état actuel d'une grande partie de l'Europe : d'un côté, mouvement violent vers la république pure; de l'autre, mouvement non moins fort vers la monarchie absolue; au milieu, quelques gouvernements mixtes, emporocratiques ou constitutionnels, alternativement entraînés par l'une ou par l'autre tendance, et tour à tour forcés de suivre leurs tourbillons opposés. Cet état est pénible, et s'il dure encore long-temps, menace l'Ordre social en Europe d'une entière subversion. Il n'existe qu'un moyen de le sauver; et ce moyen, je l'ai clairement indiqué, c'est d'appeler la Providence dans les gouvernements, et de ramener à l'Unité ce qui est mixte et divisé. Faites donc disparaître le schisme de la Religion; effacez toutes les différences du culte; ayez un souverain Pontife européen, qui soit également reconnu et respecté de tous les peuples; que ce souverain Pontife domine sur un sacerdoce éclairé, sage et puissant, dont la voix se fasse entendre dans vos conseils; que ces conseils, au lieu de n'admettre que deux principes, et d'être par conséquent l'arène d'un éternel combat, en reçoivent trois, représentés, savoir : la Providence, par le souverain Pontife et le sacerdoce; le Destin, par le monarque, les pairs du royaume, son ministère et sa noblesse; la Volonté de l'homme, par les colléges électoraux et les députés des départements; et vous verrez que cette unité tant cherchée naîtra d'elle-même, car trois puissances ou trois principes réunis produisent toujours, en se confondant, une quatrième puissance ou un quatrième principe, d'où résulte la seule unité possible sur la terre.

Mais vous m'objecterez que je propose, pour guérir un mal actuel et positif, un remède éventuel et presque illusoire; vous direz qu'il est impossible de ramener la Religion à l'uniformité de culte, et de créer un souverain Pontife qui réunisse en lui l'assentiment et la vénération de tous les peuples de l'Europe. Je réponds à cette objection, la seule en effet que vous puissiez me faire, que le remède proposé ne vous paraît éventuel et presque illusoire, que parce que vous n'en concevez pas la réalité physique et morale, et que cette réalité ne vous échappe, que parce que vous regardez comme impossibles des choses qui sont de la plus grande facilité quand elles sont véritablement voulues. Veuillez-les donc seulement ces choses, et vous verrez s'aplanir devant vous des obstacles que vous aimez à croire insurmontables. Osez faire un mouvement vers la Providence : elle l'attend pour vous seconder. Cependant ne vous y trompez pas; oui, sans doute, il serait impossible d'éloigner de la Religion les schismes qui la défigurent et la déshonorent; il serait impossible d'arriver à l'uniformité du culte que la Providence demande, si vous tentiez encore d'obtenir ces admirables résultats ou par les obliques détours de la ruse, ou par les odieux moyens de la force. Ni la ruse ni la force ne vous réussiraient. N'oubliez pas cet axiome que j'ai souvent répété dans le cours de cet ouvrage : que les choses universelles, dépendantes d'un principe universel, ne se détruisent que par elles-mêmes, ou ne se changent que par le travail intérieur de leur propre principe. Or, de toutes les choses que l'on peut placer dans la catégorie de celles qui dépendent d'un principe universel, la Religion est assurément au premier rang. Elle ne peut donc jamais changer ni se modifier que par elle-même; tout autre changement, toute autre modification, serait inutile ou nuisible. Tous les moyens extérieurs qu'on pourrait prendre pour arriver à ce but, seraient dangereux et sans effet. La Providence ne peut contraindre ni la liberté de la Volonté ni la nécessité du Destin; mais aussi elle ne peut jamais être contrainte ni par l'une ni par l'autre. Quand on veut qu'elle change ou qu'elle modifie ses productions, il faut savoir l'intéresser à le faire.

Si donc les Protestants trouvent que, relativement aux lumières du siècle, le culte catholique continue à offrir dans ses dogmes une trop grande obscurité, et dans sa doctrine une trop grande roideur; si, d'un autre côté, les Catholiques et les Protestants eux-mêmes s'accordent à regarder le culte réformé comme insignifiant et froid, incohérent et versatile; si les schismatiques grecs refusent moins leur assentiment à certains dogmes, qu'ils ne craignent l'influence papale; si les Juifs eux-mêmes, assez longuement persécutés pour une funeste erreur, souffrent de vivre isolés au milieu des nations européennes, il serait assurément très possible d'obvier à tous ces inconvénients. Des obstacles autrefois insurmontables ne le sont plus aujourd'hui.

Tout s'use avec le temps, et les formes du culte s'effacent comme toute autre chose. Elles perdent leurs aspérités; leurs principaux signes disparaissent, et bientôt elles ne distinguent plus à l'extérieur les hommes qui appartiennent à des sectes différentes, même les plus opposées. Un Catholique, un Protestant, un Schismatique grec, et même un Juif, peuvent se rencontrer dans la même hôtellerie, et y vivre des mois entiers sans s'apercevoir aujourd'hui qu'ils suivent des rites différents. Il n'y a pas un siècle ou deux que le premier samedi de la semaine qui les eût rassemblés à la même table, les eût frappés tous les quatre d'un caractère non douteux; ils se seraient séparés à l'instant. Maintenant ils ne se séparent plus; d'abord, parce qu'ils ne se reconnaissent pas, et qu'ils ne verraient pas de raison pour se séparer, quand même ils se reconnaîtraient; car leurs habitudes diverses se sont fondues dans la même habitude, qui est de se comporter dans le monde comme tout le monde. Ce n'est pas qu'ils ne tiennent encore tous les quatre à leur culte, et qu'ils ne se livrassent à des mouvements violents si on voulait les forcer d'en changer. Mais soyez certains que c'est par des motifs politiques qu'ils y tiennent, et que l'opinion ou l'amour-propre, la nécessité ou la liberté, sont là pour leur tenir lieu de zèle religieux. C'est pourquoi, ménagez ces motifs politiques; agissez dans l'intérieur, et non à l'extérieur; faites que la Religion influe sur les cultes, et non les cultes sur la Religion, et ne doutez nullement du succès.

On paraît redouter l'influence d'un souverain Pontife; on se rappelle avec terreur les époques désastreuses dont j'ai crayonné l'histoire : mais ces époques étaient les crises inévitables de la décadence de l'État social en Europe; elles étaient produites par les ténèbres que les Barbares avaient entraînées avec eux; ces ténèbres sont dissipées; elles ne peuvent plus se renouveler. D'ailleurs, y a-t-il eu en Europe un véritable souverain Pontife? J'ai assez pris soin de montrer qu'il n'y en avait pas eu. Rien ne s'oppose à ce qu'il n'y en ait un, même celui qui en occupe aujourd'hui la place, pourvu qu'il y soit providentiellement reconnu, et qu'il reconnaisse lui-même la suprême puissance dont seule il tiendra son autorité.

CHAPITRE XI.

Appel de la Providence dans les gouvernements mixtes pour les rendre unitaires.

Profondément pénétré de cette vérité, que le salut de l'Europe et celui du Monde, qu'elle entraîne dans le tourbillon de sa volonté, ne peut venir que de la Providence ; et, supposant qu'en l'absence même de toute inspiration intellectuelle, la réalité physique a parlé assez clairement par la voix de l'expérience aux peuples et aux rois, pour les engager à tourner enfin leurs regards vers une puissance supérieure qui n'attend que leur appel pour voler à leurs secours, j'avais montré dans ce Chapitre quelles devaient être les formes de cet appel, et par quels moyens aussi simples que faciles on pouvait arriver à l'accomplissement de toutes les choses que j'ai dites. Mais après avoir écrit d'entraînement cet important Chapitre, celui peut-être pour lequel tous les autres ont été conçus et coordonnés dans une première pensée, l'ayant relu froidement et à tête reposée, j'ai vu qu'il ne devait pas être publié; car il n'était plus question ici de poser des principes, mais d'en montrer les conséquences dans l'avenir, en leur donnant des formes légales ; ce qui soumettait inévitablement une puissance à l'autre, et laissait la

Volonté maîtresse d'étouffer les productions du Destin avant qu'elles eussent acquis assez de consistance pour lui résister.

C'est avec un vif regret, je l'avoue, que je me suis vu forcé de supprimer cette partie de mon travail, que je regardais comme la plus neuve et la plus nécessaire; mais la prudence et la raison m'ont commandé ce sacrifice. Un projet de législation théocratique, de la nature de celui que j'avais tracé, ne saurait être confié au public sans un éminent danger; car le public, n'étant point appelé à le réaliser, ne peut s'en emparer que pour le détruire, en en contrariant les conséquences, ou en en déprisant d'avance tous les avantages. Il n'appartient qu'à un homme d'État placé dans les circonstances les plus heureuses, à un monarque, à un ministre des autels, revêtu d'un auguste caractère, d'en assurer les immenses résultats, en donnant successivement à ses diverses parties une force et une stabilité qu'elles ne peuvent recevoir que des lois.

Homme obscur et simple écrivain, j'ai bien pu montrer la puissance que les hommes doivent invoquer, s'ils veulent rappeler au milieu d'eux la paix qui en est bannie; mais quand est venu le moment d'établir les formes de cette invocation, j'ai senti ma faiblesse et mon insuffisance; et, forcé de me taire, de peur de les profaner, je me suis tu. Le Chapitre où j'avais tracé ces formes existe, il est vrai, mais je le garde pour ne le communiquer que lorsqu'une occasion favorable se présentera. Si, durant le cours de ma vie, cette occasion ne se présentait pas, je prendrais soin qu'il me survive du moins; car le sacrifice même que j'en fais prouve assez que j'y attache une toute autre importance que celle qui découle ordinairement de l'amour-propre ou de la vanité d'auteur.

CHAPITRE XII.

Récapitulation générale.

Je me vois arrivé à la fin de mon ouvrage avec une satisfaction mêlée de quelque trouble. J'ai fait ce que j'ai voulu sans doute, mais non point exactement comme j'aurais voulu le faire; je sens qu'en beaucoup d'endroits je suis resté au-dessous de mon sujet; et que, malgré toutes les peines que j'ai prises pour être clair, beaucoup de choses sont restées obscures. Dans le mouvement extraordinaire que j'ai pris, déterminé à retracer en peu de pages l'histoire du Règne hominal, dans une de ses Races, pendant l'espace de douze mille ans, une foule innombrable d'événements s'est présentée à moi. Presque tous ces événements paraissaient dignes d'être décrits, et néanmoins il fallait faire un choix, car mon intention n'était pas de composer un trop long ouvrage dans un moment où le petit nombre de lecteurs qui cherchent encore à s'instruire, enveloppé d'une foule de pamphlets politiques et de feuilles éphémères, n'a que peu de temps à donner aux ouvrages de longue haleine. En faisant ce choix indispensable, j'ai quelquefois vu, mais trop tard, que j'aurais pu mieux choisir; d'autres fois, lorsque mon choix m'a semblé heureux, j'ai reconnu que je n'étais pas entré dans tous les développements que l'importance du sujet aurait demandé. Ce reproche, que je me suis souvent adressé à moi-même, et qu'on m'adressera peut-être, était inévitable. Je ne pouvais pas, tandis que j'étais encore occupé à esquisser les plans les plus reculés de mon tableau historique, en dessiner tous les aspects, ni en déterminer fortement toutes les masses; si j'avais tenté de le faire, j'aurais produit un tableau sans perspective, ou j'aurais été forcé de lui donner une étendue hors de toute proportion.

Peut-être croira-t-on qu'il m'aurait été possible, en commençant mon ouvrage, d'entrer dans de plus grands détails sur chacune des Races qui composent le Règne hominal, et que j'aurais dû en indiquer plus nettement l'origine : dire, par exemple, pourquoi ces Races n'avaient point paru simultanément sur la terre, et par quelles raisons elles étaient nées plutôt sur l'une des parties du globe que sur l'autre. J'avoue que ceci aurait été digne d'être présenté à la curiosité du lecteur; mais, comme je l'ai donné à entendre, l'origine des Races, et leur position sur la terre, tient de trop près à l'origine du Règne hominal lui-même, pour pouvoir être distraite de la science qui en traite spécialement : cette science, qui est par son élévation hors de l'histoire proprement dite, s'appelle *Cosmogonie*. Notre écrivain hiérographe, Moïse, en a traité particulièrement, non point d'une manière claire, il est vrai, et à la portée du vulgaire, mais d'une manière assez nette néanmoins pour que le voile dont il a couvert l'origine de toutes choses puisse être levé par une main savante. J'ai donné d'abord les premiers moyens de lever ce voile, en restituant la langue hébraïque, et en rendant ainsi aux termes du texte original le véritable sens qu'ils doivent avoir. J'espère plus tard me servir moi-même de ces moyens pour rétablir dans tout son éclat la pensée de l'un des plus grands hommes qui aient paru sur la terre.

Après cette première difficulté s'en élèveront successivement plusieurs autres non moins importantes. On se demandera si l'amour a dû être le principe de sociabilité et de civilisation dans l'homme, comme je le déclare; pourquoi ce besoin, transformé en passion, ne se manifeste pas dans les deux sexes de la même manière; d'où vient cette différence dans la transformation de la sensation en sentiment; et, en poussant la curiosité aussi loin qu'elle peut aller, pourquoi il existe deux sexes dans la nature. A cela je répondrai que cette existence des deux sexes, dont on demande la cause, appartient encore à la cosmogonie, ainsi que la différence même qui les constitue. Cette existence et cette différence doivent être reçues par l'histoire comme des faits constants, dont tous les autres découlent, et au-delà desquels elle ne peut pas remonter sans sortir de son domaine. Et quant à ce qui est des conséquences de cette existence et de cette différence, dont la plus importante est le mariage, base de l'édifice social, si l'on exigeait que je fusse entré dans tous les détails que pouvait comporter un objet de cette nature, à plus forte raison me demanderait-t-on d'expliquer avec plus d'étendue ce qui concerne l'origine de la parole et l'établissement des langues.

Mais ne sent-on pas que chacun de ces objets, si j'avais voulu les approfondir, eût nécessité un livre à lui tout seul? Je ne pouvais dans le mien qu'indiquer les principes, et choisir parmi les conséquences les principales, celles qui pouvaient jeter le plus de jour sur ce qui allait suivre, laissant à la sagacité du lecteur le soin de trouver les autres. Je sais bien qu'un lecteur attentif pourrait me faire beaucoup de questions sur ces commencements de la civilisation boréenne, et me demander, par exemple, pourquoi le mariage, que je donne pour base à l'édifice social, ne fut pas heureux. Cette question, et plusieurs autres que j'ai esquivées à dessein, doivent trouver leur solution dans l'ensemble de l'ouvrage. L'histoire du genre humain offre sans cesse la preuve frappante de cette vérité : qu'un mal particulier est souvent nécessaire pour faire naître un bien général. Voici, au reste, la réponse à la difficulté qu'on propose; elle servira à éclaircir plusieurs difficultés du même genre. Le mariage, conséquence inévitable de l'existence des deux sexes, et de la différence nécessaire entre leur manière de penser après avoir senti, le mariage ne fut point entièrement heureux, parce que s'il l'eût été il eût borné là le cours de la civilisation boréenne; l'homme, satisfait de son sort, n'eût rien desiré, rien cherché au-delà, attendu qu'il ne saurait rien desirer ni rien chercher au-delà du bonheur; il se serait plié au joug de la femme, se serait amolli comme elle, et sa race aurait été inévitablement détruite avant d'avoir parcouru aucune des phases plus élevées de l'ordre social. Si la femme fut malheureuse à cette première époque de la civilisation, ce fut principalement par une suite de sa nature, qui ne lui permet pas de donner sans douleur naissance à rien, ni dans l'ordre physique ni dans l'ordre moral. Il est vrai que ses fautes aggravèrent ses maux; mais ses fautes furent alors une conséquence d'une faute antérieure, dont la connaissance dépend de la cosmogonie.

On a vu comment la guerre, toujours inévitable entre les Races, parce que les Races tendent toutes à la domination et à l'envahissement de la terre, avait développé une foule de connaissances utiles dans la Race blanche, et l'avait mise en état de lutter avec avantage contre la Race noire. J'ai à cette occasion montré l'origine d'une foule d'institutions et d'usages, dont le principe, plongé dans l'obscurité des siècles, avait échappé aux recherches des savants. On a remarqué avec intérêt, sans doute, cette première organisation du peuple celte, dont l'empreinte indélébile se retrouve plus ou moins forte chez toutes les nations qui tiennent à la même souche.

J'ose me flatter qu'on aura excusé quelques hypothèses de détail, en faveur de la vérité frappante de l'ensemble. Si la situation de la Voluspa, par exemple, a paru trop poétique, on aura dû convenir du moins qu'elle n'était pas hors de la vraisemblance, puisque tous les usages civils et religieux conservés par nos ancêtres en constataient assez bien la possibilité. Il était impossible qu'un tableau de cette dimension, exposé à tant d'orages, et durant un si long espace de temps, n'offrît pas quelques lacunes à remplir, et quelques traits à restaurer.

Dès la fin du premier Livre, la sphère intellectuelle était déjà développée dans la Race boréenne, et le culte était né. Le second Livre a montré les suites de ce premier développement. Considérons ici comment la politique, d'abord influencée par la religion, a réagi sur elle ; remarquons que le premier schisme qui se soit manifesté parmi les Celtes, celui qui a donné naissance aux peuples nomades, a été purement politique ; et souvenons-nous de ce que j'ai dit dans ce dernier Livre, que toutes les querelles qu'on a mal à propos appelées religieuses, tous les schismes, n'ont point tiré leur principe de l'essence même de la religion, mais seulement des formes du culte, dont la politique s'était emparée. Une observation non moins importante, relative à la superstition et au fanatisme, peut être faite dans ce second Livre. On peut voir combien on s'est souvent abusé en accusant la Religion de ces excès auxquels elle était étrangère; et surtout combien on a eu tort de croire que la théocratie y pût conduire. C'est au contraire la théocratie qui y met un terme. La superstition et le fanatisme ne règnent que là où les formes du culte, dans lesquelles le Destin ou la Volonté de l'homme ont saisi la domination, sont parvenues à usurper la place de la Religion, et à y étouffer la voix de la Providence. Dès que la Providence trouve un organe capable de faire entendre sa voix, un Prophète, un Théocrate, un souverain Pontife, un envoyé digne d'elle, toute superstition disparaît, et le sang humain n'inonde plus les autels.

Il est inutile que je revienne sur la fondation de l'Empire universel par cet homme extraordinaire dont la gloire a rempli l'Univers, sous le nom de Ram, le Bélier; de Scander aux deux cornes; d'Osiris, le chef des hommes; de Dionysos, l'intelligence divine; de Giam-Shyd, le dominateur de l'Univers, etc. J'en ai dit à peu près tout ce que j'en pouvais dire sans tomber dans des détails étrangers à cet ouvrage. Remarquons seulement de nouveau que ce n'est qu'en admettant l'existence de cet Empire qu'on peut se rendre raison d'une foule d'usages communs à tous les peuples; comme, par exemple, de donner une couronne aux rois, et une mitre aux pontifes; d'élever leurs trônes d'un certain nombre de degrés, et de placer un sceptre dans la main des uns, et un bâtons pastoral dans la main des autres. La forme constante des autels, la manière de s'y prosterner en invoquant la Divinité, tout annonce un rite universel, dont l'empreinte ne s'est point effacée à travers les variations infinies que les cultes ont subies. Les savants philologues peuvent-ils voir sans admiration que les formes essentielles du langage sont les mêmes partout, et que la Grammaire générale, reposant sur les mêmes bases, atteste l'existence d'une langue universelle, dont on trouve les débris répandus en tous lieux? S'il est question de la poésie, peut-on douter que la rime admise par les Chinois et par les Arabes, et le rhythme connu des Hindoux comme des Scandinaves, ne participent à la même origine? Voyez la musique : cet art admirable, partout où il est connu, ne reçoit-il pas sept notes d'une octave à l'autre, divisée en cinq tons et deux demi-tons? Comment expliquera-t-on toutes ces choses et une infinité d'autres, dont il serait trop long de parler, si on ne les considère pas comme les restes d'une unité religieuse et politique qui s'est divisée? Il faut en croire sur ce point les livres sacrés des Hindoux, et admettre comme une incontestable vérité l'existence de l'Empire universel de Ram. C'est dans ces livres sacrés que j'ai puisé la plupart des choses que je rapporte sur le démembrement de cet Empire, et sur la cause des schismes politiques qui en amenèrent la chute. C'est en général dans les archives sacerdotales des nations antiques, que j'ai cherché les documents nécessaires pour composer mon troisième Livre, et conduire l'histoire du Genre humain depuis l'apparition de Ram jusqu'à celle de Pythagore. Cette première partie de mon ouvrage peut donc être considérée comme plus particulièrement rationnelle et philosophique que la seconde, qui s'appuie sur des documents plus positifs, et ne s'écarte plus, pour la chronologie des faits, de la marche ordinaire de l'histoire.

C'est donc à dessein que j'ai divisé mon ouvrage en deux Parties, afin que la seconde, composée de matériaux plus fermes, donnât un appui à la première, par la liaison des idées et l'enchaînement des événements. Je ne crois point qu'un lecteur attentif ait méconnu cet enchaînement, ni qu'il ait pu considérer comme de simples hypothèses des choses assez généralement inconnues, il est vrai, mais dont les choses connues ne se présentent plus à l'esprit que comme des conséquences toutes simples.

La première Partie, quoique moins volumineuse que la seconde, renferme pourtant une bien plus grande quantité de faits importants, et enveloppe un laps de temps beaucoup plus considérable. On peut y remarquer trois époques principales: la première s'étend depuis l'aurore de la civilisation dans la Race boréenne, jusqu'à l'apparition de l'Envoyé divin parmi les Celtes; c'est le mouvement ascendant. La seconde comprend depuis l'apparition de cet envoyé et l'établissement de l'Empire universel, jusqu'aux premiers symptômes de son déclin, annoncés par le schisme politique des Pasteurs phéniciens; c'est l'Ordre social stationnaire dans son plus grand éclat. La troisième renferme la durée entière de ce déclin, depuis le premier affaiblissement de la lumière morale jusqu'aux premières approches des ténèbres; c'est le mouvement descendant. La seconde Partie comprend également trois époques, mais beaucoup plus restreintes: celle du crépuscule, où l'on remarque une sorte de combat entre la lumière et l'obscurité; celle des ténèbres complètes, et celle du mouvement ascendant qui recommence. Ces trois époques, qui n'équivalent pas en durée à une des anciennes, et qui d'ailleurs n'en représentent qu'une, ne renferment qu'un intervalle d'environ trois mille ans. On peut dater la première de ces dernières époques de la prise de Troie par les Grecs; la seconde, de la chute de l'Empire romain; et la troisième, du commencement des croisades. Cette dernière époque n'est point terminée, et quoique tout nous fasse augurer, par l'accroissement des lumières, qu'elle doit être pour nous le matin d'un beau jour, nous ne pouvons pas nous dissimuler néanmoins que cette matinée de notre État social recommençant n'ait été troublée par plusieurs orages.

Si l'on veut se donner la peine de réfléchir sur les causes du plus violent de ces orages, qu'on a nommé révolution française, en raison de la France où il a fait sa plus forte explosion, on verra qu'elles tiennent aux premières formes de civilisation que la Race boréenne a reçues à son origine. On pourra en démêler les traces en remontant le torrent des siècles, et se convaincre que c'est au développement précoce et extraordinaire que reçut la Volonté dans cette Race, que doivent être attribuées les secousses plus ou moins fortes qu'elle a éprouvées en divers temps. Ce développement volitif, indispensable pour que la Race blanche, exposée de bonne heure aux attaques de la Race noire, pût être conservée, la frappa d'un caractère indélébile qui l'a suivie dans toutes les phases de son État social, et a glissé dans toutes ses institutions politiques, tant civiles que religieuses, ces formes extraordinaires que n'avaient jamais connues ni la Race noire, ni la Race jaune, appelées avant elle à porter le sceptre de la Terre. Dans ces deux Races, la Volonté, soumise de bonne heure au Destin, avait supporté son joug, sans en sentir presque jamais la pesanteur, et sans chercher à le secouer; tandis qu'au contraire, dans la Race boréenne, la Volonté a toujours subi avec peine ce joug de nécessité, et s'en est délivrée toutes les fois que cela lui a été possible. Voilà d'où tire son origine cette différence frappante qui s'est toujours remarquée entre les peuples de l'Asie et ceux de l'Europe, malgré le mélange qui s'est effectué à plusieurs reprises entre le sang oriental et le boréen, et même malgré l'Empire universel que les Celtes d'origine boréenne ont exercé sur tout l'hémisphère.

Les peuples de Race jaune, quoiqu'ils aient dû se soumettre à plusieurs reprises, tantôt à ceux de Race noire, et tantôt à ceux de Race blanche, ont toujours conservé leur esprit de nécessité et de stabilité, dont la force a fini, du moins en Asie, par enchaîner à la longue l'esprit de liberté et de révolution dont les Celtes ont toujours été imbus.

L'Europe, véritable siége de la Race blanche, lieu de son origine, et principal foyer où sa force s'est concentrée et conservée, l'Europe a particulièrement été le théâtre où cet esprit a déployé toute sa véhémence; c'est là que la Volonté de l'homme a manifesté sa plus grande puissance. Si cette Volonté, moins orgueilleuse, avait pu reconnaître l'action de la Providence, en même temps qu'elle opposait la sienne à celle du Destin, elle aurait sans doute produit de magnifiques résultats; car la liberté dont elle fait son idole constitue son essence intime, et découle de la Divinité même; mais elle n'a paru jamais combattre la nécessité du Destin, et tenter de renverser ses productions, que pour s'élever sur leurs débris, et se placer par leur moyen au-dessus de la Providence. Cela ne pouvait pas être; et voilà pourquoi ses plus grands efforts n'ont guère abouti qu'à produire des orages politiques dont l'État social a plutôt éprouvé des ébranlements que des avancements, et plus reçu d'éclairs rapides que de lumières durables. Je ne veux pas néanmoins refuser aux hommes volitifs de dire avec eux que ces orages n'aient eu souvent leur utilité. Sans doute, comme dans le monde élémentaire, les tempêtes qui troublent un moment les plaines de l'air, en y amoncelant les nuages pour les livrer aux feux de la foudre, ont l'avantage incontestable de les purifier; les orages politiques ont également celui de purger le monde social, et peuvent arriver par le désordre même à y rétablir l'harmonie ; mais ce serait une folie de desirer ces tempêtes et ces orages hors de saison et de mesure, de considérer ces mouvements formidables comme des spectacles dignes d'admiration, et de sacrifier ainsi l'espoir des agriculteurs et le bonheur des nations, au plaisir d'en contempler les terribles effets et d'en consacrer les ravages.

J'ai dit ma pensée sur la révolution française. Pour qu'elle soit utile, il faut qu'elle s'arrête; et pour qu'elle s'arrête, qu'on invoque la seule puissance qui peut l'arrêter. La Volonté de l'homme en fut le mobile; je l'ai assez dit; je l'ai assez prouvé de toutes les manières. Le Destin, qu'elle avait vaincu, a repris le dessus, non parce qu'il a été le plus fort, mais parce qu'elle s'est divisée par un inévitable effet de sa nature et de la marche universelle des choses. Mais les hommes fatidiques se tromperaient beaucoup s'ils croyaient ce triomphe du Destin assuré : il ne l'est pas du tout; son règne absolu dans la monarchie est devenu impossible, par les raisons que j'ai assez longuement et assez fortement indiquées. L'amalgame qu'on a essayé d'en faire avec la Volonté, dans les emporocraties et dans les monarchies constitutionnelles, ne peut pas durer; parce que la nécessité et la liberté, qui sont deux extrêmes, ne peuvent se réunir que par un milieu, qui manque dans ces deux espèces de gouvernements. Engagé à chercher ce milieu dans les choses purement politiques, je l'y ai cherché franchement, mais en vain; je n'ai vu que des ressorts plus ou moins ingénieux, plus ou moins forts, qui, pendant un certain temps, pouvaient faire marcher ces machines politiques qu'on appelle des gouvernements mixtes. J'ai indiqué ces ressorts, mais, je l'avoue, en en désapprouvant l'usage; car, telle ingénieuse que soit une machine, telle admirable que paraisse une statue marchant à l'aide d'un ressort, un être organisé, animé par la vie, vaudra toujours beaucoup mieux.

Or, quelle est cette vie qui manque à ces gouvernements, et qu'on peut y appeler? ce milieu, seul capable de réunir deux puissances aussi opposées que la Volonté et le Destin, le mouvement et le repos, la liberté et la nécessité? Je l'ai dit hardiment; c'est la Providence. Que j'aie eu le bonheur de montrer de quelle manière cette puissance divine pourrait être appelée dans les institutions politiques, c'est ce que l'expérience seule serait en droit de démontrer; et une expérience de cette nature n'est dans la main d'aucun homme ordinaire. Le peuple lui-même n'est pas apte à la faire; et c'est à cause de cela, ainsi que je l'ai exprimé, que je n'ai pas dû exposer au grand jour le chapitre qui en renfermait les éléments. Je n'ai pu que former des vœux pour qu'il se présentât un homme assez élevé, un monarque assez puissant, un législateur placé dans des circonstances assez favorables, pour tenter cette expérience, et y réussir : sa gloire, au-dessus de toutes les gloires, n'aurait alors de bornes, pour l'étendue, que celles de l'Univers, et pour la durée, d'autre terme que celui du dernier siècle où vivrait le dernier peuple de Race boréenne.

Mais enfin de quoi s'agit-il en dernier résultat? à quoi viennent aboutir toutes les formes préparatoires indiquées dans le chapitre supprimé? Il s'agit d'arriver à la nomination d'un Pontife-Suprême dont toute l'Europe reconnaisse l'autorité sacerdotale; il s'agit de trouver les voies simples, mais secrètes, qui conduisent à cet acte important; enfin il s'agit de faire que les formes qu'on y emploiera participent à la fois de celles de la Providence, de la Volonté et du Destin. Ce Pontife-Suprême, qui, selon ce que j'ai déjà dit, pourrait être celui même qui existe aujourd'hui, pourvu qu'il eût reconnu l'autorité qui le nommera, serait, par le fait même de sa nomination, revêtu d'un caractère auguste et sacré, et d'une puissance sacerdotale véritable. Il étendrait sa houlette pastorale sur l'Europe entière, et sur toutes les nations qui participeraient à son culte; son influence morale ne serait point illusoire ou nulle comme elle l'est aujourd'hui parce qu'elle ne serait plus le fruit de l'ignorance ou de l'usurpation, ainsi qu'on le lui a reproché trop justement peut-être; mais le fruit des lumières, et le légitime résultat d'un assentiment général, d'une alliance jurée entre les peuples et les rois, la Volonté de l'homme et le Destin. Ce Pontife-Suprême deviendrait alors l'organe de la Providence, et son représentant sur la terre; il tiendrait dans ses mains le lien tant desiré qui unirait les trois puissances en une, et qui pour long-temps maintiendrait l'Univers dans une paix inaltérable. Comme représentant de la Providence, et son organe sensible, il dominerait non seulement sur les cultes divers que suivraient les nations soumises à son auguste sacerdoce, mais sur l'essence même de la Religion, dont ces cultes tiraient leur force. Il pourrait, selon les besoins des peuples et des rois, selon l'accroissement des lumières, l'avancement des sciences et les progrès de la civilisation, modifier les dogmes de la Religion, éclaircir ses mystères, et porter dans la Vérité le développement progressif qui est dans toutes choses. La Religion n'étant plus stationnaire au milieu du mouvement général, loin de contrarier ce mouvement, en réglerait la marche en la favorisant. Les schismes deviendraient impossibles, tant que l'unité ne serait pas rompue; et les cultes, pour se réformer, n'auraient plus besoin d'exciter aucun orage dans les gouvernements. Ils seraient dans les mains du Pontife-Suprême et des autres chefs sacerdotaux, qui disposeraient des formes selon le caractère des peuples et la position des climats. Ainsi les hommes ne seraient nulle part accablés de ces inflexibles chaînes qui répugnent à leur nature. La Vérité, toujours plus brillante, leur deviendrait de plus en plus chère; et la Vertu, qui ferait leur bonheur, ne serait plus un fantôme vain dont pourraient douter à la fois les oppresseurs et les opprimés.

Un Pontife-Suprême, ainsi constitué, ainsi revêtu de la force des trois grandes puissances de l'Univers, serait sans doute la première personne du monde. Les empereurs et les rois qui régneraient à l'ombre de son influence morale, exerceraient sur toutes les choses civiles une puissance tempérée, mais inébranlable. Jamais ni la révolte ni la sédition n'approcheraient de leur trône; jamais ils ne seraient en butte ni aux fureurs des factions ni aux complots des ambitieux, parce que les factions n'auraient point d'issue, et que les ambitieux ne trouveraient de succès que dans la route avouée par l'honneur. Ces secousses redoutées, qu'on appelle révolutions, seraient inconnues, parce que la Volonté de l'homme, librement exercée et journellement satisfaite, pouvant faire entendre sa voix à tous les instants, et voyant d'ailleurs qu'elle est représentée et soutenue, n'aurait point intérêt à risquer de perdre tous ses avantages, en luttant contre deux puissances qui l'accableraient inévitablement en se réunissant contre elle. La position de la Volonté serait exactement celle du

Destin, et même celle de la Providence. Aucune des deux puissances ne pourrait usurper la domination absolue, quand même elle y tendrait, parce qu'elle rencontrerait toujours, au moindre mouvement que ses représentants voudraient tenter dans leur propre intérêt, un obstacle insurmontable dans la réunion spontanée de l'autre puissance avec la Volonté.

Les guerres de nation à nation ne pourraient jamais avoir lieu par des motifs d'ambition ou d'intérêt propre, parce que ces motifs, à l'instant divulgués, attireraient sur la nation turbulente toutes les forces réunies des autres nations. D'ailleurs la moralité et l'immoralité des choses étant entre les mains du Pontife-Suprême, il suffirait qu'une guerre fût par lui déclarée immorale, pour qu'elle ne trouvât pas, dans la nation même qui voudrait l'entreprendre, des instruments qui la servissent. Les seules guerres possibles seraient celles que nécessiteraient des ennemis extérieurs, si l'Europe en pouvait avoir, ou des nations parjures, assez insensées pour accueillir la révolte, ou consacrer les crimes d'un usurpateur ou d'un tyran. Ainsi se réaliserait une très belle idée qui a été conçue naguère, et qu'on a cru pouvoir renfermer dans ce qu'on a appelé la *Sainte-Alliance* : cette idée, bien digne par sa grandeur de l'auguste monarque qui l'avait accueillie, n'a pu se renfermer dans le cadre diplomatique qu'on lui a donné, par la raison que la politique seule avait façonné ce cadre, que la Volonté de l'homme n'y était pas, et que le

Destin seul, quoique agissant au nom de la Providence, ne pouvait pas remplacer les deux puissances qui lui refusaient également son appui.

En appelant la Providence dans les gouvernements, en y admettant trois principes, et par conséquent trois Chambres au lieu de deux, on verrait renaître, comme par enchantement, ces trois États des antiques Celtes, dont les farouches sectateurs d'Odin, les Goths, n'avaient assis sur les débris de l'Empire romain qu'une image grossièrement esquissée et privée de vie. Les trois chambres renfermeraient réellement les États-généraux de la Nation, et offriraient l'expression des trois Puissances universelles, dont l'unité de force se réfléchirait sur la personne inviolable et sacrée du Roi. Au-dessus de cette puissante unité politique, s'élèverait le Pontife-Suprême, enveloppant un grand nombre de ces unités politiques dans son unité intellectuelle, et résidant dans une ville sacrée que toutes les nations soumises à son autorité pontificale auraient juré de respecter. La violation de cette ville sainte, et celle de son territoire déterminé, serait mise au rang des plus odieuses impiétés et des crimes les plus énormes. Celui qui oserait, armé, et dans des desseins hostiles, en franchir les limites pacifiques, serait voué à l'anathème et livré à l'exécration du Genre humain. C'est sur la vénération qu'inspire le chef sacerdotal, comme représentant de la Providence, que se fonde tout l'Ordre social. Le respect qu'on porte au Roi, et l'obéissance qu'on doit aux magistrats parlant au nom de la Loi civile, ne viennent qu'après. Si cette vénération manque dans un Empire, tout manque; le respect pour le Prince s'efface bientôt, et l'obéissance s'éloigne et s'élude. La force est alors obligée de se montrer; mais la force est une arme à deux tranchants qui finit toujours par blesser ceux qui s'en servent.

Après la nomination du Pontife-Suprême, l'acte le plus important serait sans doute le choix de la ville que ce chef auguste de la Religion devrait habiter. Il faudrait nécessairement que cette ville fût d'un consentement unanime déclarée sainte et inviolable, afin que la Providence y pût faire entendre sa voix, sans que jamais, ni la fatalité du Destin, ni la liberté de la Volonté, pussent en rien en troubler l'influence. Un Pontife-Suprême qui peut craindre quoi que ce soit, est nul; il est vil quand il peut dire qu'il a redouté quelque chose excepté Dieu, ou la Providence qui en émane. Un monarque lui-même ne doit jamais être contraint à rien. Il ne doit jamais dire qu'il l'a été, parce que cela ne peut jamais être. S'il se trouve dans des circonstances assez violentes pour que la Volonté de l'homme accable en lui le Destin, il doit mourir et non fléchir. Qu'il se garde surtout de reconnaître des juges; il n'en a pas, hors du Pontife-Suprême. De quelque nom dont se parent les autres personnages, sacerdotaux ou laïques, de quelque autorité qu'ils se disent momentanément revêtus, ils ne sont jamais que ses premiers sujets. Leurs personnes d'ailleurs ne sont point inviolables, tandis que celle du Roi l'est. Elles ne sont pas inviolables parce qu'ils ne constituent pas à eux seuls une unité, tandis que le Roi en constitue une. L'unité que constituerait un Pontife-Suprême, étant encore plus élevée, la personne de cet auguste représentant de la Providence serait non seulement inviolable, mais communiquerait encore l'inviolabilité à tout ce qu'il voudrait rendre inviolable.

Dès que l'alliance sacrée dont j'ai montré la possibilité sans en divulguer les moyens, serait effectuée parmi les nations européennes; dès que la Providence appelée dans leurs gouvernements les aurait rendus unitaires de mixtes qu'ils étaient; dès qu'un Pontife-Suprême serait élu et pourrait exercer sur tous les peuples son influence providentielle, une chose se ferait, qui, dans l'état actuel des choses, serait impossible, ou ne pourrait avoir lieu sans coûter des torrents de sang et de larmes; elle se ferait sans la moindre secousse, au milieu de la plus parfaite tranquillité. L'Europe, qui tend depuis long-temps à ne former qu'un seul Empire, le formerait; et celui qui serait appelé à dominer au-dessus des rois, sous le nom d'Empereur ou de souverain Roi, respecté des Rois à l'égal du Pontife-Suprême, marcherait par la seule force des choses à la conquête du Monde. Alors la Race boréenne aurait atteint ses hautes destinées; la Terre entière offrirait le même spectacle qu'elle a déjà offert du temps de Ram ; mais avec cette différence remarquable que le siége pontifical et royal serait en Europe au lieu d'être en Asie; les hommes réunis sous le même culte et sous les mêmes lois ne connaîtraient qu'un même Dieu, qu'un même Pontife-Suprême, et qu'un même souverain Roi; ils parleraient la même langue, se traiteraient en frères, et jouiraient d'une félicité aussi grande que peut le comporter leur nature mortelle, pendant une longue suite de siècles, et jusqu'au terme fixé par l'éternelle Sagesse.

FIN DU TOME SECOND ET DERNIER.

www.ingramcontent.com/pod-product-compliance
Lightning Source LLC
Chambersburg PA
CBHW052337230426
43664CB00041B/2123